O FIM DO CÍRCULO VICIOSO

MÁRCIO FERNANDES

O fim do círculo vicioso

Como a Filosofia de Gestão vence a crise e o pessimismo

PREFÁCIO
Marcelo Tas

POSFÁCIO
Jorge Beira

Copyright © 2017 by Márcio Fernandes

A Portfolio-Penguin é uma divisão da Editora Schwarcz S.A.

PORTFOLIO and the pictorial representation of the javelin thrower are trademarks of Penguin Group (USA) Inc. and are used under license. PENGUIN is a trademark of Penguin Books Limited and is used under license.

Grafia atualizada segundo o Acordo Ortográfico da Língua Portuguesa de 1990, que entrou em vigor no Brasil em 2009.

CAPA Atol Estúdio
FOTO DE CAPA Rafael Roncato
PROJETO GRÁFICO Tamires Cordeiro
PREPARAÇÃO Lígia Azevedo
REVISÃO Marise Leal e Márcia Moura

Dados Internacionais de Catalogação na Publicação (CIP)
(Câmara Brasileira do Livro, SP, Brasil)

Fernandes, Márcio
    O fim do círculo vicioso : Como a Filosofia de Gestão vence a crise e o pessimismo / Márcio Fernandes ; prefácio Marcelo Tas ; posfácio Jorge Beira. — 1ª ed. — São Paulo: Portfolio-Penguin, 2017.

    ISBN 978-85-8285-066-4

    1. Administração de empresas 2. Carreira profissional — Desenvolvimento 3. Conduta de vida 4. Empreendedorismo 5. Liderança 6. Motivação 7. Sucesso em negócios 8. Valores I. Tas, Marcelo II. Beira, Jorge III. Título.

17-08938   CDD-658.421

Índice para catálogo sistemático:
1. Empreendedorismo: Administração de empresas   658.421

[2017]
Todos os direitos desta edição reservados à
EDITORA SCHWARCZ S.A.
Rua Bandeira Paulista, 702, cj. 32
04532-002 — São Paulo — SP
Telefone: (11) 3707-3500
www.portfolio-penguin.com.br
atendimentoaoleitor@portfolio-penguin.com.br

SUMÁRIO

PREFÁCIO
Comunicar bem para educar melhor 7
por Marcelo Tas

INTRODUÇÃO
Ser feliz é um processo simples, orgânico e natural 13

1. Como acabar com o círculo vicioso 21
2. Como chegar ao ciclo virtuoso 61
3. Como acreditar e começar 85
4. Como praticar a Filosofia de Gestão 117
5. Como melhorar e engajar pessoas 153
6. Como ser profissional na vida pessoal 189
7. Como construir um futuro melhor... hoje 219

POSFÁCIO
Fraternidade, propósito e valores 249
por Jorge Beira

Agradecimentos 255
Referências bibliográficas e sites 259

PREFÁCIO

Comunicar bem para educar melhor

Por que eu, Marcelo Tas, deveria escrever o prefácio do segundo livro de Márcio Fernandes, líder corporativo à frente da gestão de empresas bilionárias? Desde que nos conhecemos, apesar dos perfis profissionais aparentemente diferentes, surgiram diversos pontos convergentes. O principal deles é a importância que damos ao aperfeiçoamento da comunicação, individual ou empresarial, para melhorar o compartilhamento de informações e gerar conhecimento. Em resumo, Márcio e eu temos o mesmo propósito: comunicar bem para educar melhor.

Recentemente, revisitei o óbvio. Estou ligado ao tema educação desde criancinha. A constatação começa pelo fato de ser filho de dois professores de escola pública. Minha vida profissional inclui as séries infantis *Rá-Tim-Bum* e *Castelo Rá-Tim-Bum*, passa pelo *Telecurso*, pelas instalações interativas "Beco das palavras", no Museu da Língua Portuguesa, e "Humano", no Museu do Amanhã, e agora chega ao canal #Descomplicado no YouTube. Ligando os pontos, a tarefa que me coube nesses anos todos foi a de traduzir conteúdos complexos para uma linguagem "arroz com feijão". Me sinto abençoado e grato pela missão de buscar formas de democratizar o conhecimento do jeito mais simples possível. De preferência com bom humor, para ajudar o cara do outro lado a assimilar o aprendizado.

No livro que você tem em mãos, logo percebi que Márcio também acredita e pratica isso, em especial no capítulo 4, em que detalha as técnicas que utiliza para se comunicar. Respeito e gosto, sobretudo, de um verbo praticado por Márcio — "traduzir":

> Em relação à linguagem, a mensagem deve ser <u>clara e objetiva</u>. Sem subestimar a inteligência de ninguém, os conteúdos devem ser "traduzidos" para uma forma simples e coloquial, evitando [...] jargões e siglas que só os especialistas entendem. É papel do líder "traduzir" essa linguagem codificada.

Na era digital, mais do que acelerar a velocidade da comunicação, a tecnologia acabou com a passividade dos receptores. Quem antes se contentava em receber as informações transmitidas pelos emissores, agora também é produtor de conteúdo. E a quebra de paradigma não é exclusiva da área de comunicação. Como engenheiro de formação, vejo o mesmo fenômeno acontecer nas corporações e instituições.

O exemplo mais evidente de uma nova forma de compartilhamento em rede é o setor de energia, área em que Márcio atuou nos últimos anos. Em vez de receber, consumir e pagar a conta, hoje o consumidor pode gerar energia solar e vender o excedente de volta ao sistema, criando abundância onde antes havia escassez. Ao reinventar seu modelo de negócio, o setor elétrico usa tecnologia para otimizar e redistribuir benefícios.

Conversando com Márcio, chegamos a outra convergência. Temos a percepção de que na comunicação há abundância de informação e escassez de compreensão crítica dos conteúdos. A pergunta é: como reorganizar o modelo da comunicação para que os benefícios da tecnologia possam ser multiplicados e compartilhados? Para nós, a resposta é uma só. O valor da comunicação está em articular e compartilhar informações para que o outro consiga transformá-las em conhecimento. Para isso, é preciso manter aberto um canal multilateral: quem ensina também aprende continuamente, estabelecendo um diálogo construtivo no lugar dos debates estéreis, em que cada um se apega aos próprios vieses e ninguém sai do lugar — nem melhora nada.

Hoje vemos várias iniciativas nesse sentido. Eu, por exemplo, procuro descomplicar complexidades nas diversas mídias e empresas em que atuo, com a consciência de que o aprendizado é constante para o meu cliente, o público. Já o Márcio quer disseminar as práticas virtuosas dele, publicando este seu segundo livro, que leva a Filosofia de Gestão às escolas públicas: um projeto precioso.

Menciono mais um ponto crucial da minha convergência com Márcio: a doença incurável do otimismo. Torço para que vire uma epidemia e que você seja mais um contagiado.

Marcelo Tas
Comunicador, autor, diretor de TV e influenciador
com cerca de 10 milhões de seguidores na internet e
premiado no Brasil e no exterior

INTRODUÇÃO

Ser feliz é um processo simples, orgânico e natural

Ser feliz está na moda. Mais do que nunca, existe uma onda de valorização da felicidade em todo o mundo. A cada instante surge um novo guru ou executivo pregando que as pessoas devem ser mais felizes. Aqui e ali pipocam cursos sobre o assunto — e costumam ser concorridíssimos. A princípio, isso parece maravilhoso. Nada seria melhor do que viver em uma sociedade em que a maioria das pessoas se sente feliz o tempo todo. Só que não sou um desses executivos, porque sei que muitos tratam de discursos vazios e promessas inatingíveis. Diante de nós há um mundo de oportunidades, e não podemos perder tempo com papo furado.

Mas o que há de errado com esse modismo? Depois de refletir profundamente, cheguei — por enquanto — a três observações que considero relevantes. Primeira: a felicidade não pode se transformar em mais uma obrigação na nossa vida. As pessoas seguem uma receita e se esforçam ao máximo para alcançar a glória. Mas costumam acabar mais tristes do que antes. Por quê? Porque ninguém pode ser obrigado a se sentir feliz o tempo todo. É uma busca incessante e estressante. Ou essa sensação é natural, orgânica e espontânea, maximizando a frequência e a duração dos nossos momentos felizes, ou não é verdadeira! Nada mais triste do que fingir que se é feliz, não concorda? Tipo aquela felicidade falsa que muita gente posta nas mídias sociais.

Além disso, quando uma ideia vira moda, costuma ser transformada imediatamente numa equação de alta complexidade. Minha segunda observação é: tudo fica tão complicado que parece que a gente precisa mesmo de um curso para entender o logaritmo da felicidade. É tudo tão difícil que logo, logo, acaba virando patente de algum espertinho. Mas é claro que, para conseguir vender soluções prontas e elixires milagrosos, que deixam todo mundo rindo à toa, é preciso antes criar ainda mais dificuldades e obstáculos. No fim, a equação da felicidade fica tão incompreensível, que distancia ainda mais as pessoas do seu objetivo. E o pior: gera frustração e relega as pessoas à inércia. É assim que ser feliz vira uma "meta" distante e irrealizável, mas bastante rentável para aqueles que dizem ter a chave para o paraíso.

Minha terceira observação segue a direção oposta das duas primeiras: pela abordagem da Filosofia de Gestão (FG), quando se trata de felicidade, não precisamos "comprar" mais nada. Já sabemos ser felizes, de modo que a complexidade da equação é falsa. Com o equilíbrio entre a afetividade e a efetividade, você pode organizar sua vida — em todas as dimensões — e maximizar sua felicidade e a de todos ao seu redor. Tampouco é verdadeira a história de ser feliz na carreira ou ter sucesso nos negócios, mas ser malsucedido na vida pessoal — ou vice-versa. O objetivo da FG é ajudar você a ser pessoal na vida profissional e profissional na vida pessoal. Em vez de seguir modismos, o melhor é ser feliz à sua moda!

Em meu primeiro livro, *Felicidade dá lucro* (São Paulo: Portfolio-Penguin, 2015), apresentei a você a origem e os pilares fundamentais da Filosofia de Gestão. Desde então, a FG evoluiu, e uma das perguntas que ouço com bastante frequência é: "COMO, Márcio, COMO eu ponho em prática essa filosofia?". Então minha proposta agora é mostrar a você COMO a FG se concretiza no dia a dia, e, para isso, assumo aqui o papel de seu "tutor virtual". A ideia é que caminhemos juntos ao longo de todo o processo de implementação, desde o rompimento da inércia e do círculo vicioso que dá nome a este livro, até você percorrer completamente a "primeira rodada" do ciclo virtuoso* da FG. Com esse objetivo em mente, busquei estruturar o livro como uma espécie de "mapa": a cada capítulo, além de falar sobre as etapas do processo, apresento algumas práticas e histórias reais para mostrar COMO a FG pode ser incorporada à sua realidade cotidiana.

Nessa abordagem, não há um passo a passo rígido para você realizar seu propósito de vida e ser feliz. É você quem vai pilotar sua vida e seu trabalho, tomar decisões e adaptar a FG a seus sonhos, necessidades, metas, objetivos e desejos — àquilo que você quer TER e, principalmente, a quem quer SER. Ao se tornar o líder de sua vida, você verá que não existem soluções prontas para a felicidade. Você vai encontrar seus próprios caminhos, transformar dificuldades em possibilidades, trazer à tona o que tem de bom e derrubar barreiras para manter o equilíbrio entre as dimensões da afetividade e da efetividade. Mas, apesar de simples, não se trata de um caminho fácil. Você vai precisar ter os pés no chão e contar com uma bússola, além de se apoiar nos quatro pilares da FG: ACREDITAR, PRATICAR, MELHORAR e COMPARTILHAR. E pode contar comigo nessa jornada.

Nosso ponto de partida é a criação ou identificação do seu propósito. No capítulo 1, com base em vivências — minhas e de muitas outras pessoas — e em pesquisas científicas recentes, conversamos sobre a importância dessa primeira etapa. É a partir da identificação dos seus valores mais profundos que você define seu propósito, aquele que é capaz de colocá-lo em movimento e mudar sua vida para melhor. Ele não deixa você desanimar nunca e é sua melhor arma para enfrentar todos os obstáculos e romper o círculo vicioso definitivamente. Mas, porque sozinho ninguém vai muito longe, em seguida falamos sobre COMO o líder pode apoiar outros a também terem um propósito. Além disso, apresento algumas práticas para estimular a convergência de propósitos entre as pessoas e entre os colaboradores e a empresa em que trabalham.

No capítulo 2, destaco as práticas surgidas como desdobramentos dos quatro pilares para que você tenha uma boa visão geral da

---

* Antes de alguém insistir comigo que é "círculo virtuoso" e não "ciclo", é importante dizer que explico minha escolha do termo no cap. 2.

"nova" FG e saiba POR QUE e COMO entrar em ação para acionar toda a potência do *ciclo* virtuoso. É nele também que explico por que chamo a inércia e o pessimismo de *círculo* vicioso.

Para facilitar a compreensão dessas novas práticas, nos capítulos seguintes descrevo a aplicação delas em cada um dos quatro pilares da FG, usando casos verídicos. No capítulo 3, falamos sobre o primeiro pilar, ACREDITAR. O foco é mostrar COMO você faz para identificar seus valores, definir seu caminho para o propósito de vida, criar critérios que viabilizem suas ações práticas diárias para assumir o protagonismo em sua própria vida e ter autonomia. No capítulo seguinte, abordamos o pilar PRATICAR. Apoiado em seus valores, propósito e crenças positivas, identificados na etapa anterior, é hora de você se colocar em movimento. Uma das práticas mais importantes aqui é o desenvolvimento da habilidade de comunicação: você tem que deixar claro por que decidiu entrar em ação, usando toda a sua efetividade para mudar sua vida para melhor e ser feliz do seu jeito.

ACREDITAR e PRATICAR são uma espécie de projeto-piloto: funcionam como um teste para você experimentar a FG e avaliar seus resultados. Depois dessa autoavaliação, você vai formar a convicção do QUE quer e de ONDE quer chegar. Por isso, o capítulo 5 foca no terceiro pilar, MELHORAR. É o momento de consolidar o compromisso e o engajamento com a mudança, desenvolver relacionamentos baseados na confiança e continuar a praticar a FG, sendo persistente e coerente com seus valores e critérios viabilizadores. Você vai aprender COMO estimular os outros a também mudarem para melhor. E esse ainda é um aquecimento para a próxima etapa.

Depois de percorrer o ciclo virtuoso até aqui, você vai notar uma ampliação natural da sensação de bem-estar, com os momentos de felicidade se tornando muito mais frequentes. Isso é muito positivo, pois amplia seu patamar de consciência. Em vez de se fechar no individualismo, você toma a decisão de COMPARTILHAR o que tem de melhor com os outros. É sobre isso que conversamos no capítulo 6: quando você se sente feliz por ser capaz de COMPARTILHAR o que tem de melhor com outras pessoas, está consolidando sua própria felicidade. O compartilhamento é insumo da felicidade — e a felicidade é o que confirma seu propósito, renova suas crenças positivas e mantém você em movimento pela espiral infinita do ciclo virtuoso. É o único caminho capaz de gerar benefícios para você, para os outros e para a sociedade como um todo.

Finalmente, no capítulo 7, compartilho dicas práticas que podem ser muito úteis e valiosas para a consolidação da sua felicidade. Por exemplo: para todo objetivo que definir, tenha sempre um plano B. Isso vai lhe dar mais coragem e reforçar sua persistência na coerência, assim o MEDO não vai derrubá-lo. E procure ver o fim desde o começo, pois assim você sofre menos e acerta mais, criando sua própria filosofia, ajustada aos seus sonhos e necessidades. E, para mim, a dica final é a mais importante: o índice de aderência à FG (IAFG). Para avançar na direção de um futuro melhor, é sempre bom estar norteado por fatos e dados concretos. Por isso, sugiro que você aplique esse indicador para avaliar os benefícios tangíveis e intangíveis já alcançados com o ciclo virtuoso na sua empresa ou na sua vida. Assim, vai poder mensurar o reflexo direto da FG sobre a felicidade dos colaboradores e a lucratividade dos negócios. E, se aplicar o IAFG à sua vida, vai medir a frequência de momentos felizes que te fazem SER e sua progressão na dimensão do TER.

Juntos, somos capazes de nos superar e construir uma sociedade mais justa e humanizada. Independentemente de talentos extraordinários ou de superpoderes, todos podem se superar, contribuir e ajudar a construir um futuro melhor, em que as pessoas sejam natural e espontaneamente mais felizes. Em meio à crise de confiança que vivemos hoje, mais do que nunca precisamos de pessoas como você, dispostas a dar o exemplo e oferecer seu melhor em benefício de todos. Esse é o melhor legado que podemos deixar. Durante e depois da leitura deste livro, dê notícias e me conte se a simplicidade da FG foi um apoio útil para você conseguir ser mais feliz à sua moda!*

---

* É possível entrar em contato comigo por meio do meu site: <filosofiadegestao.com.br>. Sempre fico muito feliz quando alguém participa da discussão e da divulgação da FG e dá sua contribuição com o interesse genuíno de COMPARTILHAR. Sugestões e críticas são igualmente bem-vindas.

CAPÍTULO **1**

Como acabar com o círculo vicioso

PARA PÔR FIM À INÉRCIA E AO PESSIMISMO,
TENHA UM PROPÓSITO

Sempre que olho ao meu redor — e faço isso com frequência porque gosto muito de observar as pessoas —, vejo muita gente que parece viciada no pessimismo, o tempo todo pensando nos aspectos negativos das coisas. Isso é contagioso, e aos poucos vamos nos conformando, sem nem notar que esse negativismo toma conta de tudo: é a família que vai mal porque o pai ou a mãe perdeu o emprego; a cidade que não tem dinheiro para melhorar o transporte público, a saúde e a educação; o país fadado ao subdesenvolvimento; a corrupção e a falta de ética na política, que só pioram tudo. Enfim, uma lástima! É como uma onda avassaladora que leva pessoas e valores para o buraco. E você no meio de tudo isso? Ah, provavelmente entra na onda: aquele projeto não vai dar certo, o novo chefe vai ser tão ruim quanto o anterior, você não daria conta de um cargo melhor, nunca vai ser promovido, não vai conseguir entrar na faculdade, não vai poder pagar o curso, não vai se formar, ou, lá no fundo, se pudesse escolher, faria outra graduação.

Outro dia vi um curta-metragem de animação chamado *Vida Maria* (2007), dirigido por Márcio Ramos, que reproduz muito bem esse atoleiro, esse círculo vicioso que às vezes se arrasta de geração para geração. Em poucas palavras a história é a seguinte: em casa, a menina Maria José se esforça para escrever o nome, quieta e concentrada. Então chega a mãe e lhe dá uma bronca: "Deixa disso, menina!

Em vez de perder tempo desenhando o nome, vem me ajudar! Faz alguma coisa, menina!". É óbvio que Maria José obedece. Ela cresce, casa, trabalha, tem filhos e faz exatamente a mesma coisa com a própria filha, Maria de Lurdes, que repete a situação com sua filha, outra Maria. O pessimismo inveterado está de tal forma entranhado na cabeça e no coração que parece até normal.

Todo dia é a mesma falta de perspectiva, a mesma carência de um olhar no longo prazo. E a total desesperança no futuro acaba frustrando muitas pessoas. Algumas até conseguem sonhar às vezes, mas no fim acabam não acreditando em mais nada, nem nelas mesmas. "Não adianta votar, porque político é tudo igual!" é a grande frase do conformista. O partido dele é o Unidos no Pessimismo! As pessoas sempre acham que a vida vai mal e não tem como melhorar. Não conseguem nem imaginar uma saída. Ser feliz nesse mundo é uma utopia.

O lado bom dessa história é que existem pessoas comuns, tal qual você e eu, que estão acordando deste sono longo e profundo. Mas espera aí: como quem consegue sair do pessimismo é visto pelos outros? Como iguais ou como pessoas iluminadas, especiais? Será que pensam que são do tipo que vence por motivos duvidosos? Já reparou que os outros em volta sempre suspeitam de quem consegue escapar do círculo vicioso? Mencionam o famoso "jeitinho", ou um "esquema" (detesto essa palavra, mas, infelizmente, é muito usada). Observe bem ao seu redor!

De imediato, me ocorrem dois exemplos. O primeiro é de um conhecido meu, que foi eleito presidente de uma cooperativa (um tipo de negócio que admiro muito por sua essência agregadora). Ele fez uma gestão campeã e, no final do primeiro ano, reuniu os cooperados para anunciar que a distribuição de sobras — ou seja, dos lucros — seria recorde! Esse conhecido me contou que, no coquetel que se seguiu, entreouviu dois cooperados comentando o assunto. Um deles disse, com sarcasmo: "O que será que o nosso presidente está ganhando com isso?". O outro só riu, indicando que também duvidava de sua honestidade. Você já viu algo parecido acontecer? Lamentavelmente isso é bem comum.

O segundo exemplo é de uma situação que às vezes acontece comigo quando vou abastecer o carro. Por eu ter nascido, crescido, estudado e ainda trabalhar na mesma cidade do interior de São Paulo, conheço muita gente ali. É o caso do frentista do posto de gasolina que fica no caminho de casa, que estudou comigo na escola. É um cara legal, boa gente, mas que, quando me vê dentro do carro, não resiste. Sorrindo e sem nenhuma agressividade na voz, ele sempre me recebe com a mesma "brincadeira": "Ô louco! Tá roubando, hein?!". É lógico que não me importo, só dou um abraço nele e mudo de assunto. Mas não dou continuidade à piadinha de mau gosto. Acho que nem passa pela cabeça dele que eu poderia ficar ofendido com o comentário. Na verdade, eu fico é preocupado: quando alguém consegue romper a inércia e se colocar em movimento na direção dos próprios objetivos, vira alvo de bullying! Começam então as brincadeiras de mau gosto, os comentários que lançam dúvidas ou até mesmo as acusações diretas, porque "nessa vida ninguém se dá bem honestamente!".

Esse pessimismo é característica de muitas outras pessoas. Elas nem percebem que têm essa cabeça, pensam e falam coisas terríveis, que desabonam os outros. Hoje, é um comportamento que se amplifica exponencialmente nas mídias sociais, espaço em que boatos surgem e reputações são destruídas em segundos. Toda essa negatividade vai formando uma massa crítica de opiniões destrutivas que não atrai nada de bom para ninguém. É como se a soma das expectativas ruins ajudasse a construir os problemas futuros. Alguns dirão que esse é o poder reverso da lei da atração,* com o universo conspirando contra um futuro melhor.

Até os filmes da Disney mostram isso. Em *Tomorrowland: Um lugar onde nada é impossível* (2015), o vilão David Nix (interpretado por Hugh Laurie) planeja acabar com o mundo por meio da transmissão

---

* Uma pesquisa rápida no site de uma livraria me mostrou 22 livros com essa expressão no título. Deve haver bastante gente querendo saber mais sobre esse assunto. Tomara que seja para sair da inércia, e não esperando que o pensamento positivo faça tudo cair do céu.

contínua de notícias ruins enviadas de outra dimensão. Segundo ele, assim as pessoas acreditariam que o mundo estava mesmo no fim e piorariam cada vez mais a situação, acelerando o desfecho trágico. Outra coisa legal desse filme é que, quando o pai da jovem protagonista está tendo um acesso de pessimismo, ela recorda um exemplo que ele sempre lhe deu: "Dois lobos estão lutando. Um está no escuro do desespero, e o outro, na luz da esperança. Qual deles vence?". Então ele próprio responde: "Aquele que você alimenta". Levando nossa conversa por um rumo mais teórico, vale lembrar ainda uma das ideias da economia comportamental, segundo a qual temos "a tendência de acreditar que é muito provável que aconteça no futuro qualquer coisa que esteja acontecendo agora".[*] E o que é isso, senão inércia? Aquela vontade poderosa de deixar tudo como está, mesmo que você não goste nem um pouco do que está acontecendo na sua vida? Pare um pouco para refletir e responda: qual lobo você alimenta todos os dias? O que luta na escuridão ou aquele que está a favor de uma vida melhor para você e para os outros?

Por que ter um propósito?

Às vezes vejo algumas pessoas querendo sair da onda contagiosa de pessimismo, como se já tivessem consciência de que manter essa atitude não vai levar a nada de bom. Têm vontade, mas não sabem por onde seguir. O que mais me perguntam é: "Márcio, COMO eu saio dessa?". Repito sempre que não existem receitas prontas, fórmulas mágicas ou soluções de prateleira na vida. Há até quem prometa isso, mas, se fosse possível oferecer algo que servisse para todo mundo, seríamos máquinas, e não humanos. Cada pessoa tem que achar suas respostas, individuais e específicas. Só que, como isso pode demorar um pouco, meu receio é de que você deixe para lá, desistindo de melhorar a própria vida. Por isso, como já disse, pretendo ser seu tutor

---

[*] Charles Wheelan, *Economia nua e crua*. Rio de Janeiro: Zahar, 2014, p. 14.

através deste livro. É claro que não se trata de uma lâmpada mágica, que você só tem que esfregar para obter tudo o que deseja da noite para o dia. É preciso ter a disposição de se colocar em movimento e persistir. De minha parte, assumo o compromisso de me manter ao seu lado ao longo do processo de busca e construção de sua nova trajetória em direção à felicidade que deseja, que vai ser a melhor vantagem competitiva da sua vida — ou seja, no trabalho, na família e em tudo o que você chama de eu. Sei que posso prometer isso.

Tenho pensado muito sobre COMO conseguir romper o círculo vicioso da inércia. Juntando ideias daqui e dali, estruturei um plano de ação que pode ajudar cada pessoa a "customizar" o próprio caminho para ser mais feliz. Assim, em vez de afundar na areia movediça do pessimismo e mergulhar em crises, pode-se iniciar uma caminhada próspera e divertida. Gostei muito de ouvir o psicólogo Edmundo Barbosa, que coordena projetos em empreendedorismo social e preservação ambiental. A ocasião era um evento de comemoração dos dez anos da Mandalah, consultoria em inovação fundada pelo meu amigo Lourenço Bustani, escolhido como uma das cem pessoas mais criativas do mundo pela revista americana *Fast Company* em 2012. Em sua fala, Edmundo disse que nossa sociedade está passando por uma fase de virada: os problemas parecem se acumular e abrir um buraco ainda mais profundo, mas isso é uma preparação para o recomeço ou para aquilo que vai, de fato, gerá-lo. Para ele, a esperança já começou a ressurgir, e essa é a hora de cultivarmos o que temos de melhor para colher no futuro.

Adorei ouvir isso, porque fiquei cheio de energia. Acredito que, em breve, o mundo vai estar mais aberto ao novo, nem que seja porque não restaram alternativas. Surgirão novos líderes, e não vai importar se forem jovens, velhos, homens, mulheres, homossexuais, brancos, negros... Todos serão aceitos, e acabarão os preconceitos inadmissíveis de cor, credo, gênero. Pessoas simples podem também fazer a diferença. E, já que um novo caminho está se abrindo, essa é uma oportunidade incrível de deixar para trás o pessimismo e seguir na direção do bem comum, criando um mundo menos desigual e mais feliz, além de muito mais produtivo, eficiente e útil.

"COMO, Márcio, COMO?", parece que ouço alguém me perguntar ansioso no final de cada uma das minhas palestras. Para tentar responder isso, preciso falar sobre propósito de vida. Já faz um tempo que vi no *Fantástico* uma matéria da jornalista Flávia Cintra[*] sobre sonhos. Ela parava as pessoas na rua e propunha uma troca: quem contasse seu sonho de vida, ganhava um sonho de padaria. O que mais me chamou a atenção foi que, incrivelmente, muita gente não conseguia fazer isso. Pegas de surpresa, algumas pessoas se emocionavam: os olhos se enchiam de lágrimas e a voz não saía. Posso entender. Às vezes a gente se dá conta de que virou adulto e nem lembra mais dos próprios sonhos, que ficaram para trás, atropelados pelo pessimismo. Mas é preciso reconquistar esse espaço dentro de nós, nosso propósito de vida.

E, afinal, por que o propósito de vida tem tanta importância? Anda na moda falar disso, mas tudo o que escrevo é resultado das minhas vivências pessoais e práticas de gestão, provas diárias de que ter um propósito de vida é o insumo básico da felicidade. Vejo isso acontecer comigo mesmo e com as pessoas com quem me relaciono diretamente. Além disso, sempre busco mais informações para embasar essa minha convicção pessoal. Há séculos, filósofos discutem o sentido da vida e o que faz uma pessoa buscar o altruísmo. Esse é um longo debate que ainda não chegou ao fim, mas dá para fazer pelo menos uma observação empírica: o ser humano não se contenta apenas em estar no mundo e ter coisas que atendam às suas próprias necessidades; lá no fundo existe sempre o desejo de realizar algo que seja bom para nós mesmos e para os outros. Mas por quê?

---

[*] Flávia Cintra ficou tetraplégica aos dezoito anos, depois de um acidente de carro. Ela conseguiu recuperar parte dos movimentos e hoje é jornalista e mãe de dois filhos. Não tenho a menor dúvida de que seu propósito de vida é o que lhe dá toda a sua determinação. Segundo ela, "Se um gênio da lâmpada aparecesse para realizar três desejos meus, talvez voltar a andar não fosse um deles" (Vera Garcia, "Um pouco da história da tetraplégica Flávia Cintra", Deficiente Ciente. Disponível em: <deficienteciente.com.br/um-pouco-da-historia-da-tetraplegica.html>). Acesso em: 20 mar. 2017.

Bom, nem os cientistas sabem a razão, mas recentemente têm dado um novo foco ao assunto, em especial nos benefícios que ter um propósito de vida traz para as pessoas. Depois de revisar uma série de estudos, o médico norte-americano Victor Strecher escreveu um livro sobre os efeitos positivos do propósito de vida na nossa saúde. De acordo com ele, ter um propósito:

> reduz o risco de ataque cardíaco e derrame; diminui em mais da metade a probabilidade de a pessoa desenvolver o mal de Alzheimer; ajuda a relaxar durante o dia e dormir melhor à noite; dobra as chances de manter sob controle o vício por álcool e outras drogas após o tratamento de reabilitação; ativa as células naturais de defesa contra vírus e câncer; abaixa a produção de células inflamatórias; aumenta o bom colesterol; repara o DNA [...]. Ah, e, como bônus, oferece uma vida sexual mais satisfatória.*

Strecher acrescenta que, além de ser de graça, o propósito tem o efeito colateral de fazer as pessoas se engajarem mais na vida e cultivarem mais e melhores amigos.

Se esses motivos ainda não foram suficientes para você se movimentar, vou lhe dar mais uma razão: quem tem um PORQUÊ enfrenta qualquer COMO. Essa frase sempre me causou um grande impacto. É o resumo perfeito de tudo o que eu posso dizer sobre a importância de cada pessoa descobrir o sentido de sua própria vida. Não há circunstância, problema ou obstáculo que alguém não consiga enfrentar quando leva dentro de si a consciência de seu propósito. Sei que às vezes essa conversa toda pode parecer meio abstrata ou filosófica demais, mas não é. O psiquiatra Viktor Frankl afirma que, quando se trata de propósito (ou sentido) de vida, é melhor descomplicar. Segundo ele, nosso propósito costuma estar bem próximo de nós, na nossa realidade diária:

---

* Victor J. Strecher, *Life on Purpose: How Living for What Matters Most Changes Everything*. Nova York: HarperOne, 2016. Strecher é professor e diretor de inovação e empreendedorismo social da Faculdade de Saúde Pública da Universidade do Michigan.

O fato é que o sentido, assim como a percepção desse sentido, [...] estão localizados em chão firme, e não flutuando no ar ou encerrados numa torre de marfim. [...] A percepção do sentido, como eu a vejo, se reduz mais especificamente a tomar consciência de uma possibilidade contra o pano de fundo da realidade ou, para expressá-lo de modo mais simples, perceber o que pode ser feito em determinada situação.*

Ou seja, por mais adversas que sejam as circunstâncias da sua realidade, você sempre pode <u>tomar a iniciativa</u> de fazer algo para melhorá-las. Na vida, todo mundo enfrenta dois tipos de problemas: os evitáveis e os inevitáveis. Diante do primeiro tipo, a energia gerada pelo seu propósito de vida vai fazer com que você identifique a causa daquele problema "evitável" e tome imediatamente as providências necessárias para resolver a questão ou, pelo menos, reduzir suas consequências negativas. Para encurtar: se o problema é evitável, seu propósito vai lhe dar toda a garra necessária para conseguir evitá-lo ou mitigá-lo. É o propósito que lhe dá a consciência para agir e sair do obstaculismo.**

Diante dos problemas inevitáveis, mais uma vez é o propósito de vida que vai assegurar que você enfrente o sofrimento com dignidade e amor-próprio e ao próximo, sempre procurando agir na direção do que pode ser feito para melhorar a situação — e ser feliz, exatamente como consegue fazer a jornalista Flávia Cintra. Não é o caso de dar uma de maluco e fingir que o problema não existe: ao contrário, é encarar a realidade, usando seu propósito de vida para ser feliz, mesmo que o problema inevitável continue a existir. Por exemplo: por problemas congênitos ou em consequência de um acidente, uma pessoa pode precisar amputar as duas pernas, do joe-

---

* Viktor Frankl, *Em busca de sentido: Um psicólogo no campo de concentração*. São Leopoldo: Sinodal, 1985. Frankl (1905-97) foi um psiquiatra austríaco judeu que ficou preso entre 1942 e 1945 em campos de concentração e perdeu a esposa, a mãe e o irmão em Auschwitz. Ao sair, retomou seu trabalho e escreveu diversas obras.

** "Obstaculismo" é uma palavra que criei para me referir àquele tipo de pessoa que só vê os problemas, enquanto tropeça cegamente nas oportunidades. Uma explicação mais detalhada está na p. 22 do meu primeiro livro, *Felicidade dá lucro*.

lho para baixo. Se não tomar consciência do seu propósito de vida, talvez ela entre em depressão e passe o resto da vida se lamentando. Por outro lado, diante desse problema inevitável, essa pessoa tem também a chance de criar um novo propósito de vida e se tornar um campeão paralímpico, como o corredor Alan Fonteles,* que conquistou medalha de ouro nos jogos de Londres, em 2012. E você? Vai se entregar aos problemas da vida ou vai usar seu propósito para pavimentar sua própria felicidade e, quem sabe, ainda inspirar muitos outros para que encontrem seu caminho?

> **QUEM FOI QUE DISSE O QUÊ?**
>
> Quando toco nessa questão do propósito em palestras, nas minhas expedições por empresas ou ao receber amigos de diversos setores, costumo sempre citar a frase "Quem tem um PORQUÊ enfrenta qualquer COMO". Para mim, seu significado é tão claro e poderoso que nunca me importei em saber quem disse isso. Na realidade, queria eu mesmo ter sido capaz de resumir uma série de ideias complexas numa frase tão simples, direta e curta, indicando que não há circunstância ou obstáculo da sua realidade exterior para os quais você não consiga juntar energia interna para enfrentar — ou até superar —, desde que tenha em mente um bom motivo para levar a vida adiante. Essa é a força que vem do propósito vital, aquele em que a gente ACREDITA e que PRATICA diariamente.
>
> Outro dia, no final de uma palestra, uma pessoa me disse: "Márcio, gostei muito da sua apresentação, mas só queria comentar que aquela frase ótima, atribuída às vezes ao Viktor Frankl, na verdade é ▶

---

* Para saber um pouco mais sobre Alan Fonteles e entender como o propósito de vida de seus pais e dele próprio foi decisivo para suas conquistas, recomendo a leitura do artigo de Marjoriê Cristine no *Extra* em 8 set. 2012, "Deficiente desde bebê, Alan Fonteles bateu Oscar Pistorius, o ícone do esporte paralímpico". Disponível em: <extra.globo.com/esporte/londres-2012/deficiente-desde-bebe-alan-fonteles-bateu-oscar-pistorius-icone-do-esporte-paralimpico-6032651.html>. Acesso em: 15 mar. 2017.

do Nietzsche".* Como nunca desperdiço o que alguém me diz com o interesse genuíno de contribuir, fui atrás da informação. Ponto de partida: pesquisa rápida no Google, o que só aumentou a dúvida. Apareceram na tela milhares de documentos e fotos ora com o bigodudo Nietzsche, ora com o olhar tranquilo de Frankl. Bom, então eu tinha que me aprofundar para entender melhor aquela história. Fiz uma pesquisa em artigos acadêmicos e encontrei o que procurava: a frase é mesmo de Nietzsche.

Àquela altura, porém, minha curiosidade estava à flor dos neurônios. Se tanta gente se equivocava com a autoria dessa frase, devia ter alguma coisa ali. Comprei *Crepúsculo dos ídolos* e *Em busca de sentido* pela internet** e, dentro de dois dias, quando voltei do trabalho, eles estavam me esperando em casa. A frase "Tendo seu *por quê?* da vida, o indivíduo tolera quase todo *como?*" está logo no primeiro capítulo do livro de Nietzsche e é citada por Frankl — com o devido crédito — na segunda parte de *Em busca de sentido*. Provavelmente foi citada de memória, até porque Nietzsche não está na bibliografia do livro de Frankl. Ou talvez Frankl não tenha gostado do "tolera quase" de Nietzsche. Acho que Frankl entendeu que, com propósito, não tem essa de "quase" — é tudo mesmo! Bom, o que importa é que posso continuar citando a frase dando o crédito adequado.

Só que meu aprendizado não parou por aí. Você deve imaginar que, para buscar uma frase específica em um livro, você não pode simplesmente folheá-lo. Sou bom de leitura dinâmica, mas nem tanto. Tive que ler os dois, e foi aí que veio a maior recompensa. Nietzsche

---

* Friedrich Nietzsche (1844-1900), filósofo alemão que foi muito combatido em seu tempo por suas ideias críticas sobre a cultura ocidental e a moral judaico-cristã. Teve grande influência sobre outros pensadores, como Sartre, Foucault e Deleuze, e seu pensamento filosófico continua a ser estudado até hoje. A frase em questão está no livro *Crepúsculo dos ídolos* (São Paulo: Companhia das Letras, 2006).

** Parece até que posso ouvir alguém impondo um primeiro obstáculo: "Ih, cara, eu não teria grana pra comprar dois livros de uma vez só!". Isso se resolve com a maior facilidade — e sem custos — numa manhã de sábado numa biblioteca pública. Saia da inércia, por favor! Supere o obstaculismo!

me trouxe novas perguntas e uma inquietação estimulante, e não posso deixar de registrar que fecho 100% com outra frase dele: "A fórmula de minha felicidade: um sim, um não, uma linha reta, uma *meta*...". Ou seja, primeiro, a gente faz nossas escolhas e, a partir disso, segue com determinação e persistência na direção dos nossos objetivos. Já com Frankl, aprendi os fundamentos da logoterapia, uma escola de psicoterapia que olha para o futuro* e tira o foco do círculo vicioso gerador e retroalimentador de obstáculos, direcionando a pessoa para seu próprio sentido de vida. A leitura desses livros foi tão enriquecedora que me senti conversando com amigos. (Tipo os papos com o Marcão,** o meu "mestre dos magos" lá de Iracemápolis!)

Mas o que mais me encanta é que todo esse prazer de novos aprendizados me foi proporcionado através de uma dica de alguém com interesse genuíno de contribuir. Não lembro o nome da pessoa, mas agradeço aqui e aproveito para pedir: se estiver lendo este livro, me envie um e-mail, pois quero lhe agradecer pessoalmente.

Como criar um propósito?

Apesar de exclusivo e pessoal — isto é, nenhuma outra pessoa no mundo é capaz de defini-lo por você ou para você —, o propósito não precisa ser uma escolha para a vida inteira. Isso quer dizer que depende também do seu momento, da situação que está vivenciando, da etapa da sua vida. Existem pessoas, porém, que parecem que já nascem com um propósito, saem da barriga da mãe com uma missão. Sabem o que querem e entram em ação sem esperar por

---

* No cap. 5 falo deste livro também sobre a abordagem da psicologia positiva, que, em vez de focar nos defeitos das pessoas, tem o objetivo de desenvolver as qualidades e as emoções positivas. O olhar para o futuro da logoterapia somado à psicologia positiva pode se tornar um ótimo instrumento de melhoria para você.
** Marcão, contador e teólogo, é meu amigo há mais de vinte anos. Lá no cap. 5 de *Felicidade dá lucro* eu conto um pouco sobre nossas conversas de coração aberto.

mais ninguém. São casos raríssimos, porque a maioria de nós tem que construir um propósito e nem sempre acerta de primeira ou de segunda. Eu mesmo passei várias vezes por esse processo até identificar meu real propósito: compartilhar o que aprendo e incentivar cada vez mais pessoas a serem felizes e produtivas. Em meu primeiro livro, conto que houve uma fase da minha vida em que achei que meu sonho era ser dentista. Não durou muito no entanto: bastou confrontar a ideia com "pano de fundo da realidade", como disse Frankl, para eu perceber que aquilo não era para mim.

O propósito também deve estar alinhado com seus valores — aqueles nos quais acredita e que pratica com total convicção. Vou dar um exemplo para você perceber como ele pode mudar de acordo com as fases e até com as circunstâncias de vida, mas dificilmente entra em contradição com você mesmo. Vamos dizer que a pessoa identifique que seu maior valor é ajudar outros a terem uma vida melhor. Há vários caminhos possíveis para isso. É possível ser médico, assistente social, enfermeiro, psicólogo, nutricionista, personal trainer... São os dados da realidade, as circunstâncias específicas da sua vida, que vão indicar o melhor caminho a seguir. No futuro, quando as circunstâncias forem outras, você pode até rever suas escolhas, mas é pouco provável que alguma delas vá contradizer seus valores, que são permanentes.

Falando assim, pode até parecer que o propósito equivale a uma profissão. Não é isso, mas com certeza uma profissão escolhida a partir dos seus valores e do seu propósito vai lhe garantir uma carreira mais bem-sucedida, além de felicidade diária. Pode apostar.

Como seu tutor, estou aqui para ser um facilitador do processo de criação ou identificação do seu propósito de vida. E vou começar ajudando-o a fazer as perguntas certas para encontrar suas próprias respostas.

Então dê um tempo na correria — que tal reservar meia hora por dia? — para se conhecer melhor, identificar quais são os valores que direcionam mais profundamente suas atitudes e entender onde quer chegar e por quê. Selecionei algumas perguntas para você responder com muita dedicação e sinceridade. E vale antes um lembrete: suas respostas não vão decidir se você é bom para um trabalho, se vai ser escolhido para uma promoção, ou se vai ser aprovado na faculdade. Por isso, não precisa dar respostas padronizadas, "engessadas". Aqui só a verdade importa. É assim que você vai traçar um bom mapa para seguir por um novo caminho. Então vamos lá:

- Você tem uma aspiração real de melhorar de vida?
- O que move você a agir para melhorar?
- No que realmente acredita? Quais são seus principais valores? Faça uma lista e guarde consigo, para nunca esquecer.
- Em quem você realmente acredita? Por quê? Quais são as principais características dessa pessoa?
- O que faz você sentir um ímpeto de ação? (Aquela energia que sobe pelo corpo e faz a gente querer tomar uma atitude, sabe?)
- Quais são seus sonhos ou objetivos de vida? Eles estão bem claros para você?
- A quem eles beneficiarão? Apenas você ou mais alguém?
- Eles têm mesmo sentido ou estão mais ligados ao que os outros esperam de você?

É bem provável que, ao se fazer essas perguntas pela primeira vez, você se sinta até mais confuso do que antes. Dar o pontapé inicial parece mais difícil do que você imaginava? Não sabe por onde começar? Acha que não vai conseguir, pelo menos não sozinho? Apesar de todas as dúvidas, persista até encontrar uma resposta. Sair para valer da inércia do círculo vicioso é duro mesmo. Mas sempre existem pessoas — pais, avós, irmãos, amigos, vizinhos, líderes da empresa onde trabalha — com interesse genuíno em ajudar, apoiar e contribuir. Identifique-as, abra espaço para elas, converse, ouça o que têm a lhe dizer. Divida com elas sua disposição de criar um propósito que lhe dê garra para melhorar sua vida e a dos outros. Mostre as perguntas que o deixam em dúvida e peça ajuda. Como é que elas veem você no dia a dia em relação aos seus valores e propósitos? O que é que ainda está escapando da sua percepção sobre você mesmo? O mais importante é não parar de se questionar até encontrar as respostas certas para seu atual momento de vida.

Em geral, a criação do propósito é um processo que ocorre em três dimensões:

1. Você em relação a si mesmo: quando você descobre que precisa juntar o máximo de energia para melhorar sua vida;
2. Você em relação aos outros: quando se dá conta de que, até sem querer, ao melhorar de vida também beneficia as pessoas à sua volta e se entusiasma com a oportunidade de apoiar e incentivar os outros;
3. Você em relação ao mundo: quando você toma consciência de que vivemos em uma "teia de mutualidade",* o que amplifica a importância dada ao compartilhamento e à reciprocidade, porque entende que seu propósito de vida tem o poder de fazer a diferença e ajudar a transformar a sociedade como um todo, mesmo para aquelas pessoas que você nunca viu ou verá.

Quando falo dessas três dimensões, é comum me dizerem: "Como é que eu, na minha insignificância diária, vou conseguir criar um propósito de vida capaz de transformar a sociedade e o mundo como um todo?". Calma. Em primeiro lugar, recupere a dignidade, ou seja, mantenha em alta seu amor-próprio, e acredite em si mesmo. Ninguém é insignificante ou incapaz. Além do mais, a criação do propósito é um <u>processo</u> — envolve uma série de etapas, que precisam de tempo para acontecer. Não tem mágica, lembra? Seu primeiro propósito não precisa nascer no patamar ideal. Não se cobre tanto, você acabou de acordar! Se deixar sua visão de futuro ser distorcida pelo imediatismo, corre o risco de virar para mim e dizer: "Ah, Márcio, meu propósito de vida hoje é pagar as dívidas!". Isso <u>não</u> é propósito de vida! Coisas como ter um salário maior, comprar uma casa, trocar de carro ou juntar uma graninha para viajar

---

* A expressão é de Martin Luther King (1929-68), ativista dos direitos civis e pelo fim da segregação racial nos Estados Unidos. Recebeu o Nobel da Paz em 1964 e foi assassinado em 1968. Segundo ele, na teia inescapável de mutualidade, o que quer que afete uma pessoa diretamente, afeta a todas indiretamente.

fazem parte do seu planejamento financeiro. É algo necessário, mas apenas uma meta cotidiana ou pontual, e não um propósito de vida.

O que tampouco quer dizer que você não possa começar a criar seu propósito tendo em mente valores um pouco mais individualistas. Por exemplo: o amor pelos filhos pode ser seu propósito pela vida inteira. Conheço pessoas que se sentem absolutamente felizes e realizadas por proporcionar aos filhos uma vida melhor do que a sua — como eu, por exemplo. Esse é um propósito que iluminou minha caminhada e ainda me ajuda muito. Meu pai e minha mãe também se desdobraram para oferecer uma vida melhor para mim e para minha irmã. Eles sempre diziam: "Agora é a vez de vocês!". Na verdade, pessoas com esse tipo de propósito já vão direto para a segunda dimensão do processo, e por isso merecem respeito e admiração.

Como apoiar o outro na criação do propósito

Fique atento: além do pessimismo, o principal vício de uma pessoa que ainda não conseguiu criar seu propósito é reclamar. Assim, ela se deixa contaminar pelas más notícias. Essa é uma regra praticamente sem exceção. Em qualquer idade ou situação, não parar de reclamar é sinal de que não se está conseguindo identificar seu PORQUÊ. É por isso que a pessoa age e reage tão mal. Todo e qualquer COMO acaba virando motivo de complicação — e de mais reclamações. Até que, finalmente, ela entende que, por trás daquela situação específica, está seu propósito pessoal. Então, em vez de reclamar, a pessoa age para resolver o problema. Com toda a energia canalizada em busca de soluções e novos caminhos para atingir seu objetivo, ninguém pode desperdiçar tempo com reclamações. Isso porque a identificação do propósito é capaz de elevar o patamar de consciência.

Quer ver? Vou ilustrar com um exemplo que aconteceu há pouco tempo em minha casa. Quando passou para o primeiro ano do fundamental, meu filho mais velho não gostou muito dos novos compromissos. Além de estar em uma escola diferente, ele tinha novas responsabilidades: as professoras eram mais exigentes e era preciso fazer lição de casa todo dia. Então ele começou a reclamar. Não gostava das aulas, de ter que fazer lição, de aprender coisas novas, de só poder comprar algo na cantina às sextas. Todos os dias ia meio que obrigado para a escola. Quando se desentendia com algum colega, voltava chateado. Até que virou para mim e decretou: "Papai, quero parar de estudar!". Senti um calafrio ao ouvir aquilo, já que acredito com convicção que um dos melhores caminhos para a felicidade é o aprendizado.

Recuperei depressa o sangue-frio e decidi testar no meu garoto de seis anos algumas das práticas que tenho aplicado tantas vezes como gestor. Em vez de brigar com ele, respondi: "Tá bom, esse é seu objetivo agora. Mas, para chegar lá, você tem que me trazer uma proposta. Por que vai parar de estudar? Para fazer o quê?". Ele pensou, parou de reclamar por uns dias e voltou para mim com o seguinte: "Papai, vou parar de estudar para criar uma empresa. [Com seis anos. É mole?] Vou criar personagens parecidos com pokémons, que vão se chamar 'furiosos'. Tem gente na escola que não pode comprar os cards porque são caros, então vou vender os meus por um real. Todo mundo vai querer. Vou ganhar muito dinheiro sem estudar".

Não posso negar que achei a ideia muito interessante e a visão encantadora. Meu filho queria ganhar dinheiro ajudando os amigos! Mas, quando parei de babar, tive outro calafrio. Ele tinha me apresentado uma proposta concreta e com alguma lógica. Não precisava mais estudar porque seria o bem-sucedido criador de personagens de cards e ficaria rico. Além disso, tinha mostrado que sabia que não podia simplesmente copiar os cards de pokémons, revelando que já havia entendido os rudimentos do direito autoral. E mais: percebera que havia um segmento desatendido, dos alunos que não podiam pagar o preço dos cards. Respirei bem fundo, porque não podia dizer para ele que a proposta não era boa.

Então, fiz um combinado com ele. "É uma boa proposta, e podemos tocar isso em frente durante as férias. Posso ser seu tutor e talvez até sócio", brinquei. Só com essa perspectiva, as reclamações quase desapareceram, e de repente ele estava começando a gostar da escola! Nas férias, eu o ajudei a colocar no papel um projetinho bem simples e me comprometi a acompanhar de perto a implementação. Depois, minha esposa, que é boa de tecnologia da informação, cuidou da infraestrutura. Durante o processo, meu filho percebeu que, para dar nome aos personagens, tinha que saber escrever direito. ("É para isso que a escola é importante", comentei, como um bom tutor.) Depois, viu que muitos pokémons têm nomes em inglês e concluiu que precisava continuar com as aulas dessa língua, das quais não gostava. (Devo confessar que tampouco me agradava o inglês, mas aprendi por motivos similares.) Minha esposa o ensinou a imprimir os cards em alta qualidade, mas o dinheiro para comprar papel e toner saiu do porquinho dele, para que aprendesse o valor das coisas.

Gradativamente, com paciência, fomos colocando na frente do "ganhar dinheiro" alguns valores que são importantes para nossa família, como compartilhar. No finalzinho das férias, meu filho havia conseguido produzir algumas dezenas de cards com seus furiosos, mas tomou outra decisão: quando voltassem as aulas, ia doar suas criações para os colegas que não podiam comprar os cards de pokémons. Foi uma satisfação para nós, mas aqui é preciso fazer uma observação importante: ter um bom propósito de vida não significa que não se possa ganhar dinheiro com ele. No entanto, no primeiro momento o mais importante é ser feliz, sem receber necessariamente uma recompensa financeira imediata por isso. Se ficamos satisfeitos foi porque nosso filho, que era muito apegado às coisas dele, passou a sentir prazer em compartilhar, ou seja, conquistou um novo patamar de consciência. Hoje, virou um grande doador de cards. "Pai, eu não quero prender os furiosos", ele me disse, "quero que sejam livres! E divido meus cards de pokémons inclusive porque assim posso brincar com meus amigos."

Embora esse seja um exemplo bem caseiro, ficam claras nele algumas das etapas do processo de criação de um propósito. Meu filho partiu de interesses individuais (parar de estudar e ganhar dinheiro) e chegou a um objetivo coletivo (cards para todos). É mais fácil sensibilizar crianças do que adultos, claro, porque muitas vezes já sofremos e nos decepcionamos demais na vida. Por isso, seja em família ou na empresa, não adianta absolutamente nada aquele discurso antigo do tipo: "Você precisa ter um propósito! Por que não vai fazer alguma coisa em vez de reclamar?". O mais provável é que a reação do filho, do colaborador* da empresa ou de quem for seja negativa: "Ah, para você, é fácil falar, mas eu nunca tenho vez, não posso fazer nada que quero". No caso de muitos adultos, as reclamações são feitas pelas costas. Tentando impor um propósito, o líder só consegue estabelecer uma relação contraproducente, com o outro resistindo e continuando a reclamar.

Nas organizações, frequentemente essa tentativa de impor um propósito "de cima para baixo" passa, por exemplo, pela definição da missão e da visão da empresa e chega — fácil, fácil — à fixação das metas para a avaliação de desempenho individual.** Chega tudo pronto para os colaboradores. A missão costuma ser um monte de palavras vazias que não fazem o menor sentido no dia a dia das pessoas, assim como as metas individuais.*** Uma pesquisa de clima organizacional sempre acaba detectando que está todo mundo muito desanimado, e os indicadores de eficiência e produtividade vão de estáveis a piores. Assim, muito tempo e dinheiro acabam sendo investidos para criar e produzir eventos motivacionais nos quais os líderes supostamente estarão mais próximos das equipes e assim poderão transmitir suas diretrizes corporativas. Trata-se do *team building*, para tentar fazer com que a pessoa vista a camisa da empresa e goste dos colegas de trabalho e dos clientes. Em geral, nesses eventos as pessoas passam um fim de semana fora de casa, fingindo que gostam de tudo para não se queimar. Ou seja, se cumpre o gabarito corporativo, mas ninguém acredita em nada, e as pessoas

---

* Na p. 43 de *Felicidade dá lucro*, explico: "Não chamo ninguém de funcionário, porque o que 'funciona' é máquina. Quem trabalha comigo dá sua contribuição diária para o próprio sucesso e para o negócio. Por isso, chamo de colaborador e espero bem mais do que a simples retribuição pelo salário recebido a cada mês".

** No cap. 5, explico como substituir a tradicional avaliação de desempenho por um diário de competências, uma forma de restabelecer o diálogo franco com toda a equipe.

*** Vale aqui a observação de que não é que as metas individuais não tenham necessariamente sentido, mas o colaborador não identifica uma convergência de valores entre si e a empresa.

mal podem esperar a hora de deixar aquele ambiente com tanta hipocrisia. Gosto de reunir minha equipe e buscar a união, sim, mas em torno de um propósito maior — e durante a semana.

No processo de criação de propósito, o papel do líder é estabelecer relações baseadas em proximidade, credibilidade e confiança.* Além de sempre ouvir as pessoas que tenham interesse genuíno, ele precisa aprender a conversar com cada integrante de sua equipe. É fundamental que entenda que só cresce realmente quando é capaz de apoiar o desenvolvimento dos outros. Para isso, tem que se manter neutro, sem julgar nada nem ninguém. Como líder, já cometi muitos erros, e um deles foi achar que todo mundo devia ser parecido comigo e querer as mesmas coisas que eu. Não conseguia compreender, por exemplo, por que aquele técnico incrível não queria ser promovido a um cargo de gestão. Era como se eu visse um garoto muito bom de bola jogando na rua e precisasse incutir nele o propósito de ser campeão do mundo. Não entendia como alguém podia não querer ter o que eu julgava ser uma carreira promissora, grandiosa e realizadora. Tinha a mania de sempre querer ajudar os outros a "chegar lá", mas não perguntava: "Para você, onde é esse LÁ?".

Eu me dei conta desse meu equívoco durante um papo com um amigo. Ele comparou a liderança tradicional a uma antiga estrutura de engenharia civil. Historicamente, eram construídas colunas fortes para sustentar o peso de toda grande obra, mas a engenharia evoluiu. Hoje existem estruturas que mantêm o equilíbrio com partes menores que se abraçam e entrelaçam, combinando papéis e esforços para sustentar o peso do todo. A aparência fica muito mais leve, moderna e suave, e a estrutura toda é mais forte e resistente. Da mesma forma, a nova liderança vive num ambiente mais flexível, leve, integrado e interdependente. Foi nesse dia que entendi que o líder não precisa estar no centro, ser a coluna que suporta todo o peso, o guia em tempo integral, o alicerce no qual todos se apoiam. O que o líder precisa

---

* Em *Felicidade dá lucro*, conto como faço, no papel de líder, para cultivar e manter relacionamentos de confiança, principalmente no cap. 6, "Na prática, o lucro é de todos" (p. 152).

ter é a humildade de compartilhar a liderança para possibilitar que uns ajudem aos outros. Além disso, sem a participação ostensiva do gestor, a própria dinâmica do grupo revela os líderes situacionais, capazes e dispostos a contribuir com os demais integrantes da equipe.

Com isso em mente, consegui entender melhor como ajudar sem invadir. Optei pela postura de tutor, que é aquele que instiga e acompanha o outro durante todo o percurso — do jeito da pessoa em questão, e não dele próprio. Assim, criei o que passei a chamar de Evento de Protagonistas, em que, periodicamente, as pessoas se reúnem para conversar, falando de si mesmas e do seu propósito. É impressionante que, quanto mais neutro me mantenho nessas reuniões, mais crível o processo se torna. Vejo os líderes situacionais emergirem e percebo como a proximidade e a credibilidade se estabelecem entre as pessoas. Em vez do círculo vicioso do pessimismo ou da falsidade corporativa, vejo uma avalanche de gente descobrindo novas possibilidades, trocando experiências e integrando seus propósitos — às vezes, ainda individuais — em ações com possibilidade de beneficiar o coletivo, a empresa ou a sociedade como um todo. Com bastante frequência, o que fica mais evidente é o aumento do nível de consciência.

Esse processo colaborativo na definição do propósito de cada pessoa também tem uma função inclusiva: como todos ali se sentem iguais, não é preciso cobrar de ninguém o respeito às diferenças. Por exemplo: mesmo que alguém seja mais tímido e não goste de falar — algo que se costuma exigir de quem quer ser bem-sucedido na carreira —, os outros não o obrigam a se expor. Todos sabem que cada elo da equipe é forte e vai desempenhar seu papel nos resultados do grupo. Na minha opinião, os propósitos que nos levam mais longe são sempre aqueles forjados de maneira integrada, com o interesse genuíno de contribuir. O propósito não é de uma pessoa só, tampouco é de todos; é de quem quiser. A empresa que investe nisso só tem a ganhar. E não se iluda, porque sempre existem aqueles que dizem: "Isso é frescura!", pois é muito mais fácil manter tudo como está. É muito mais fácil não transformar nada e deixar todos no lugar de sempre, fora do jogo, desanimados e frustrados.

Quando conto esse processo de criação coletiva de propósitos, sempre aparece um apressadinho perguntando: "E quanto demora isso?". Minha resposta é: "Até o fim da dúvida ou do medo". Antes de identificar o propósito, é preciso eliminar o círculo vicioso de só enxergar o lado ruim das coisas. No começo, a maioria das pessoas está fixada na negatividade. "O que será que o líder quer? O que será que ainda não pediu? Será que ele pretende derrubar o alvo mais fácil?" Com a experiência, percebi que essa visão unilateral também pode servir como um excelente esconderijo para quem não está disposto a mudar, nem mesmo se for para melhor. É muito convincente não ter sucesso e se agarrar em frases como: "Não consigo arrumar emprego por causa da crise", "Não tenho tempo para pensar em propósito porque preciso colocar comida na mesa" ou "Não consigo me desenvolver porque esse país é subdesenvolvido". Apontando o dedo para os problemas externos, o pessimista desvia a atenção das próprias falhas e da própria inércia.

Essa maioria que não acredita em si também é muito conveniente para todos aqueles que ainda vivem no modelo organizacional do tipo "manda quem pode e obedece quem tem juízo". E também para o modelo político que guia as pessoas por caminhos úteis só para si mesmo. Até hoje a gente condiciona as crianças a fazer trocas: "Se fizer isso, ganha aquilo". E, infelizmente, dentro da maioria das empresas não é muito diferente disso. Pode-se não gostar desse modelo de gestão, mas é preciso reconhecer que ele existe — apesar de já estar, na minha opinião, com os dias contados. É tudo troca: se você atingir a meta, vai ser recompensado com o sucesso. Só que fazer sucesso é gostar do que a gente é e do que faz, mais do que ter uma recompensa financeira. Quando a pessoa tem um propósito, faz algo porque ACREDITA. Da mesma maneira, quando a gente educa uma criança, deveria ensinar a ela a acreditar em si mesma e manter a dignidade e a integridade. Ou seja, o melhor educador não é aquele que alfabetiza; é aquele que mantém viva no aluno a capacidade de ACREDITAR em si mesmo e desperta o potencial de APRENDER.

É importante dizer que não me sinto sozinho nessa cruzada para que cada um de nós tenha um propósito capaz de nos levar a viver numa sociedade melhor. No meu primeiro livro, afirmo que "o líder não se sente sozinho porque está sempre bem acompanhado por todos os colaboradores do seu time. Quando não sabe, pergunta. Antes de decidir, compartilha. Para mim, a solidão do líder é um mito".* Hoje, mais do que contar com minha equipe, começo a perceber que muito mais gente está se unindo em torno desse propósito maior. Agora estou no time que já tem milhões de pessoas. Não somos maioria — ainda! —, mas é comum encontrar gente disposta a melhorar as empresas, a sociedade e o mundo. Envolvendo nossos líderes, colaboradores, parentes, amigos e vizinhos em propósitos engajadores, podemos ter mais do que apenas sucesso individual, trazendo os outros conosco. Isso é gerar valor verdadeiro.

Outro dia mesmo, conversei com um megaempresário, cuja holding emprega diretamente mais de 12 mil pessoas, e fiz a seguinte pergunta para ele: "Considerando que a situação econômica do país está voltando a melhorar, como você diria que sua empresa se saiu na crise?". Sorrindo, ele me disse apenas: "Muito bem!". Surpreso e satisfeito por não ter sido colocado diante de um mar de lamentações, perguntei: "Mas como vocês fizeram isso? O mercado para o seu produto estava favorável?". Então ele me deu uma resposta mais completa: "Não. Fizemos um pacto de eficiência e sobriedade mais adequado ao momento e nos unimos em torno dele. Nos comprometemos a vencer juntos e ajudar nosso entorno. Competimos menos e contribuímos mais. Por isso, a crise foi menos dura com a gente. Agora estamos prontos para novos investimentos e, com essa nova filosofia e esse propósito, não preciso desconfiar dos colaboradores. Podemos investir menos em controle e mais em qualidade". Foi quase uma bênção ouvir aquele gigante empresarial falar no plural, em vez de no singular. Isso renova as energias e prova que práticas simples, que não são inéditas ou pioneiras, podem ajudar a viabilizar o caminho para que as pessoas sejam ao mesmo tempo produtivas e felizes. No final da conversa, o megaempresário ainda

---

* *Felicidade dá lucro*, p. 173.

concluiu: "Sonhamos e realizamos juntos, então dividimos nossas conquistas e conseguimos ser sustentáveis. Criamos propósitos, respeitamos a individualidade de cada um e nos empenhamos ao máximo, mantendo critérios e valores claros para convergir tanto quanto for possível".

Como incentivar a convergência de propósitos

Na teia de mutualidades* em que vivemos, a convergência de propósitos é multidirecional e pode ocorrer de forma direta ou indireta. Isso acaba fazendo com que existam diversas possibilidades de convergência: entre mim e você; entre mim e os outros; entre mim e você com os outros; e por aí vai... Nessa rede totalmente interligada de conexões, é importante que você identifique quais são as convergências que mais interessam aos seus propósitos. Nem pense em buscar uma convergência total, ou não vai ter tempo de realizar nada, em especial neste nosso mundo globalizado e hiperconectado, em que as informações trafegam de um continente para outro em milésimos de segundo e as mídias sociais potencializam o efeito das interações, para o bem e para o mal. Quando se trata de convergir propósitos, é melhor não se distrair. Por isso, vamos fechar o foco aqui na possível — e desejável — convergência bidirecional entre você e a empresa em que trabalha. Ela pode ser no sentido da empresa com o colaborador e/ou do colaborador com a empresa, e agora vamos ver como fazer para estimular esse alinhamento de valores sem se esquecer dos outros.

---

* Evitei usar aqui a expressão "redes sociais" para me referir à teia de relacionamentos — próximos e distantes — que se forma ao nosso redor desde que a gente nasce (ou até mesmo antes) e existe desde que os seres humanos começaram a se organizar em grupos para garantir a sobrevivência dos indivíduos de modo que não haja confusão com "mídias sociais", que são as plataformas tecnológicas criadas para facilitar a interação entre as pessoas pela internet, potencializando o fluxo de interações entre os contatos preexistentes de uma rede social.

Convergência de propósitos da empresa com o colaborador

Na minha opinião, não existe nada mais tolo do que receber um novo colaborador na empresa, mostrar missão, visão e valores e dizer que ele tem que segui-los. A pessoa olha para o quadro com esses conceitos na parede e pensa: "Vou ter que decorar?". Ou seja, é como se a gente estivesse de novo na escola, seguindo as regras do professor mais careta, decorando a matéria mesmo sem entender ou concordar. E quanto a colocar essas coisas em prática, vivê-las? Se você é líder de uma organização, não pode esquecer que ninguém "fabrica" ou impõe um propósito. Seu objetivo deve ser ficar de fora do processo e atuar como tutor, facilitador, incentivando que a pessoa crie seu propósito e juntos vocês consigam identificar seus valores convergentes. "Falar é fácil, né, Márcio? Mas COMO se faz isso?"

O passo inicial da convergência de propósitos entre empresa e colaborador é DIALOGAR, ouvir de cada pessoa quais são seus valores, aqueles que norteiam seu comportamento no mundo, na vida, no dia a dia de trabalho. Mas não adianta gravar a conversa com a pessoa para poder ouvir depois (ou pior, para usar o que foi dito contra ela), porque isso não serve pra nada. Já percebi que gravar um áudio só serve para duas coisas: não prestar atenção na hora e não ouvir depois (porque é sempre muito longo e muito chato). A gente já tem tanta coisa na cabeça e no celular que, se ainda formos armazenar áudios de conversas, aí fica mais difícil estabelecer um vínculo de confiança! Assim, minha sugestão é que o líder apenas registre aquilo que for mais importante dessa e de outras conversas em um diário de competências.* Na minha visão, esse diário pode ser um bom substituto para a velha, inútil e infame avaliação de desempenho individual.

Nessa conversa inicial com o colaborador, esqueça missão e visão e tente apresentar qual é a RAZÃO DE SER da empresa, que nada mais

---

* No cap. 5 deste livro, falo sobre por que adotar a prática do diário de competências e como fazer isso. Também há um vídeo meu sobre esse assunto disponível em: <youtube.com/watch?v=8ofpnUReFjM&feature=youtu.be>.

é do que o propósito do negócio. Daquele quadro dependurado na parede, o mais importante são os valores, que são o ponto fundamental do processo de convergência. Se os valores da empresa forem inteligentes, lícitos e úteis, a convergência vai ocorrer de forma natural. Em uma entrevista com um novo colaborador, busco sempre sentir sua índole. Não é que as competências não sejam importantes, claro, mas não se encontra índole na prateleira. Por exemplo: não adianta nada a empresa fazer milhares de ações comportamentais em favor da segurança ocupacional enquanto contrata pessoas que não se importam com essa questão. Por isso, afirmo que encontrar pessoas que têm um propósito (ou estão inclinadas a tê-lo), que valorizam a família, que sabem que propor é melhor do que reclamar, pode poupar muito tempo e dinheiro. Quando a empresa minimiza riscos desde o início do processo, sempre há ganhos de eficiência.

Isso me faz chegar à conclusão de que todo propósito, por menor que possa parecer a princípio, tem um incrível potencial de transformação. Não precisa nem de blá-blá-blá marqueteiro. A empresa e os colaboradores fazem algo porque acreditam naquilo e porque está em sintonia com os valores de ambos.

Voltando àquele diálogo inicial que tenho com novos colaboradores, nele já procuro identificar quais são os valores que norteiam a educação que a pessoa teve. Por quê? Porque todo mundo conhece os valores da própria família e a tendência é que sejam bastante similares: ser uma pessoa de bem, íntegra, que cuida dos outros e os respeita, que se preocupa em aprender e ensinar etc. Na etapa seguinte dessa conversa, procuro saber o que a pessoa realmente quer. Curiosamente, alguns dos valores costumam evaporar. Parece que bem pouca gente está disposta a viver apenas segundo seus valores. Quando pergunto assim de forma direta o que a pessoa quer, em geral as respostas costumam girar em torno de bens materiais, como casa e carro, e itens básicos como saúde, segurança e educação. Então o que a pessoa realmente quer é TER coisas! Ou seja, os valores aparecem só para me agradar. Mas eu não desisto: "Veja, se você praticar mesmo, de verdade, <u>seus</u> valores aqui, vai poder ter uma porção relevante dessas coisas todas que quer...".

"É mesmo? Como?", ele diz. Não acreditar e ter medo é o normal nesse momento. "Vivenciar, de fato, esses valores no dia a dia de trabalho tem tudo a ver com o que eu quero de você aqui. O papo não pode ficar no piloto automático, tem que haver interesse genuíno.

Enquanto volta a enumerar alguns de seus valores, lá no fundo a pessoa pode estar <u>pensando</u> o seguinte: "Mas para trabalhar em vendas vou ter que aguentar todo dia os clientes da empresa!". Nesses casos, sei que o novo colaborador gostaria de me dizer o seguinte: "O cliente é importante para você, para o chefe, para o patrão, para o dono da empresa. Não para mim, que só quero o meu salário — o maior possível e em dia!". Ao ser confrontado com esse tipo de ideia, a reação do chefe mais tradicional é: "Mas quem paga seu salário é o cliente!". E, ao ouvir isso, o colaborador também tem uma resposta-padrão: "Ã-hã... claro! O cliente é muuuito importante!". Ou seja, estamos de volta ao modo falsidade, em que ele só diz aquilo que acha que o chefe quer ouvir. A partir desse instante, o gestor lidará com uma pessoa que só vai se distanciar mais e mais do próprio propósito. E a possibilidade de convergência vai para o espaço. Eu procuro resgatar a verdade no diálogo da seguinte maneira: "Quem é o cliente? Vamos dimensionar bem quem compra nosso produto ou serviço? É sua mãe? Seu filho? Sua mulher?".

Se a resposta for sim, fica tudo mais fácil, porque o candidato vai entender depressa que está trabalhando para produzir algo cuja qualidade atinge diretamente as pessoas que ama e cuida. Nesse caso, você vai estar diante de uma convergência direta ou primária. Mas vamos complicar um pouco, falando de um caso de convergência indireta. Suponhamos que a resposta seja "não" e que ninguém importante para aquela pessoa conhece, usa ou consome o produto ou serviço que a empresa tem a oferecer ao mercado. Nesse caso, nosso diálogo seria mais ou menos assim:

> "Vi aqui que, no processo de seleção, você citou que gosta muito de crianças e que, por elas, tudo vale a pena. Disse que gostou de ser professor e que isso fez muito bem a você. E se eu lhe disser que nossa empresa pode mudar a vida de muitas crianças?"

"Mas como?"

"Não é um produto para o segmento infantil, claro, mas, para cumprir exigências legais, podemos criar projetos educacionais. Ofereceríamos toda a infraestrutura para que você participasse de uma iniciativa e fizesse aquilo de que mais gosta..."

"Mas e a produtividade?"

"Você poderia liderar o projeto nas suas horas de folga..."

"Ah, mas eu não tenho tempo!"

"E se o projeto começasse na escola dos seus filhos? Você trabalharia aos sábados como voluntário nesse caso?"

"Claro. Pelos meus filhos, faço tudo!"

"Com verba e infraestrutura da empresa, por meio de nossos projetos sociais, você coordenaria essa iniciativa, já que conhece bem o assunto?"

"Claro!"

Pela minha experiência, a pessoa se empenha nas duas frentes: no trabalho diário e no voluntariado, que reflete seu propósito, com excelentes resultados em ambos. Ou seja, faz e faz bem-feito. Isso quando o projeto está alinhado com seus valores, com seu propósito — que, nesse momento, ainda está individualizado no fazer bem para os próprios filhos. Logo, a pessoa percebe que pode fazer MUITO mais e por muito mais gente. E, de quebra, ainda vira um foguete no trabalho e na vida!

Depois de um tempo, esse colaborador vai se empenhar ao máximo para ficar na empresa, vai investir no próprio desenvolvimento e perceber que encontrou algo em que vale a pena. O ganho de produtividade e eficiência é consequência desse processo, porque o colaborador engajado não precisa de alguém para lhe dar corda todos os dias, como um relógio velho. O que muda é a atitude mental, o patamar de consciência. É por isso que não invisto em programas de retenção de talentos.* Pessoas que se sentem encantadas, respei-

---

* *Felicidade dá lucro*, cap. 5. p. 143: "A maior missão é encantar nossos colaboradores para que eles encantem nossos clientes e todos juntos mantenhamos nossos acionistas e a sociedade encantados". Minha experiência e minha convicção nessa missão só aumentam.

tadas, ouvidas e realizadas pela convergência de propósito com a empresa ficam por livre e espontânea vontade. Agregar valor mútuo é a base; a felicidade é consequência.

Quando a empresa assume uma postura mais humilde e aberta ao diálogo e à convergência, as pessoas encontram um ambiente de confiança e passam a acreditar mais em si mesmas. É por isso que eu afirmo que o gestor tem de viabilizar que outros possam assumir a liderança situacional, assim pessoas da equipe poderão fazer a autogestão dos seus propósitos e de si próprias, já se preparando para o amanhã: o líder é o facilitador que acompanha a progressão do outro, mas se mantém de fora do processo para permitir que as pessoas possam protagonizar coisas incríveis para elas mesmas e/ou para os outros. Quando as companhias conseguirem abrir mão do modelo tradicional de gestão para adotar uma FG, toda a sociedade vai ganhar muito. Com a FG, a qualidade aumenta, a eficiência cresce, as perdas diminuem, as empresas lucram mais, os produtos se tornam acessíveis e tudo é produzido com o coração, porque as pessoas querem que seja assim, gostam de ser mais eficientes e consequentemente mais felizes.

Esse exemplo foi o mais difícil e complexo, porque na conversa não havia a percepção pelo colaborador de que o produto ou serviço oferecesse um benefício direto para as pessoas que ele amava. Nesse caso, é preciso que o líder crie uma convergência indireta de propósitos. Naquele momento, eu tinha a possibilidade de implementar um projeto educacional, algo que fazia sentido para mim. Por isso simplesmente convergi o que eu queria com o que o colaborador disse — ou que eu percebi — que buscava, seu propósito maior. Mas vamos dizer, por exemplo, que se trate de uma empresa de abastecimento de água, que também é uma questão de saúde. Nesse caso, eu poderia ter falado de um projeto autossustentável para fornecer água a uma comunidade carente, com o qual poderíamos melhorar ou salvar vidas. É desse modo que o colaborador se encanta e quer fazer parte do projeto. Tanto a convergência direta de propósitos como a indireta podem ser úteis nesse processo.

Convergência de propósitos do colaborador com a empresa

Até aqui, conversamos sobre o líder buscando incentivar a convergência de propósitos entre a empresa e os colaboradores. Só que existe também a possibilidade de você, o colaborador — líder ou não — fazer esse exercício de convergência com a empresa. Minha geração ainda foi educada — na escola e em família — com a convicção de que a única forma de se dar bem na vida era ter uma carreira promissora no mundo corporativo, com progresso vertiginoso, mesmo que para isso fosse preciso abrir mão de passar mais tempo com a família ou mudar de cidade a contragosto. O que tenho notado nas conversas com os profissionais mais jovens, os chamados *millennials*, é que isso mudou. Nas entrevistas de seleção, por exemplo, o jovem também assume a frente e pergunta sobre o que eu chamo de "vida 2.0". Ele quer saber sobre programas de qualidade de vida, voluntariado, sustentabilidade, exercício de propósito e chances de ser feliz de fato na empresa. Se ela não oferece nada disso, não tem como atrair os melhores talentos.

Quem se dedica com empenho e vigor à sua formação e ao seu desenvolvimento tem liberdade de escolha. "Qual é a empresa com que tenho a maior convergência de propósitos?", os *millennials* pensam. Quando você encontra esse emprego, está promovendo uma convergência direta entre você e a empresa onde vai trabalhar. Se for assim, não há limite para suas possibilidades: basta querer fazer a diferença na sua vida e no mundo! Muitas empresas me procuram para perguntar COMO criar um ambiente de prosperidade e propósitos convergentes, que possam atrair e viabilizar o desenvolvimento de pessoas e negócios. Querem ser admiráveis, conhecidas e sustentáveis. Minha resposta é simples: tenha humildade, abra as portas para questionamentos e esteja apto a mudar e a seguir por caminhos desconhecidos e imprevisíveis. Bem-vindo ao novo! Isso já é realidade para os jovens. E, se você ficou se sentindo um tiozinho, relaxe: ainda dá tempo de reagir, se começar agora.

A gente nota isso no dia a dia, sem precisar fazer pesquisas complexas. Apesar disso, por enquanto não é a realidade da maioria.

Ainda tem muita gente que enfrenta uma situação frágil e desfavorável em relação à própria formação. No início da carreira, eu não tinha como escolher emprego e muito menos no que iria trabalhar. Era preciso pegar o que aparecesse pela frente. Qualquer oportunidade era boa. Mas não estou me lamentando, até porque foi essa "desvantagem competitiva" que me ensinou a fazer convergências indiretas. É como eu costumo dizer: "O limão está bem na sua frente. Vai pingar no olho ou fazer uma limonada?". Tem gente que não se contenta em pingar no próprio olho e ainda tenta fazer o mesmo com quem estiver por perto.*

Mas, se você prefere uma limonada, isto é, se estiver disposto a ser mais flexível, é possível tentar fazer seu propósito convergir com o da empresa. Como? Suponha que você está trabalhando em uma daquelas empresas bem antiquadas, que se apegam ao modelo tradicional de gestão. Acha tudo uma chatice, que não estimula o seu desenvolvimento — e, provavelmente, tem toda a razão. Em vez das reclamações recorrentes, que tal tentar ser a ponte que leva a empresa para o futuro? Sua convergência indireta de propósitos pode começar a ser praticada em um contexto restrito: primeiro, só na sua área. Conseguir algo assim é como colocar um néon no currículo. Não conheço *headhunter* que não goste de profissionais com esse diferencial. Isso é raro e, portanto, vale muito.

Só que você também tem que estar preparado para a hipótese de seu esforço não dar certo. Pode ser que aquele seu chefe antiquado, que não quer mudar nada, entenda sua iniciativa como uma afronta. Bom, fazer o quê? Nem sempre as coisas acontecem do jeito que planejamos. Mas, cá entre nós, persista, sabendo também que não é pecado buscar convergências diretas ou indiretas em outras áreas ou até em outras empresas, incluindo sua própria start-up. Siga em frente com a certeza de que a convergência de propósitos

---

* Não deixe de ler neste capítulo a seção "Resposta do inbox", que responde a uma pergunta sobre como lidar com essas pessoas que vivem "torcendo para o jacaré" — isto é, agindo de maneira a dar tudo errado.

— mesmo que indireta e forjada apenas por você — eleva seu nível de consciência, seu potencial de sucesso e sua felicidade.

No universo corporativo, a convergência de propósitos ainda não é a regra, mas vale a pena investir nela. Tenho visto essa transformação evolutiva acontecer diariamente bem diante dos meus olhos. Pouco a pouco está surgindo uma nova sociedade, formada por pessoas de todas as idades com um nível de conscientização mais elevado: vejo, por exemplo, gente disposta a romper o círculo vicioso do pessimismo, e pessoas jovens que querem trabalhar e ser produtivas, mas não abrem mão de seus valores e da sua felicidade.

Por enquanto, a gente tem que reconhecer que quem já criou ou identificou seu propósito de vida ainda é exceção. Mas a simples existência dessa postura está dando trabalho para os líderes tradicionais e as empresas mais conservadoras. Eles estão entendendo que, mais cedo ou mais tarde, vai ser preciso sair do conforto (nem tão confortável) dos velhos modelos e também assumir seus propósitos verdadeiros. Não vai demorar muito — talvez já ocorra para meus filhos — para que estejamos vivendo em torno da convergência dos nossos melhores propósitos. Quando falo sobre isso, sempre aparece alguém para lembrar que, nesse delicado momento de transição social e de crise de confiança mundial, corremos o risco de retrocessos. Com toda a minha convicção, enfrento mais uma vez os pessimistas, afirmando que cada aparente retrocesso é apenas mais um suspiro de adeus. Aquela sociedade, que não vivia seus valores e propósitos, ficou no passado e tende a desaparecer aos poucos. Caso contrário, a falta de recursos e a precarização da vida podem tornar realidade nossas ficções mais assustadoras. É melhor seguir em frente, acreditando, praticando, melhorando e compartilhando. E, claro, sendo mais feliz.

TUTORIAL FG

Pontos-chave para criar seu propósito:

- O propósito é <u>seu</u> — pessoal e exclusivo. Mesmo assim, você pode se abrir às pessoas que seguem na mesma direção.
- Ninguém pode definir um propósito por você ou para você, mas dá para construir convergências.
- O propósito não precisa ser um só para a vida inteira; pode variar com as circunstâncias e as etapas da vida; e pode até ter mais de um.
- Ele deve estar absolutamente alinhado com seus valores.
- Pode variar na aparência, mas dificilmente vai mudar na essência, porque deriva dos seus valores.
- A melhor maneira de dar início ao processo de criação do seu propósito é se autoquestionar.
- Dê um tempo na correria — reservar meia hora por dia basta — para conseguir "ouvir" o que tem a dizer a si mesmo.
- Quando tiver dúvidas ou ficar confuso, abra espaço para ouvir aqueles que têm interesse genuíno por você.
- Procure identificar seus valores e seu propósito na sua realidade diária atual.
- Simplificando, a criação de propósito tem três dimensões: 1) você com você; 2) você com os outros; 3) você com o mundo.
- Não force a barra para criar um propósito ideal; respeite seu processo.
- Seu propósito pode até ser individualista, mas não imediatista.
- Diferencie metas financeiras pontuais (pagar as contas do mês) de propósitos de vida.
- Tanto propósitos de convergência direta (quando objetivos bilaterais combinam ou se complementam) quanto indireta (quando objetivos bilaterais mesmo que diferentes viabilizam um projeto em comum) geram movimento e oxigenam a vida.

Pontos-chave para ajudar outros a criar seu propósito:

- O primeiro e principal sintoma da falta de propósito de vida é reclamar; o segundo é julgar.
- Diante de reclamações recorrentes, peça uma solução. Quem tem uma boa proposta reclama muito menos e se aproxima de ter um propósito (se ainda não chegou lá).
- Tente agir como um tutor (estímulo + acompanhamento).
- Como líder, não julgue nada nem ninguém.
- Afaste o pessimismo que serve de desculpa para a inércia.
- Ouça com interesse genuíno cada pessoa da sua equipe.
- Com paciência, mostre os valores que fundamentam seu próprio propósito.
- Jamais tente impor um propósito a outra pessoa.
- Saia do centro e deixe líderes situacionais emergirem.
- Nunca estimule trocas do tipo "se você fizer isso, ganha aquilo", nem na família nem na empresa.
- O líder incentiva a criação de propósito com relações de proximidade, credibilidade e confiança.
- Não tenha pressa: o processo de criação do propósito vai até o fim das dúvidas e do medo.
- Prepare-se para ser julgado por aqueles que só têm visão de curto prazo.
- Use com dedicação o diário de competências, que elimina a avaliação de desempenho. Basta uma planilha para cada pessoa, que deve ser usada em todas as conversas.

Pontos-chave para incentivar a convergência de propósitos:

- Ela é multidirecional e pode ocorrer de forma direta ou indireta.
- Na convergência da empresa com o colaborador:
    - O líder deve esquecer os discursos prontos sobre missão, visão e valores.

- É fundamental abrir um diálogo franco e registrar os pontos comuns em um diário de competências.
- Em vez de se apegar à missão e à visão da empresa, o líder deve apresentar os valores e a RAZÃO DE SER do negócio. Se isso não fizer sentido para você, não vai convencer ninguém.
- A partir de valores comuns, o líder constrói em diálogo com os colaboradores as possibilidades de convergência com a empresa.
- Quando o produto ou serviço <u>é usado</u> pelas pessoas que os colaboradores mais amam — filhos, pais, esposos — fica mais fácil estimular a convergência de propósito, que nesse caso é direta.
- Quando o produto ou serviço <u>não é usado</u> pelas pessoas que os colaboradores mais amam, o líder deve buscar um novo contexto para a convergência de propósito, que nesse caso é indireta.
- Como líder situacional, fique de fora do processo (mas nunca inerte) e deixe nascer sua sucessão, mas acompanhe de perto a progressão das convergências e apoie o desenvolvimento mútuo.
- Na convergência do colaborador com a empresa:
  - Quando você está em vantagem competitiva na sua formação acadêmica e no seu desenvolvimento profissional, pode escolher qual é a empresa cujo propósito tem mais convergência com o seu.
  - Analise as opções e escolha o emprego com o perfil de empresa que mais converge com seu propósito de vida (pelo menos, no seu momento atual).
  - Não há limites para o potencial de transformação do seu propósito.
  - Quando está em desvantagem competitiva na sua formação acadêmica e no seu desenvolvimento profissional — como aconteceu comigo —, normalmente será escolhido e não poderá escolher. Isso não o impede, porém, de aproveitar as

oportunidades, tentando viabilizar convergências secundárias. Ou você faz limonada ou pinga o limão no olho.
- Em vez de reclamar, procure entre seus valores aquele que tem maior potencial para convergir com algum valor da empresa.
- Desenvolva algum tipo de projeto em que possa realizar seu propósito e atender algum valor da empresa (inovação, sustentabilidade, integridade, eficiência).
- Não fique esperando uma empresa abençoada, que ajude você a criar um propósito, aparecer. Crie você mesmo o seu.
- Dê destaque em seu currículo à sua capacidade de convergir valores e realizar projetos.
- Os resultados da convergência direta e da indireta são igualmente positivos.
- A convergência de propósitos iguala as chances entre quem partiu de uma posição de vantagem e dos outros. Quem decide quem vence é você.
- Se encontrar na empresa um líder situacional incentivando ainda mais a convergência de propósitos, pode melhorar a sociedade como um todo. Isso ainda é raro, mas cada vez mais possível.

RESPOSTA DO INBOX

Maria Ramos
Márcio, suas práticas de gestão têm sido ótimas para minha equipe, menos com uma pessoa, que, além de não colaborar, parece que sempre torce para dar tudo errado... É tão "a favor do jacaré" que chego a ter dó dela. O que posso fazer?

Por um lado, é bem triste ver talentos em potencial que se dedicam a ser do contra. Por outro, gente assim pode nos ensinar muito, especialmente aquelas pessoas que ficam mais indecisas, sem saber se vale a pena mudar, reagir e seguir por novos caminhos. Todos acabam percebendo que a pessoa não vai ter êxito. Aja como a grande facilitadora que você já conseguiu se tornar. Dentro dos limites, lute por essa pessoa e tente ajudá-la, explicando, ouvindo, mostrando seu interesse genuíno — mesmo por alguém que não busca uma vida melhor, como parece ser o caso. Porém, não exagere na dose. Ninguém é obrigado a ser feliz ou se sentir realizado com o trabalho. Se a pessoa realmente não reagir, recorra à demissão. Entendo que muita gente pode achar que isso é desistir, mas, em se tratando de uma empresa, faz parte. Lembre o seguinte: existem centenas de pessoas que não deixariam escapar a chance de trabalhar com uma líder como você, então invista mais do seu tempo em quem pode levar adiante a FG porque ACREDITA no que está fazendo. Mais um ponto: sempre existem pessoas que estão simplesmente decididas a ver a coisa ruir. Portanto, não se culpe. Faz parte. É como disse o coiote num desenho animado que vi com meus filhos: "Sou malvado, mas também tenho que comer!".*

Já em família a questão muda um pouco. A relação é de afetividade pura e ninguém desiste de quem ama. A gente ajuda como pode, explica, apoia, acompanha, insiste. Pessoalmente, acredito que a pessoa vai acabar ultrapassando os limites da permissividade. Quando um filho, por exemplo, não tem um propósito, não quer melhorar de vida e ainda puxa para baixo a família inteira, é preciso colocá-lo diante de privações significativas para que aprenda e deixe a tão conveniente inércia. A pessoa não faz nada e tem tudo? Como já recomendou o megabilionário Warren Buffett: "Dê aos filhos o suficiente para que façam tudo, mas não o bastante para que não façam nada".** Acho que essa ótima dica vale para todo mundo, na família ou na empresa.

---

* No filme *O segredo dos animais*, de 2006, os animais se comportam como humanos sempre que o fazendeiro vai para a cidade. Há um esquema de segurança para evitar que os coiotes ataquem outros bichos mais fracos e, um dia, ao ser acusado de ser malvado, um coiote se defende, dizendo a frase que destaquei.

** Peter Bernstein e Annalyn Swan, *All Money in the World*. Nova York: Vintage Books, 2008.

Luís Gustavo de Oliveira
Acho que seria interessante falar sobre foco. Em um mundo de infinitas possibilidades, como saber que caminho seguir? Como escolher uma carreira ou trajetória profissional e ser feliz?

Talvez minha resposta seja um pouco surpreendente, porque penso diferente da maioria nesse aspecto. Acho o foco muito positivo para a eficiência: ajuda na disciplina, tira a gente da cama na hora, dá energia para correr atrás do que quer. Mas o foco como é proposto no mundo corporativo pode se tornar quase uma área de confinamento. Não é bom obrigar as pessoas a ter um foco, olhar para um único ponto e determinar que aquele é o caminho. Gosto da ideia de ter foco em um sentido bem mais amplo. Para mim, o foco é útil para ajudar a criar o propósito da sua caminhada, direcionando o PORQUÊ, de modo a enfrentar qualquer COMO. Mas não deixe que esse foco impeça você de mudar de ideia. Não se fixe num único aspecto, numa única possibilidade. Ao longo do caminho, permita-se desfrutar do novo e do diferente. É como pegar o carro para ir ao litoral e só ver na frente aquela praia que é — supostamente — seu destino. Só que, durante a viagem, passam montanhas, florestas, cachoeiras... O foco pode ajudar a dar a direção, mas não pode ser o único ponto que merece sua atenção. Num mundo de infinitas possibilidades, concordo que é difícil tomar uma decisão. Por isso mesmo, recomendo que você tome várias decisões e faça muitas escolhas, e não apenas uma.

A única decisão exclusiva e irreversível é: decida ACREDITAR em você e decida que não nasceu para ser A, B ou C. Você tem a possibilidade de ser ABC e muitas outras opções. Pode ser uma busca por tentativa e erro, mas haverá acertos e você levará o aprendizado para sempre consigo. Portanto, em especial para os mais jovens, que estão entrando na universidade, no mundo do trabalho, na corrida por alta performance, a busca por foco é importante, mas também pode se tornar um fardo. Quando o foco é único e unidirecional, elimina a possibilidade de erro. Com tanta tensão e tanto peso, a jornada não será divertida. Não estou falando para se largar nas mãos do acaso.

Mas siga seu coração e permita que sua vida tenha possibilidades, não apenas foco. Não se limite ao que é aceito pela sociedade, principalmente pelo mundo corporativo, que é muito preconceituoso e cheio de regras inúteis e procedimentos infinitos. Pense sobre o que faria você ser feliz todos os dias, o que lhe daria prazer de verdade, o que teria orgulho de dar à sociedade, que jornada gostaria de contar aos seus filhos. Quando contei aos meus que trabalhava no setor de energia elétrica, a reação foi de medo: "Você não vai tomar um choque?". Hoje, digo aos meus filhos, que trabalho para que as pessoas tenham uma vida melhor e sejam mais felizes. Trabalho é trabalho, mas meu foco foi ampliado por meu propósito. Não deixe que o foco estreite sua visão de mundo, use-o sem que o impeça de ver o todo. A partir do seu propósito, faça seu trabalho de forma a realizar para você e para os outros aquilo que mais deseja. E, se a gente não deve ceder à perspectiva tradicional das corporações, tampouco pode se manter na inércia. O que eu recomendo é se colocar em movimento, usando seu coração como seu guia.

CAPÍTULO 2

Como chegar ao ciclo virtuoso

A FILOSOFIA DE GESTÃO DÁ A BASE, MAS É
VOCÊ QUEM CONSTRÓI SEU CAMINHO

Em *Felicidade dá lucro*, apresentei a você Filosofia de Gestão (FG). Aqui, quero lhe mostrar COMO colocá-la em prática e obter os melhores benefícios para si mesmo, para quem faz parte da sua vida, para a empresa em que trabalha e para a sociedade como um todo. Como sou um fervoroso adepto da ideia de que tudo sempre pode melhorar (até time que está ganhando!),* a FG evoluiu. Ela será sempre melhorada, especialmente no que se refere às práticas cotidianas capazes de levar à realização dos nossos propósitos: afinal, quanto mais praticamos, mais aprendemos e mais temos a compartilhar. Por isso, neste capítulo, vou retomar alguns pontos apresentados no livro anterior sobre a FG destacando as práticas, que surgem como desdobramentos dos quatro pilares (Figura 2.1).

Quando você cria e assume seu propósito, aciona toda a potência de um processo evolutivo que eu chamo de ciclo virtuoso (Figura 2.2). Isso ocorre em duas dimensões: a primeira é a do EU que quer TER coisas e entra em ação em busca da realização dos seus objetivos (efetividade); a segunda é a dimensão do NÓS, quando você acrescenta a afetividade às suas ações efetivas e passa a compartilhar todo o seu aprendizado e conhecimento. Com o pata-

---

* No cap. 5 de *Felicidade dá lucro*, coloco em prática a inovação contínua na p. 134.

Figura 2.1: Os quatro pilares da FG: ACREDITAR, PRATICAR, MELHORAR E COMPARTILHAR.

mar de consciência elevado pelas interações e vivências ocorridas na primeira fase, além de TER coisas a pessoa passa a QUERER SER melhor para si mesma e para os outros.

Todas as práticas relacionadas aos pilares ACREDITAR, PRATICAR e MELHORAR você pode realizar sozinho. Com seu propósito em mente, você se torna mais efetivo para buscar a realização — e até a superação — das suas metas. Acorda cedo, estuda mais, se dedica, fortalece a musculatura da efetividade. Assim, além de efetivo, você se torna afetivo, disposto a COMPARTILHAR os benefícios do que aprendeu. Quando a pessoa evolui do EU TENHO para o NÓS SOMOS, o ciclo virtuoso começa a se tornar uma espiral infinita (Figura 2.3).

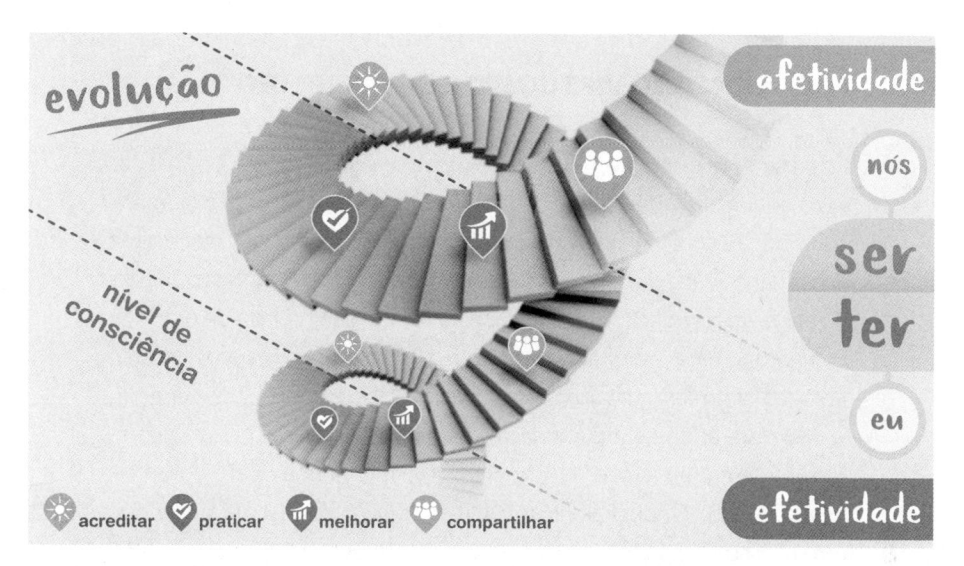

Figura 2.2: Cada ciclo ocorre em duas dimensões: eu/ter/efetividade e nós/ser/afetividade.

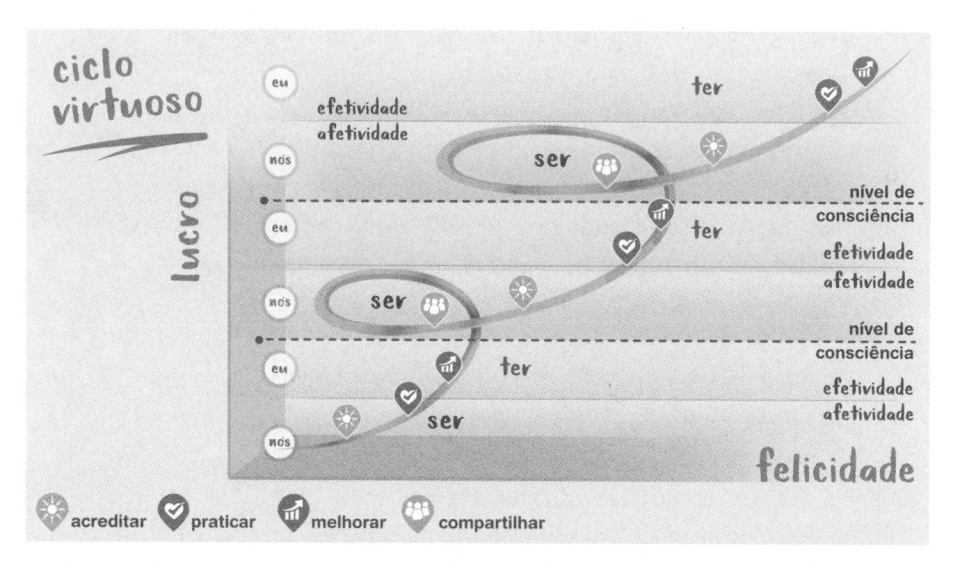

Figura 2.3: A cada volta da espiral, o patamar de consciência aumenta justamente no ponto de virada entre MELHORAR e COMPARTILHAR.

POR QUE "CICLO VIRTUOSO" E NÃO "CÍRCULO"?

Estou sempre disposto a aprender e mudar para melhor. Por outro lado, acho que aquilo que a gente sabe não pode virar uma camisa de força que sufoca a criatividade. Um conhecimento inquestionável pode limitar nossa capacidade de inovar, ver a vida e os negócios por um novo ângulo ou dar novos significados à realidade ao nosso redor. A falta de questionamento torna as pessoas bitoladas, incapazes de enxergar novas perspectivas. Noto isso quando uso a expressão "ciclo virtuoso", por exemplo.

Sempre aparece alguém para me explicar que a expressão contrária a "círculo vicioso" é "círculo virtuoso". Já houve até quem se desse ao trabalho de digitalizar páginas de dicionários e me enviar por e-mail. Isso é se agarrar a um conhecimento preexistente e se fechar a tudo que for diferente. Gente assim acha mais importante seguir as regras da gramática e da ortografia do que entender, de verdade, aquilo que a outra pessoa está dizendo. Provavelmente, é por isso também que muita gente tem tanta dificuldade para sair da inércia e mudar. Quem foi que disse que quem se formou em engenharia tem que passar a vida sendo engenheiro?

Tenho notado que essa mania de seguir cegamente as regras acaba gerando um ruído na compreensão. Em vez de me ouvir com a cabeça aberta, tem gente que gasta tempo e energia se perguntando, duvidando e até julgando se estou falando "a coisa certa". Por isso, resolvi abrir um espaço aqui para explicar a diferença que eu faço na FG entre as palavras "círculo" e "ciclo":

- Quando falo em círculo vicioso, estou me referindo àquele atoleiro do pessimismo, à areia movediça da inércia: a pessoa vive reclamando e voltando igual ao mesmo lugar. Ela bate a cabeça na parede, mas não altera seu grau de consciência. É um círculo perfeito de negatividade, em que o começo, o meio e o fim se confundem e permanecem inalterados, se retroalimentando indefinidamente, em geral sem que a pessoa tenha consciência disso.

- Já no ciclo virtuoso, que se origina dos pilares ACREDITAR, PRATICAR, MELHORAR e COMPARTILHAR, ninguém retorna igual ao ponto de partida, porque a cada "rodada" se conquista um novo e mais elevado patamar de consciência. No meu primeiro livro, eu já falava que a FG promove um ciclo de humanização,* que aumenta de forma progressiva o nível de consciência, felicidade e lucro, gerando uma série de benefícios para a pessoa, para a empresa e para a sociedade como um todo. Aqui, portanto, estou me referindo a um ciclo virtuoso, uma sequência que tem a forma de uma espiral infinita (Figura 2.3). As etapas são sempre iguais (ACREDITAR, PRATICAR, MELHORAR e COMPARTILHAR), mas a pessoa, suas circunstâncias de vida e aqueles ao seu redor serão transformados para melhor. Ou seja, não há retroalimentação: os aprendizados são consolidados organicamente a cada ciclo. Não é um círculo fechado, repetitivo e inalterado. É um ciclo infinito em constante expansão e melhoria. Para mim, portanto, falar em ciclo virtuoso é uma opção consciente para enfatizar que existe evolução.

As quatro premissas da filosofia de gestão

Para tornar realidade o ciclo virtuoso na sua vida, na família, na carreira ou na gestão da sua empresa, minha experiência mostra que é preciso partir de quatro premissas.

Para ajudar alguém a construir o próprio propósito, a **primeira premissa** é não julgar. Tem gente que, assim que consegue criar um propósito legal para si e vivê-lo, começa a criticar quem não adere a ele imediatamente. É como se a pessoa fosse um ser especial e os outros não conseguissem ver o mesmo que ela. Concentre-se em aproveitar a

---

* *Felicidade dá lucro*, cap. 8, p. 208. As ilustrações aqui deste capítulo de *O fim do círculo vicioso* para mostrar como é gerada a espiral infinita de benefícios tiveram origem em duas outras originalmente publicadas lá, que pouco a pouco foram sendo aprimoradas.

dádiva que é viver um propósito. Não se pode esperar que todo mundo seja como o adepto da desobediência civil Mahatma Gandhi (1869- -1948), que com sua humildade e simplicidade conseguiu engajar milhões de pessoas em uma revolução pacífica que levou à independência da Índia. É natural e aceitável que o início do processo de melhoria ocorra em torno de objetivos mais imediatos e materialistas. Mas não importa, porque esse propósito já é o bastante para tirar a pessoa da inércia. Em seguida, conforme avança pelos ciclos virtuosos, ela vai passando a acreditar mais em si mesma e nos outros. É preciso gostar de quem somos e daquilo que fazemos, afinal, é a partir do EU que se chega ao NÓS. Quando começamos a praticar o bem sem tanto esforço e a compartilhar os benefícios mais abertamente, nossa felicidade aumenta na mesma proporção. Então, seja persistente e paciente com você mesmo e com os outros. Mas, em especial se for líder, acredite que todos aqueles que buscam um espaço e um novo caminho podem estar começando a formar um grande legado.

A **segunda premissa** é não impor um propósito a ninguém. A FG não é lavagem cerebral para que todo mundo pense igual. Tampouco consiste em uma porção de regras a serem decoradas e repetidas. Lamentavelmente, ainda existem muitas empresas — muitas mesmo! — que não se importam com as pessoas e impõem uma forma de pensar. Isso gera uma multidão de gente desanimada e desmotivada. Em vez de convergir propósitos, as pessoas se deixam levar pelo presenteísmo, ou seja, o corpo vai trabalhar, mas o coração e a inteligência ficam em casa. Todos os dias, ao colocar o pé na empresa, a pessoa pensa: *Venho aqui nesse ambiente medíocre e bato o ponto, mas vou fazer o mínimo, só para não perder meu emprego.* Essa pessoa está triste e com certeza odeia tudo aquilo. É bem provável, inclusive, que já esteja no time do gol contra. Como é que ela vai produzir coisas incríveis e surpreender positivamente os clientes? Como é que vai sair do círculo vicioso que impede sua progressão?

Se estiver vivendo uma situação parecida, recomendo uma boa conversa com seu líder, e a iniciativa pode partir de você. Se não resolver, já sabe o que fazer. Nunca desista de ser feliz: procure um lugar no qual pelo menos seja ouvido. Por outro lado, na posição de líder, o papo pode partir de você. Afinal, é o líder quem tem a responsabilidade de identificar possibilidades, concatenar propostas, sintonizar as pessoas e alinhar a equipe com a RAZÃO DE SER da empresa.* Nem sempre as pessoas de um grupo têm objetivos iguais, mas, se forem positivos, já é possível estruturar a convergência de propósitos (direta ou indireta, como falamos no cap. 1). E isso vale para todas as diferentes instâncias da nossa vida: no trabalho ou em casa, com filhos e pais ou geridos e gestores.

A **terceira premissa** é que a prática dos valores tem que promover o engajamento nos propósitos. O que se vê por aí, infelizmente, é bem diferente disso. Por exemplo: o lucro faz parte da razão de ser de toda empresa, não importa de que tamanho seja o negócio. Isso é fundamental, normal e desejável. Mas conheci uma companhia que elencava entre seus valores que "nada nunca substitui o lucro". Talvez seja apenas uma maneira ambígua de comunicar um valor, mas pode ter efeitos negativos. Na prática, a maioria dos colaboradores entendia que ali, naquela empresa, o lucro estava acima de TUDO — dos clientes, da qualidade e até deles mesmos —, e perdiam o sentido de pertencimento e engajamento. É o tipo de coisa que mata a vontade de buscar alguma convergência de propósito. Para atrair e manter as melhores pessoas, aquela empresa tinha que recorrer ao chamado "cala a boca": uma remuneração acima da média para ninguém pensar em mais nada além do dinheiro. É o que chamo de "algema de ouro", mais uma prática desintegradora. Apesar de salários e recompensas inchados, ninguém QUERIA realmente trabalhar ali.

Então chegamos à **quarta premissa**: é preciso QUERER. Cabe ao líder dialogar de forma franca e aberta, sem discursos decorados. Para mapear os propósitos de cada um, é preciso que haja interesse genuíno. O que cada pessoa espera como resultado da ação conjunta? O que se pode fazer juntos para atingir um objetivo? É só quando o líder consegue "costurar" a convergência de propósitos (direta ou

---

* No cap. 1 já falei sobre a RAZÃO DE SER do negócio, que substitui missão e visão da empresa e incorpora a prática dos valores corporativos — úteis e objetivos. A razão de ser de uma empresa equivale ao propósito de vida de uma pessoa.

indireta), construindo e mantendo relacionamentos com proximidade, credibilidade e confiança, que o outro se engaja em favor do ciclo virtuoso de livre e espontânea vontade. A pessoa QUER contribuir porque aquilo faz sentido para ela: as ações e práticas de valores estão em harmonia com seu propósito individual e com a razão de ser da empresa — ou, pelo menos, alinhadas ao propósito da área liderada por você. A convergência de propósitos é o combustível do engajamento. É assim que o encantamento substitui o programa de retenção de talentos. Quando QUEREM, as pessoas lutam e vencem. É só não desistir.

Passo a passo do primeiro pilar: acreditar

Mesmo que inconscientemente, todo mundo acredita em algo. Mantemos crenças pela vida inteira — às vezes, sem nem perceber — que na maior parte do tempo não têm sequer uma justificativa racional, são só uma disposição subjetiva contra ou a favor de uma ideia. Muita gente usa "crença" como sinônimo de "fé", mas considero que vai além disso. No dia a dia, as crenças ajudam ou atrapalham a colocação dos valores em prática.

Entre os valores de uma pessoa podem estar desde a aparência física até a aquisição de novos conhecimentos, ética, lealdade, ganhos financeiros, segurança, fama, popularidade, família — enfim, muitos aspectos positivos, mas também alguns que podem parecer meio suspeitos. Por isso, é melhor não julgar. Valor é aquilo que alguém percebe como um atributo a ser levado em conta para fazer a vida valer a pena, enquanto as crenças são o que estimulam — ou impedem — alguém de conquistá-los e vivenciá-los. Por exemplo, a pessoa acredita (consciente ou inconscientemente) que é insignificante e incapaz de fazer algo de bom e relevante. Lá no fundo, se sente uma coitadinha. Com essa crença impregnando a razão e as emoções, você concorda que vai ser bem mais difícil identificar ou criar um propósito de vida e vencer? É só quando passa a acreditar em si mesma que a pessoa assume sua autonomia* e liberta seu potencial para contribuir com a construção de uma vida e uma sociedade melhores.

Por isso mesmo, para implementar a FG na sua vida ou empresa, recomendo que reflita sobre algumas questões:

- Quais são os meus valores?
- Quero continuar a viver no futuro aquilo que vivo hoje?
- Quais crenças minhas podem prejudicar a prática dos meus valores?
- Quais crenças minhas podem estimular a prática dos meus valores?

Faça uma lista com seus valores e identifique as crenças potencialmente favoráveis à conquista dos atributos que tornariam sua vida melhor, isto é, aqueles que são capazes de fazer você mais feliz. O objetivo é potencializar tudo o que pode ajudá-lo a ACREDITAR em você mesmo. É como abrir caminho para algo novo (e melhor) dentro de si. Tomando consciência das suas crenças e dos seus valores e já tendo criado seu propósito — ou pelo menos um adequado para essa etapa da sua vida —, você exercita sua afetividade, começando um novo diálogo com os outros, com a vida e com o mundo. Tendo como base a psicologia positiva,** mesmo que lhe restem crenças negativas, você sobrepõe o bom ao ruim. É assim que a gente vence: em vez de passar a vida buscando a cura para todos os males, aprende a dar ênfase naquilo que já tem de bom. Todas as ações do pilar ACREDITAR têm por fim levar você a SER alguém, a pessoa que QUER SER. Aqui não se trata de patente ou hierarquia, mas de se tornar uma pessoa melhor, útil, capaz de inspirar os outros a seguir seu exemplo. É SER uma pessoa que ACREDITA, especialmente em você mesmo.

---

* Veja, no cap. 1 de *Felicidade dá lucro*, a seção "Autonomia não se *dá* a ninguém", nas pp. 25 e 33. Vale recordar aqui a ideia de que assumindo a própria **auto**nomia, você se **auto**nomeia governador da própria vida.

** Sobre esse tema, leia *Psicologia positiva: Uma abordagem científica e prática das qualidades humanas*, de C. R. Snyder e Shane J. Lopez (Porto Alegre: Artmed, 2008).

Na implementação da FG em uma empresa, o primeiro passo é a definição clara da RAZÃO DE SER do negócio. Depois de um processo de criação participativa, deve ser feita a comunicação clara dos valores corporativos, que por sua vez precisam ser objetivos e contributivos. É como se a razão de ser da empresa fosse o telhado, e os valores, o alicerce: a combinação dos dois fornece a estrutura para que as pessoas organizem os passos que devem ser dados a partir da convergência de propósitos. Nessa "casa", as pessoas são as colunas e as vigas, que, unidas, sustentam o telhado (a razão de ser), apoiando-se na solidez do alicerce (os valores). É assim que a organização se torna capaz de atrair, desenvolver e encantar os melhores profissionais. Uma melhor reputação corporativa atrai gente com os mesmos valores e torna muito mais fácil para os líderes construir uma convergência. Afinal, ninguém acorda, olha para o espelho e pensa: "Hoje vou piorar de vida". Pelo menos teoricamente, todo mundo quer melhorar.

Acho que cada um de nós tem a capacidade de assumir esse papel de liderança, dialogando com franqueza e frequência com todos os colaboradores. Não é imprescindível que seja o líder à frente do negócio, apesar de que essa posição ainda tem uma aura de prestígio hierárquico, que ajuda os outros a ACREDITAR. Até hoje sou eu quem abre e mantém aberto esse diálogo, mas faço isso porque gosto de dar uma atenção especial aos recém-contratados. O programa de integração da empresa sempre prevê uma conversa comigo, quando tenho a chance de começar a romper a inércia que existe dentro de todos nós. São raríssimas as pessoas que escapam da "contaminação" do pessimismo e dos comportamentos viciosos. Abrindo o diálogo, o gestor deve pavimentar o caminho para que o ciclo virtuoso possa ter início na empresa. É o líder quem dá apoio para que as pessoas ACREDITEM que é possível ter uma vida melhor, aprimorando ainda os resultados do negócio.

Passo a passo do segundo pilar: praticar

Quando já ACREDITA em si mesmo e se torna protagonista de forma espontânea, natural e orgânica, você rompe a primeira camada da inércia, entrando em movimento e partindo para a ação em busca da realização do seu propósito. Também já se prepara para ir atrás dos seus objetivos que convergem com a razão de ser da empresa. Então é hora de PRATICAR a efetividade e começar pelo TER. O quê? Bens materiais? Não necessariamente. Em geral, as primeiras conquistas do TER se referem às novas ferramentas que vão impulsionar o desenvolvimento para que a pessoa se torne mais útil para ela mesma, para a família, para a sociedade e para a empresa em que trabalha. É claro que isso também pode trazer muitos bens materiais, mas o lucro é só consequência. E vale destacar aqui um ponto sutil: não há nenhuma dissonância entre as dimensões do TER e do SER. Ao contrário: elas são complementares. Nesse momento, você deve procurar TER as ferramentas necessárias para SER o que QUER SER. É hora de sair do "basicão" e ampliar o espectro de possibilidades para seu desenvolvimento.

Às vezes noto que as pessoas ficam meio perdidas no processo de romper o círculo vicioso e entrar no ciclo virtuoso, sem saber por onde começar. Nessa fase, sempre que me perguntam COMO fazer, eu recomendo o seguinte: depois de entrar em ação, o próximo passo deve ser um exercício de autoanálise para mapear detalhadamente quais são as competências e habilidades que você precisa desenvolver, em você ou na sua empresa. É muito importante usar a afetividade para retomar o diálogo com aquelas pessoas que têm interesse genuíno por você — pais, avós, irmãos, amigos, vizinhos, líderes da empresa em que você trabalha etc. — e receber delas um bom feedback. Nesse momento, faça como diz meu amigo Rogério Martins, profissional de múltiplas áreas com uma carreira incrível e que agora está também na área de RH: "Ouça o feedback com o coração aberto e a boca fechada". Não resista à contribuição de quem tem interesse genuíno por você: ouça o que essas pessoas acham que é imprescindível para seu desenvolvimento e vá atrás do que precisa melhorar. Sem julgar ou matar o mensageiro, como se diz por aí.

Nessa etapa do seu desenvolvimento, cabem todas as ferramentas e competências, sem exceção. Mas faço questão de destacar uma delas, que considero fundamental e relevante tanto para as pessoas quanto para as empresas: a capacidade da comunicação. Como profissional, já vi muita gente inteligente e competente ficar uma reunião inteira de boca fechada. E, infelizmente, também já vi muitas dessas pessoas perderem boas oportunidades de carreira por causa dessa inabilidade comunicativa. Como é que alguém desenvolve um projeto fantástico, liderando uma equipe de craques, e depois não consegue transmitir na reunião com a diretoria o que foi feito e por quê? No cap. 4, vamos conversar mais sobre isso, tanto do ponto de vista individual quanto corporativo.

Outra ação cotidiana do pilar PRATICAR que merece atenção é a busca do equilíbrio. Você acaba de sair da inércia e de entrar em movimento na direção da realização do seu propósito. Está tão cheio de gás que nem percebe que pode ter sacrificado outras prioridades. Quando nos empenhamos muito no desenvolvimento pessoal — o que é fundamental —, corremos o risco de deixar de lado o equilíbrio entre as quatro dimensões da vida, que são: a família, o trabalho, você mesmo e DORMIR. Hoje já existe bastante gente tentando com toda a bravura equilibrar família e trabalho. Se a pessoa não está na empresa, pode ter certeza de que está se dedicando à família.

Isso é muito legal, mas não é o suficiente. E as outras duas dimensões? Quanto tempo por dia você tem para si mesmo? Quantas horas consegue dormir? Nenhuma dessas quatro dimensões deve ser menosprezada. Você já viu alguém conseguir ser mais efetivo e se desenvolver depois de noites maldormidas? Minha experiência prova que isso é praticamente impossível, porque o desequilíbrio afeta a qualidade do resultado. Se você não dorme bem, isso afeta toda a sua vida, e os momentos em família ou no trabalho são prejudicados. No cap. 4, vou falar um pouco mais sobre COMO conseguir esse equilíbrio e otimizar suas chances de êxito.

Passo a passo do terceiro pilar: melhorar

Quando se acredita e se põe em ação cotidianamente, o resultado acontece: você entra em movimento e a vida começa seu fluxo de mudança para MELHOR. Mas, se acha que já vai entrar na reta final para atingir seus objetivos, está bastante equivocado. Não se iluda, porque as circunstâncias ao seu redor são dinâmicas. O cenário vai lhe trazer novos imprevistos, desafios e barreiras; para superá-las, você vai ter que lançar mão daquele nosso mantra: persistência na coerência.* É natural também que nesse percurso você cometa erros, então não se deixe desanimar por eles. Encare tudo como mais uma etapa de aprendizado e celebre cada nova solução encontrada. Faça os ajustes necessários e siga em frente. Resista à força da inércia e persista coerentemente na direção dos objetivos do seu propósito.

Nessa fase, você permanece na dimensão do TER e da efetividade para continuar buscando as ferramentas necessárias para reforçar seu engajamento no processo de melhoria. Além disso, ainda tem que reunir energia para engajar as pessoas ao seu redor, sejam da família ou da equipe de trabalho. Você vai perceber que, para MELHORAR, é mais produtivo contar com o apoio e a participação de outras pessoas.

Só que o engajamento dos outros não é um simples virar de chave. Eles precisam QUERER sair do círculo vicioso, não vale IMPOR um propósito a ninguém. Já faz um tempo, vi na televisão uma entrevista do escritor Paulo Coelho em que ele dizia que as pessoas tinham medo de tomar decisões, preferindo ser guiadas.** Concordo e vou mais longe: parece que nos está faltando o discernimento do que é moral, amoral e imoral. Além de ter medo de fazer as próprias escolhas e tomar decisões usando a autonomia e o protagonismo, parece que perdemos a noção exata do que é MELHORAR. O que é certo? O que é errado? Noto isso até nos exemplos mais banais. Vendo a animação *Megamente* (2010) com meus filhos, por exemplo, admito que

---

* *Felicidade dá lucro*, cap. 5, p. 127.
** Em entrevista ao programa *CQC*, 14 abr. 2014, disponível em: <youtube.com/watch?v=4a6-ob1iO14>.

cheguei a ficar meio chocado. Megamente, o supervilão mais brilhante do mundo, consegue derrotar o Metro Man, um super-herói vaidoso e egocêntrico. É difícil dizer quem é pior. Só no finalzinho Megamente reconsidera a prática dos seus valores. Não falei nada para as crianças lá em casa, mas dei um jeito para elas não verem de novo a animação. Mais do que as palavras, é o exemplo que inspira os outros a ter disposição para melhorar.

Pela minha experiência, não existe processo de melhoria sem mudanças. Por isso, a primeira ação prática para inspirar os outros é despertar neles a disposição para mudar, o que não é nada fácil. Sempre ouço a detestável frase "Em time que está ganhando não se mexe!". O mais comum é que isso venha de gente bem-sucedida, executivos e líderes de empresas onde impera o modelo mais tradicional e conservador de gestão. Para essas pessoas, se tudo parece funcionar muito bem, não há necessidade de mudar nada. Mas eu discordo: numa gestão mais moderna, é quando está tudo indo bem que a gente tem a oportunidade de experimentar com tranquilidade. Testar, repensar, mudar, abrir espaço para a inovação. Não dá para sonhar que tudo vai continuar igual para sempre. Porque uma coisa é certa: as circunstâncias e o cenário vão mudar. É por essa razão que digo que a gente tem que mudar tudo, inclusive aquilo que já está muito bom — seja na vida pessoal, seja nos negócios.

Numa empresa, a disposição para a mudança exige uma enorme transformação cultural, que começa com o exemplo do líder. Mas isso não é suficiente. Já vi profissionais repetirem palavras de ordem e diretrizes corporativas sem terem qualquer aderência àqueles princípios. Acostumadas a ser guiadas, impregnadas pela inércia e pelo medo de fazer escolhas, as pessoas acreditam que tanto faz. Elas só querem o salário. Foi assim que aprendi que, se a gente quer alterar um comportamento dentro da empresa, é preciso incentivar que a mudança ocorra dentro de cada casa. Ou seja, primeiro a prática de valores muda na família, depois isso acontece com mais naturalidade dentro da empresa. Então, quando meu objetivo é o engajamento do colaborador, começo envolvendo sua família no processo. Afinal, não existe vida pessoal e vida profissional: está tudo junto e misturado. Nossa missão é viabilizar o equilíbrio. É dessa maneira que a gente consegue fazer com que os propósitos se tornem mais tangíveis e convergentes — e, aí sim, conseguimos assumir um compromisso com a mudança. Juntos, passamos a ter um novo mantra: "mudar é bom".

Passo a passo do quarto pilar: compartilhar

É nessa transição entre o MELHORAR e o COMPARTILHAR que ocorre a cada "rodada" uma elevação do patamar de consciência da pessoa. Ela consegue entrar no ciclo virtuoso, como está indicado na Figura 2.3. Depois de buscar TER as ferramentas necessárias para sair do "basicão", do conformismo ou daquele piloto automático tão nocivo, você atua de novo na dimensão do SER. Então, com toda a sua afetividade, vai avançar dos seus objetivos individuais (EU) para o pensamento mais inclusivo e relacional (NÓS). A partir desse ponto, não quer mais seguir em frente sozinho, QUER companhia. É um processo natural, apesar de ser racional e consciente, porque você compreende que a única — e melhor — maneira de consolidar conhecimentos adquiridos (práticos e teóricos) é ensinar aos outros o que se aprende. Essa é a grande etapa do desenvolvimento do líder — e de todo ser humano.

Nas empresas, para promover a multiplicação do ciclo virtuoso da FG (Figura 2.4), é fundamental estruturar um programa de transmissão de conhecimento que viabilize as ações de compartilhamento com benefícios mútuos. Assim, a cada nova competência aprendida, o colaborador tem a oportunidade de se apoderar da liderança do processo de educação dos demais: o compartilhamento é um compromisso, e até uma obrigação (por que não?). Essa vivência faz a pessoa se dar conta de que o seu maior legado é ensinar tudo o que já aprendeu, além de ensinar a ensinar. Nunca devemos parar de aprender e ensinar. É assim que a gente se desenvolve, apoiando o desenvolvimento dos outros. Mas não se trata só de compartilhar conhecimento. Quando você acredita e pratica cotidianamente seus valores em sintonia com seu propósito de vida, está dando uma demonstração clara e poderosa de que é possível prosperar agindo da maneira correta. Você muda, melhora e se transforma num SER MELHOR, contribuindo para sua própria evolução, dos outros e da sociedade como um todo.

Na FG, vale a expedição rumo ao novo, mesmo que ele não seja o ideal. Como ficar parado não ajuda em nada, que tal começar a quebrar paradigmas e desafiar círculos viciosos dentro e fora da empresa? É provável que agora você avalie que poderá ser julgado por suas novas atitudes, consideradas polêmicas, mas ainda acho isso melhor do que a inércia. Fico imensamente feliz quando sou convidado a ajudar pessoas e negócios a seguir pelo novo caminho da FG. O mundo começou a mudar, e é isso que vai nos poupar da banalização e da desvalorização de tudo e de todos. É possível conviver em uma sociedade onde tudo faz mais sentido, com valores, propósitos e espaço para empresas com uma razão de ser justa e coerente. Espero que, em breve, essa filosofia consiga inspirar mais pessoas a ACREDITAR que a felicidade é um insumo amplo, irrestrito e renovável.

Figura 2.4: O ciclo virtuoso da FG e suas práticas levam você à espiral infinita dos benefícios recíprocos.

TUTORIAL FG

- Os quatro pilares da FG desdobram-se agora em ações práticas para realizar seu propósito:

A FELICIDADE ALIMENTA A FILOSOFIA DE GESTÃO

PILARES	AÇÕES COTIDIANAS	
ACREDITAR	• VALORES E PROPÓSITO • AUTONOMIA E PROTAGONISMO • CRITÉRIOS VIABILIZADORES	É AQUI NO ACREDITAR QUE VOCÊ IDENTIFICA E COMEÇA A QUEBRAR O SEU CÍRCULO VICIOSO
PRATICAR	• MOVIMENTO E MUDANÇA • AÇÃO E COMUNICAÇÃO • EQUILÍBRIO E CONVERGÊNCIA	A FILOSOFIA DE GESTÃO TORNA AS RELAÇÕES HUMANAS TÃO SIMPLES QUANTO A FELICIDADE E O RESPEITO
MELHORAR	• COMPROMISSO E ENGAJAMENTO • APRENDIZADO E CONFIANÇA • PERSISTÊNCIA E COERÊNCIA	
COMPARTILHAR	• DESENVOLVIMENTO E TUTORIA • CONSCIÊNCIA FG • EXEMPLO E LEGADO	

- O ciclo virtuoso tem quatro premissas: não julgar o propósito de ninguém, não impor um propósito a ninguém, praticar os valores com coerência; e QUERER melhorar de vida antes mesmo de ACREDITAR que é possível.

Pontos-chave do pilar ACREDITAR:

- Identifique e faça uma lista de seus valores — o que você é hoje e quer continuar a ser no futuro? O que você quer deixar de ser?
- Identifique as crenças contributivas e as prejudiciais à realização do seu propósito. Reforce as primeiras e as use para superar os

desafios gerados pelas que podem ser prejudiciais. É preciso abrir espaço para o novo e para o ciclo virtuoso.

- Só quando supera as eventuais crenças negativas com as positivas (psicologia positiva) e tem seu propósito em mente, a pessoa consegue ACREDITAR mais em si mesma.
- Só quando ACREDITA em si mesma a pessoa se apodera de sua autonomia e assume o protagonismo.
- Na empresa, a razão de ser é o telhado. Os valores são o alicerce, e as pessoas, as colunas e as vigas. Essa combinação é o que dá estrutura para que empresa e colaborador tenham propósitos convergentes.
- Cabe ao líder pavimentar o caminho para que aconteça a convergência de propósitos e se inicie o ciclo virtuoso. Mas não delegue sua vida a ninguém: assuma a liderança e ajude os outros a ajudar você.
- A coerência na prática de valores é o combustível do engajamento real, profundo e espontâneo das pessoas.

Pontos-chave do pilar PRATICAR:

- Depois de romper a inércia e entrar em ação, o primeiro passo é PRATICAR a efetividade.
- Em geral, as primeiras conquistas da dimensão do TER não são bens materiais. De olho no próprio desenvolvimento, seu foco se volta para TER mais ferramentas e sair do "basicão".
- Para mapear profundamente seus pontos de melhoria, use a afetividade e busque feedback de pessoas que têm interesse genuíno por você. Ouça com a boca fechada e o coração aberto.
- Na etapa de desenvolvimento, a competência que deve merecer mais atenção tanto das pessoas quanto das empresas é a capacidade de se comunicar.
- Use todos os recursos e todas as técnicas disponíveis para expressar suas ideias de maneira organizada, compreensível e agradável. Não passe de tímido a tagarela: encontre o equilíbrio.

Pontos-chave do pilar MELHORAR:

- Você saiu da inércia, entrou em ação e sentiu que está melhorando. Mas não se iluda: essa não é a reta de chegada. Siga em frente!
- A dinâmica do cenário não permite que você pare o processo: é preciso buscar mais ferramentas para superar os novos obstáculos que vão surgindo.
- O mantra do processo de melhoria é "persistência na coerência".
- Quando errar, não se martirize. Faça os ajustes necessários e celebre as soluções encontradas. Para conseguir energia para persistir, mantenha o ânimo em alta.
- Essa é a hora de começar a engajar as pessoas ao seu redor, seja da família, seja da equipe. Sozinho, você pode até ir mais rápido, mas acompanhado vai mais longe.
- Não existe melhoria sem mudanças. Por isso, a primeira ação prática para inspirar os outros é despertar neles a disposição para mudar.
- Só com o engajamento de todos, os propósitos se tornam mais tangíveis e convergentes, e conseguimos assumir um compromisso com a mudança.
- Não desista até incorporar o mantra: "mudar é bom".

Pontos-chave do pilar COMPARTILHAR:

- É na transição entre o MELHORAR e o COMPARTILHAR que ocorre a cada "rodada" uma elevação do patamar de consciência de quem consegue entrar no ciclo virtuoso.

- Depois de sair do "basicão", você atua de novo na dimensão do SER, avançando dos seus objetivos individuais (EU) para o pensamento mais inclusivo (NÓS) com toda a sua afetividade.
- Você não quer mais seguir em frente sozinho, prefere ter companhia.
- Num processo natural, apesar de ser racional e consciente, você compreende que a única e melhor maneira de consolidar conhecimentos adquiridos (práticos e teóricos) é ensinar aos outros o que aprende e aprender o que ensina.
- O maior legado do líder é ensinar tudo o que aprendeu e ensinar a ensinar. Nunca parar de aprender, e ser humilde e participativo vai ajudar muito.

RESPOSTA DO INBOX

Juliana Bombach Garbin
Como se manter motivado e resiliente em um universo corporativo cada vez mais enxuto, com altas pressões para redução de custos, vivendo à sombra de um desligamento a qualquer momento?

Tive essa sensação por muito tempo na minha carreira, que já tem mais de trinta anos. Nem sonhava em ser promovido. Se conseguisse manter o emprego, já estava muito bom. A pressão por redução de custos é normal, faz parte do exercício das práticas de gestão disponíveis hoje. Mas acho que existe outra possibilidade. Acredito que minha experiência pode ser um exemplo útil, embora não seja a única saída para reverter o sentimento de tensão contínua. Não importa o tamanho da empresa em que se trabalha, a demissão é sempre um risco inegociável. Tem gente que diz que, se você trabalhar direitinho, evita a demissão, mas não é bem assim. Se a empresa quebra, por exemplo, não há saída.

Como temos muito pouco controle sobre essa equação, decidi me tornar independente. Obviamente, continuo dependente das pessoas que amo, mas estou falando dos aspectos corporativos mais tradicionais. O medo de ser demitido nos assola e nos paralisa. Por muitos anos, fiquei atolado, aceitando mais do mesmo. Um dia, tive que fazer uma viagem a trabalho, mas estava tão triste e desmotivado que resolvi traçar atrás do cartão de embarque como seria meu mundo corporativo ideal.* Naquela hora, eu nem podia imaginar que estava esboçando a FG. Apesar do modelo de restrição que tinha pautado minha vida, comecei a definir ações que poderiam transformar meu dia a dia de trabalho. As restrições me impediam de viver feliz como queria, mas não de sonhar. E, antes mesmo de ser líder de equipe, fui criando um ambiente paralelo no qual gostaria de viver. Aquilo me tornou mais seguro, ainda que o medo da demissão persistisse. Meu ambiente paralelo foi conquistando mais pessoas e os outros começaram a me ver como líder — até que de fato me tornei gestor. Com aquela oportunidade, pude testar todo um repertório de ações que mais tarde se tornaria a FG. Passei a ACREDITAR.

No processo, fui de alguém que temia a demissão ao líder eloquente. De início, o exercício de algo que eu queria para mim e para os outros não diminuiu a tensão e as pressões, mas me deu um propósito, um alicerce sólido para construir minha autonomia. Hoje, sigo exclusivamente meu propósito de vida. Antes, valia o ditado: a pessoa vai, a cadeira fica. Hoje, não me considero insubstituível, claro, mas tenho autonomia para escolher para onde eu vou, e só trabalho onde posso praticar minha filosofia. A ansiedade e a insegurança me tornaram mais forte e me levaram a ousar. Em vez de deixar na equação apenas o risco unilateral de ser demitido, incluí o risco de fazer a FG dar certo e ajudar pessoas e empresas. Então, o que eu quero que tenha em mente é o seguinte: quando conseguimos construir opções para nós mesmos, diminui bastante a própria sensibilidade às pressões, tanto corporativas como pessoais.

---

* Conto essa história na p. 118 de *Felicidade dá lucro*.

Erica Dias Garcia
Para quem já leu o primeiro livro, reconheceu a FG como filosofia de vida, abraçou a causa e está trabalhando para colocá-la em prática, gostaria que você compartilhasse mais algumas experiências desafiadoras e desse outras dicas de como se manter firme no propósito abraçado!

Em todas as situações, minha recomendação é a seguinte: além da persistência na coerência e do desenvolvimento de relacionamentos com base em credibilidade, proximidade e confiança, é fundamental estabelecer critérios para a prática de valores que sejam claros, inclusivos e públicos.* Os critérios têm um enorme poder de engajar os outros. É o que faz a gente ACREDITAR que os valores definidos em conjunto são postos em prática no dia a dia, sem exceções. É um ponto de partida. Imagine que você saiu da inércia, entrou em movimento e ligou o GPS. Qual é a primeira pergunta? O aplicativo quer saber para onde você vai, não é? Os critérios são a primeira resposta prática da FG. Eles definem COMO você vai exercitar seus valores no dia a dia.

Uma dica: se você for a única "dona" deste projeto, certamente vai sofrer muito para cuidar dele, mas, se estiver com outras pessoas que também querem o sucesso dele e se sentem donas, o caminho fica mais simples e o conjunto torna o resultado sustentável.

---

* No próximo capítulo, vou falar bastante sobre esse ponto e ilustrá-lo com situações práticas.

CAPÍTULO 3

Como acreditar e começar

PRATICAR VALORES, CRIAR CRITÉRIOS VIABILIZADORES
E TER PERSISTÊNCIA NA COERÊNCIA

Já faz um tempo que compartilho a FG. Há pelo menos treze anos convivo com pessoas em grandes ou pequenas empresas e estou sempre falando com gente dos mais diversos setores e em diferentes fases da vida. Adoro conversar e interagir com o público e identifico basicamente dois grupos de interlocutores e uma dúvida em comum. No **primeiro grupo** estão as pessoas que ainda não conseguiram dimensionar ou organizar sua caminhada. Elas não vivem em sintonia com um propósito, acreditando e praticando os próprios valores com naturalidade. Esse grupo reage surpreso ao que eu falo, como se estivesse descobrindo naquele exato momento que existe um jeito de ser mais feliz. No **segundo grupo** estão aquelas pessoas que já sentiram e até vivenciaram a força dessa motivação, mas, pelos motivos mais variados possíveis, deixaram seu propósito de lado. É como se tivessem se entregado ao conformismo imposto por um estilo de vida mais tradicional, em vez de lutar por aquilo em que acreditam.

Outro dia mesmo, uma moça se aproximou de mim e disse: "Márcio, você tocou em algo que estava adormecido em mim. Não sei por que deixei isso de lado e só segui o fluxo. Fiquei muito tempo na mediocridade, mas hoje foi como se eu tivesse tirado uma venda dos olhos. Sei do que está falando e quero viver assim de novo. Sei que sou capaz de trazer à tona meu propósito, realizar meus sonhos e brilhar. Já estou até um pouco mais feliz, só de tomar essa decisão. Acredito que posso usar minha felicidade como *vantagem competitiva* e vou fazer isso". Em seguida, ela me fez a pergunta que todos que querem praticar a FG me fazem: "Por onde eu começo?". Minha resposta é sempre a mesma: "O primeiro passo é ACREDITAR".

Na FG, ACREDITAR não se confunde com fé religiosa. Quando li *Hereges* (São Paulo: Boitempo, 2015), de Leonardo Padura, um trecho específico me marcou. Um jovem que está enfrentando uma série de situações de fato muito difíceis vai conversar justamente com quem tem interesse genuíno por ele em busca de orientação. Trata-se do tio que o criou desde pequeno, um homem experiente, sábio e muito religioso. O homem diz que, nas situações mais difíceis da vida, a pessoa deve rezar com muita fé, como se a ajuda só pudesse vir de Deus, mas, ao mesmo tempo, deve agir como se só ela própria pudesse encontrar a solução. A vida não é um passeio por uma praia ensolarada. Todo mundo enfrenta circunstâncias difíceis. E a maneira de enfrentar e superar as dificuldades é ACREDITAR num propósito. Assim, fica mais fácil ACREDITAR em si mesmo, o que é fundamental, e pode-se voltar a ACREDITAR nos outros.

Já falamos sobre COMO criar um propósito a partir dos valores que lhe são mais preciosos e sobre ajudar os outros a encontrar o próprio propósito e chegar à convergência. Aqui, vamos falar de COMO você ganha autonomia e se torna protagonista. São práticas simples, que fazem sua vida MELHORAR. Com persistência, você vai SER a pessoa que sempre sonhou, capaz de COMPARTILHAR tudo o que sabe e o que tem de melhor. Quando estamos com boa saúde, respirar é um ato orgânico, natural e simples, não é? Também deveria ser assim com o comportamento, ou seja, o conjunto de atitudes. Não importa se você está em casa com a família e os amigos ou no trabalho com os acionistas, investidores e líderes de todos os níveis hierárquicos: o que mais importa é manter a naturalidade e a coerência com o propósito. No entanto, é como se uma nuvem turvasse nossa visão e virássemos zumbis corporativos. Nesse mundo artificial, parece até que já se tornou normal fraudar, corromper, ser corrompido, desrespeitar os outros, e por aí vai... Minha proposta para romper com esse paradigma maligno pode parecer até meio utópica. "Como você quer que eu seja bonzinho nesse mundo podre, Márcio?" Mas garanto que identificar e superar esse círculo vicioso vai nos tornar diferentes e melhores, além de trazer de volta nosso propósito essencial, que nunca deveríamos ter perdido. Não se trata de ser bonzinho, mas sim justo.

Quando se está preso no círculo vicioso, um dos efeitos mais negativos é a perda da capacidade de ACREDITAR que existe um caminho alternativo para a felicidade. É isso que mantém a pessoa presa na inércia. Para que agir? Para que criar? Para que inovar? Para que tentar? Ser feliz não é pedir demais? Para que tentar fazer a coisa certa, se tudo acaba em pizza? A paralisia provocada pelo medo é o que mata a motivação. Se anda cansado de se sentir assim, tome a decisão de romper o círculo vicioso. O que tem a perder? Se ficar na inércia, vai deixar tudo como sempre foi. Vale lembrar que quem se submete ao "mais do mesmo" tem mais dificuldade para se recuperar na hora da crise. Portanto, se você só pode melhorar, vale correr o risco de mudar, certo?

Mas isso não é um convite para você virar aquele gestor bonzinho e paternalista, o famoso banana, ou sair do mundo capitalista tradicional e viver de luz. Minha proposta é fazer o que já fazemos de forma mais justa, com propósitos nobres e capazes de tornar nossa vida, nossos negócios e nossas atitudes mais simples e sustentáveis. Para isso, entretanto, é preciso QUERER. Essa é uma das premissas da FG. Antes de tudo, você tem que ACREDITAR que é possível ser e agir diferente. Para romper o círculo vicioso, é preciso ir além da mediocridade amplamente instalada nos dias de hoje.

Os critérios viabilizam o exercício dos valores

O primeiro pilar da FG, ACREDITAR, opera na dimensão do SER e na afetividade. É o que dispara o processo de mudança e abre o diálogo com as pessoas que têm interesse genuíno por você. Obtenha delas um feedback franco com base nas seguintes perguntas:

- Quais são os pontos que preciso mudar de imediato? E no longo prazo?
- Quais são minhas maiores oportunidades de melhoria?
- O que faz com que goste tanto de mim?
- O que faz com que de vez em quando se incomode comigo?

Tenha humildade para ouvir sem ficar na defensiva. Já disse e repito: boca fechada e coração aberto. É com base nesse tipo de diálogo franco que você começa a ACREDITAR que existe um jeito melhor de viver. Você deve se dedicar a identificar seus valores mais essenciais, aqueles dos quais tem total convicção e que serão a base para criar ou identificar seu propósito. A próxima etapa é fazer a avaliação de suas crenças positivas e negativas. É preciso separar bem as que mais ajudam você daquelas que mais atrapalham. Já dei a dica sobre a abordagem da psicologia positiva: 1) pare de querer encontrar solução para todos os obstáculos, que em geral são apenas consequência de sua cobrança excessiva; 2) busque apoio nas crenças e nos pontos positivos para vencer a inércia. Em outras palavras, deixe de obstaculismo.

É exatamente nesse ponto do processo que quero lhe apresentar outra prática, que faz parte da evolução da FG: os critérios viabilizadores (CVs). Praticando a FG, eu entendi que esses critérios são os guardiões dos nossos valores. Por isso mesmo, precisam ser sempre claros, transparentes, inclusivos e públicos. Eles é que dão FORMA a todas as nossas ações, das mais simples e cotidianas até as mais complexas e processuais. É pelo exercício dos CVs que colocamos em prática nossos valores e, consequentemente, nosso propósito. E, como geralmente são capazes de evitar injustiças e/ou permissividades, eles asseguram uma boa vantagem competitiva para nossas ações e nossos processos. Pode até parecer complicado, mas não é. Com alguns exemplos você vai perceber com clareza a importância prática dos CVs.

Vou começar por um caso bem banal: depois do almoço, em vez de sobremesa, gosto de mascar um chiclete de tutti frutti. Há uns meses, fui almoçar com meu amigo Felipe e, depois de estacionar o carro, já deixei reservados no console dois chicletes — um para mim e outro para ele. Almoçamos, conversamos e, na hora que o manobrista me entregou o carro, senti no ar o cheiro de tutti frutti, então vi a caixinha rosa na mão dele. Entrei e notei que no console só tinha sobrado uma. Então olhei para meu amigo e disse: "Felipe, seu chiclete está aí, o meu está na boca do manobrista". E não consegui ficar quieto. Abri o vidro e falei: "Gostou do chiclete, moço?". Na maior cara de pau, ele disse: "Que chiclete?". Insisti: "O de tutti frutti que estava aqui no meu carro. A caixinha agora está na sua mão". Ele ficou vermelho e não disse nada. Continuei: "Espero que tenha valido a pena. Boa tarde e muito obrigado". Então fechei o vidro e fui embora.

Felipe, que viu a cena e me conhece bem, disse: "Achei que você ia deixar barato". Então me posicionei de acordo com meus critérios: "Não posso ir embora sem nem um comentário mostrando que percebi que ele pegou <u>meu</u> chiclete. As pessoas estão cada vez mais habituadas a correr riscos por pequenas atitudes amorais ou até mesmo imorais. Não tenho como provar que ele pegou meu chiclete, e ainda poderiam dizer que é um exagero por causa de tão pouco. Mas não importa quanto custa o chiclete, e sim a atitude dele. Não posso compactuar com algo assim. Meus critérios não permitem. As pessoas acham que podem pegar o que é dos outros, emprestar e não devolver, sonegar, levar vantagem... É natural assumir o risco de fazer a coisa errada, mas, quando vê algo assim, ninguém se expõe em defesa do certo.

Essa história banal a respeito do firme exercício de meus critérios internos me fez lembrar de outra um pouco mais grave, que pelo menos teve um final feliz. Uma conhecida que mora em Minas Gerais me contou sobre a sobrinha, Thalita, justamente para me dar um exemplo de pessoa que pratica nossa filosofia com CVs sem nem saber que ela existe. Thalita tinha trinta e poucos anos, dois filhos pequenos e estava desempregada fazia mais de seis meses. Por indicação de uma amiga, conseguira um trabalho como garçonete numa doceria. O estabelecimento abre entre 10h e 19h, e o dono permitia que os funcionários levassem para casa as sobras.

Então Thalita começou a perceber que, a partir das 17h, as outras garçonetes começavam a dizer aos clientes que certos produtos tinham acabado. O que elas queriam era que sobrasse mais coisa para levar para casa. Pelos valores e critérios da Thalita, aquilo não estava certo. Ela ficou numa saia ainda mais justa porque a filha da amiga que a indicou, que também trabalhava lá, compactuava com o que acontecia ali. O primeiro impulso foi conversar com a amiga. Mas então Thalita descobriu que ela sabia de tudo e ainda fazia uma "listinha" do que queria que a filha levasse para casa. Na cabeça de Thalita, só havia duas opções: pedir demissão o mais depressa possível ou tentar resolver o problema de acordo com seus próprios critérios. Ela ficou com a segunda opção. Logo que conseguiu uma chance, chamou o gerente e expôs com toda a calma o que vinha observando de errado. Explicou que não podia ficar quieta vendo o que estava acontecendo. Ele só agradeceu.

No dia seguinte, o gerente, que era filho do proprietário, anunciou que o pai ia parar de trabalhar, ele próprio administraria o negócio e Thalita seria a nova gerente. A partir de então, o que sobrasse seria doado a instituições de caridade, de modo que nenhum colaborador estava autorizado a levar nada para casa. Foi um final feliz para Thalita, reconhecida por agir de acordo com os próprios critérios. Ela assumiu o risco de fazer a coisa certa! Foi um final feliz também para o antigo gerente, que usou seus critérios para confiar na pessoa certa e melhorar o negócio.

A atitude das outras garçonetes, no entanto, é lamentável. Um tempo depois, algumas acabaram demitidas. Thalita perdeu algumas "amigas", mas seus critérios viabilizaram que a justiça e os valores pudessem voltar à gestão da doceria. Numa entrevista de seleção com qualquer uma daquelas garçonetes, tenho certeza que ia ouvir todo um discurso sobre honestidade, lealdade e respeito. Mas, na prática, há uma total falta de coerência. É fácil falar, mas ser consistente com seus valores está em outro patamar. Por isso sempre digo que são os critérios que demonstram que se ACREDITA e se PRATICA os valores.

De olho nos exemplos úteis

Só quem ACREDITA consegue mudar, realizar coisas, fazer a diferença, agir corretamente. E não é só de vez em quando. É todo dia e em qualquer situação. Nessa luta, sua autonomia e seu protagonismo serão suas melhores ferramentas. Mas essa convicção não cai do céu, não é imediata. É um processo que deve ser nutrido com constância e dedicação. Nessa fase, um dos alimentos mais nutritivos são os exemplos úteis. Fique de olho nas pessoas como Thalita, que têm a coragem de assumir riscos, não seguem a manada e mudam a vida para melhor. Elas exercem sua autonomia e são protagonistas, como você também pode ser. As transformações positivas podem ser grandes ou pequenas, não importa. O importante é que o resultado alcançado chame sua atenção por estar em sintonia com seus valores, seu propósito e seus critérios. Sempre que tiver dúvidas, avalie o que prefere: ficar no pessimismo do círculo vicioso ou tentar ter uma vida melhor, numa sociedade melhor? Vale o risco? Então, continue a ACREDITAR. Apesar de recomendar o caminho da FG, sei que não é fácil. Há momentos em que muitos vacilam. Na minha jornada, aprendi que é por isso que precisamos de bons exemplos.

Me mantenho sempre otimista e encontro pessoas que hoje são capazes de receber e compartilhar os benefícios do ciclo virtuoso. O empresário Ricardo Semler, autor de *Virando a própria mesa* (São Paulo: Best Seller, 1998), é um exemplo. Os rendimentos do negócio da sua família subiram de 4 milhões de dólares em 1982, quando o assumiu com práticas de gestão inovadoras e mais democráticas, para 212 milhões em 2003. Para a superação de sucessivas crises, Semler reconhece que contou com a contribuição direta dos seus colaboradores, que ajudaram a viabilizar a diminuição dos prazos de entrega e praticamente eliminar o índice de produtos defeituosos. Um dos propósitos atuais do empresário é o COMPARTILHAMENTO, liderando projetos ousados e inovadores, especialmente na área de educação e preservação ambiental.

Outro exemplo incrível é o de Leandro Pinto, um grande empreendedor do setor do agronegócio. Ele acompanhou algumas das minhas expedições de compartilhamento da FG e um dia disse que gostava de me ouvir falar, porque minha filosofia está alinhada com aquilo em que ele ACREDITA. Rapidamente nos tornamos amigos e ele me contou que no passado usava um modelo de gestão do tipo tradicional. O resultado financeiro dos negócios era bom, mas Leandro se sentia insatisfeito e até um pouco frustrado. Em outras palavras, triste, apesar do sucesso.

Em mais de vinte anos de trajetória, Leandro tinha sofrido, lutado e perseverado, superando com a família duros desafios até se tornar um grande empreendedor. Mas sentia falta de algo, porque tinha se distanciado de seus propósitos de vida e da prática dos seus valores essenciais. Por isso, com o estímulo da FG, resolveu iniciar uma mudança gradativa. Ele e o sócio resgataram atributos originais e cruciais daquela trajetória vencedora, rompendo o círculo vicioso e dando início ao ciclo virtuoso. Colocaram as pessoas no centro da estratégia e assim tornaram seus produtos ainda melhores e mais competitivos.

Nesse processo, Leandro reencontrou, inclusive, o equilíbrio pessoal. Voltou a cuidar da saúde, emagreceu, passou a dormir melhor, reservou mais tempo para a família e hoje é capaz de pedalar por mais de cinquenta quilômetros. O corpo dele responde tão bem aos estímulos da FG quanto os colaboradores da empresa e os familiares. Todo mundo brilha como nunca. Em um papo recente, ele me disse: "Se antes sabíamos como fazer negócios bem-sucedidos, agora sabemos como usar a vantagem competitiva da felicidade para ter muito mais benefícios para todos. É assim que construímos a sustentabilidade que tantos sonham conquistar — na empresa e na vida pessoal — mesmo em momentos de crise!". Além de ser um exemplo útil, que abre caminho para muitos outros aplicarem a FG para revolucionar tudo ao seu redor, essa história me emociona. Um dia, ele me ouviu falar com humildade e interesse genuíno; hoje, para mim, é um cara que deve ser ouvido por todos nós. Então envio um agradecimento especial a ele, por ACREDITAR, PRATICAR, MELHORAR e COMPARTILHAR!

Como citei dois megaempresários, você pode já estar achando que ACREDITAR nas transformações só traz bons resultados para quem já era bem-sucedido ou recebeu alguma herança. Já esqueceu a Thalita? Ela foi de garçonete a gerente bem depressa, só fazendo a coisa certa. Com otimismo, é possível ver quantas pessoas já estão por aí nesse mundo transformando sua vida e a dos outros para melhor. E não estou falando dos grandes gestos salvadores ou de heroísmos beneméritos: falo de gente como a gente. É só prestar atenção. Faz uns meses que eu estava na sala de espera do dentista com a TV ligada. Dali a pouco, uma moça chamada Mariana Ferreira começou a falar no *Mais Você*.* Ela queria fazer uma homenagem à mãe, Maria Imaculada, que tinha trabalhado desde criança na roça em Minas Gerais e depois, trabalhando como diarista no Rio de Janeiro, pavimentara o caminho para a filha ser médica.

Aos 31 anos, Mariana é ginecologista e obstetra. Emocionada, ela agradeceu todo esforço de Maria Imaculada ao longo de tantos anos para que pudesse estudar. Ao que a mãe respondeu: "Tinha muita gente que não acreditava que minha filha ia chegar lá. Mas eu sempre ACREDITEI, e ela chegou onde queria". E Mariana também ACREDITOU: passou em quatro faculdades e pôde escolher uma das melhores do país, que também era pública, de modo que as finanças da família tiveram um refresco. Ali, na sala de espera do dentista, esse exemplo mudou meu dia. Então abra os olhos para enxergar exemplos positivos ao seu redor, ACREDITE, entre em ação, leia, procure informações úteis para sua jornada. E não se esqueça de sempre manter aberto o diálogo com gente que tem interesse genuíno em contribuir para que todo mundo tenha uma vida melhor.

As ilhas paradisíacas da FG

De vez em quando — lamentavelmente, isso ainda não é tão raro como eu gostaria —, ao me ouvir falar sobre quem prefere se conformar com o círculo vicioso, alguém reage com apego ao obstaculismo. "Está certo, Márcio, mas isso nunca vai funcionar para mim.

---

* Referência ao quadro "Nunca esqueci", exibido em 26 de abril de 2017 e disponível em: <globoplay.globo.com/v/5827183/programa/>.

Minha família nunca me apoia, ninguém quer ACREDITAR em nada lá em casa", dizem, ou ainda: "Na minha empresa é impossível agir de acordo com meus valores e critérios. Se eu apontar um erro e propuser uma solução, é bem capaz que seja chamado de 'criador de problemas'!". Bom, não dá para negar que esse tipo de situação realmente existe. São obstáculos, sem dúvida, mas transponíveis. Quando você se vir cercado pelo pessimismo dos outros, que se recusam a mudar, minha recomendação é: assuma sua autonomia e protagonize a criação do que chamo de "ilha da FG".

Veja, por exemplo, a história da médica Mariana, que acabei de lhe contar. No ambiente em que ela e a mãe viviam, ninguém valorizava os estudos ou acreditava que a menina pudesse chegar a ser médica. Em vez de se deixar contaminar pelo círculo vicioso alheio, elas se tornaram protagonistas de uma vida muito melhor. Como? Acreditando nelas mesmas e agindo com coerência ao colocar em prática seus valores e CVs. Não é porque os outros não querem que a gente tem que deixar de QUERER. A ilha da FG é um lugar paradisíaco que criamos para nós mesmos: assumir a autonomia e o protagonismo são práticas fundamentais do pilar ACREDITAR.

E a ilha também funciona no trabalho. Mesmo que a empresa ou seus líderes sejam do tipo trator, daqueles que só seguem na direção da própria interpretação de sucesso, você pode viabilizar sua formação, seu desenvolvimento e seu aprendizado contínuos. Só que, apesar de eu falar em ilha, o princípio da coisa não pode ser de isolamento. Você deve sempre buscar convergência de propósitos, direta ou indireta. Seu ambiente organizado e próspero pode atrair seu líder imediato, outros colegas de trabalho e, principalmente, sua equipe. Tome a iniciativa de abrir o diálogo. Conheça as possibilidades de cada pessoa, tente identificar e, então, proceder com a convergência de propósitos, como falei no cap. 1.

Conforme as adesões forem acontecendo, sua ilha vai ficando maior, se alastrando, e um arquipélago ou até um novo continente pode se formar, com um espaço mais amplo e mais arejado, onde imperam o otimismo e as crenças positivas. Aí, pode estar certo de que muita gente vai ser capaz de ACREDITAR que é viável SER melhor.

Ou seja, você pode contagiar sua família, sua família pode contagiar a vizinhança, e todos juntos podem causar um impacto na sociedade. Dentro da empresa, uma pessoa é capaz de contagiar uma área, que pode conseguir a adesão de outra, até chegar a todo um departamento, depois toda a empresa e, enfim, ajudar a transformar a sociedade, transformando-a no nosso novo continente.

Há mais de dez anos, quando eu nem sonhava em ter o cargo de presidente na melhor empresa para se trabalhar da América Latina, com 100% de satisfação dos quase 4 mil colaboradores, minha área já era uma belíssima ilha com pessoas satisfeitas. Se as pesquisas fossem feitas e publicadas por áreas e não apenas por empresas, a nossa já seria uma das melhores para se trabalhar no Brasil. Todos estavam felizes ali, com propósitos convergentes e muito unidos em torno deles. E por quê? Nunca fui um líder paternalista ou permissivo, daqueles que passam a mão na cabeça de todos. Para mim, não existe coitadinho. Então qual era o motivo da nossa felicidade? Na nossa ilha paradisíaca, tínhamos espaço para acreditar em nós mesmos, dialogar, sonhar e fazer nossos propósitos convergirem. E nossa visão não era de isolamento. A meta era "exportar" gente para o maior número possível de áreas e criar um novo continente. Muito do que sonhávamos já estava começando a acontecer. A inovação era contínua, e com velocidade e profundidade tudo melhorava — até o que já estava muito bom! Foi uma experiência marcante na minha vida. Muitas pessoas cresceram comigo. Aos olhos dos avaliadores, me tornei uma referência positiva da gestão estratégica de pessoas.

Mas não foi fácil transformar nossa ilha em continente. Houve situações em que a inveja alheia causou transtornos. Cheguei a ser acusado de criar práticas de gestão não corporativas e independentes demais. Para meus superiores, minhas iniciativas eram interessantes, porque aumentavam a produtividade e os resultados, mas elas também representavam uma infração às regras da gestão mais tradicional. Por causa dessa contradição, tomei minha primeira advertência formal. É claro que pensei em desistir. Cheguei a consultar meu time sobre essa possibilidade. Mas decidimos que íamos continuar "inovando", apesar do risco de perder o emprego.

Continuei tomando inúmeras "fumadas". A cada corretivo que recebia, repetia para mim mesmo: "Se perder meu emprego por tentar criar algo mais justo, inclusivo e digno, oferecendo meios para que as pessoas possam ACREDITAR mais em si mesmas e realizar seus sonhos alavancando (e muito) a empresa e seus resultados, que seja. Vou manter minha dignidade, meus critérios viabilizadores e meus valores". Curiosamente, à medida que alguns dos líderes daquela época me pressionavam mais, aumentava também a velocidade com que eu era promovido, o que só fez bem para mim e para nosso arquipélago.

Quando me tornei diretor, já estávamos quase do tamanho da Oceania — o menor dos continentes, mas ainda assim um deles! Quando assumi o RH, consegui o apoio de muitas outras áreas. Todo mundo ali sonhava com uma nova filosofia de gestão. Em *Felicidade dá lucro*, contei o que aconteceu quando me tornei presidente da empresa. Pessoas de todas as áreas, idades, sexo, com culturas e crenças diferentes, transformaram nossa ilha em um novo continente. Em 2017, enquanto escrevia este livro, nossa empresa chegou à terceira vitória como a Melhor Empresa para Trabalhar na América Latina pelo Great Place to Work (GPTW), tendo sido sete vezes consecutivas escolhida como a Melhor Empresa para Trabalhar no Brasil pela revista *Você S/A* e pelo GPTW, atingindo incríveis 100% de confiança de nossos colaboradores, graças à força dessa gente toda, que ACREDITA, PRATICA, MELHORA e COMPARTILHA. Também fiquei muito feliz quando fui eleito pela segunda vez o Líder mais Admirado do Brasil pela revista *Você S/A*.

Sem coerência, não dá para acreditar

Por onde você começa a implementar a FG na sua empresa ou na área em que trabalha? A partir da definição dos valores e da RAZÃO DE SER são estabelecidos os critérios viabilizadores que dão FORMA a todos os programas, processos e procedimentos corporativos, desde os mais simples até os mais complexos. No entanto, é preciso reconhecer que, especialmente nas organizações mais conservadoras e com um modelo de gestão tradicional, a falta de coerência entre o que se fala e o que se faz é bem comum — tanto quanto as nossas incoerências diárias na pessoa física. Toda vez que aceitamos, fingimos não ver ou deixamos impune um comportamento amoral ou, pior ainda, imoral, que vai contra nossos critérios, estamos sendo incoerentes. Antes de adotar o mantra "persistência na coerência", temos que SER SIMPLESMENTE COERENTES.

Nas empresas, é a mesma coisa, mas a incoerência tem duas faces. A maioria das pessoas chega para trabalhar vinda de um círculo vicioso, no qual impera o pessimismo. Assim, a tendência é passar rapidamente do encantamento inicial ao desapontamento geral. Só que, muitas vezes, a pessoa está mergulhada na inércia e justifica sua desmotivação, com frases do tipo "A empresa até é legal, mas já estou aqui há dois anos e não vejo a menor possibilidade de promoção". Esse é um caso típico de gente que vive achando que suas competências e talentos não são e nunca serão reconhecidos. A ansiedade por promoção costuma ser inversamente proporcional à disposição para se engajar e colocar a mão na massa com toda a garra e dedicação. E, quando chega a hora da avaliação anual de desempenho, então, a frustração só tende a aumentar. O pior é que a falta de motivação e a descrença se instalam e derrubam os lucros, de modo que ninguém ganha nada com isso. Insistindo no círculo vicioso, não se pode esperar um resultado diferente.

Por outro lado, também existem as empresas que não primam pela coerência. Há um abismo entre o discurso dos valores corporativos e da razão de ser do negócio e os critérios aplicados no dia a dia da gestão. A organização pode até conseguir contratar profissionais incríveis, mas, logo depois de ter sido atraída, a pessoa já se sente enganada. Nos processos e nos procedimentos diários, o colaborador percebe logo que aquela é uma empresa igual às outras, onde "manda quem pode e obedece quem tem juízo". Não há espaço para que ele assuma sua autonomia e exerça intensamente seu protagonismo. Infelizmente, esse é o principal atalho para que a pessoa não acredite em mais nada e em mais ninguém, principalmente na empresa. Começa, então, aquele discursinho do tipo "eu visto a camisa". O colaborador repete o que ouve, mas não ACREDITA em nada. Vira um papagaio profissional. Fica todo mundo conjugando o verbo "enganar": eu te engano, você me engana, nós nos enganamos... Se está acontecendo com você, mude agora, antes que deixe de acreditar até em si mesmo. Existe, sim, um lado bom e próspero em tudo. Você pode encontrá-lo, mesmo que não seja na empresa ou no trabalho em que está agora. Mude!

Quais são os critérios que norteiam a atuação cotidiana de uma empresa que tem entre seus valores uma frase mais ou menos assim: "nada nunca substitui o lucro"? O colaborador pode passar a perna no cliente para a empresa lucrar mais? A sonegação de impostos é admitida? A empresa pode criar artifícios para reduzir o valor do bônus anual? Nessa empresa, não dá para ninguém acreditar em ninguém. Posso garantir que lá tem muita gente que odeia isso, mas topa e fecha os olhos só por causa das recompensas e dos salários inchados. Isso é trabalhar sem propósito e sem razão de ser: a empresa não encanta o colaborador e o colaborador não encanta o cliente. O jeito é apelar para aqueles milionários programas de retenção de talentos. Dificilmente esse negócio vai longe.

Critérios viabilizadores de recrutamento e seleção

Vou dar outro exemplo mais técnico de incoerência corporativa entre valores e critérios falando do processo de recrutamento. Esse é um ponto que costuma gerar polêmica, principalmente nas empresas com gestão mais tradicional. Vamos dizer que, entre os valores da empresa, esteja valorizar o desenvolvimento dos colaboradores, priorizando o recrutamento interno. Logo que a pessoa é contratada nos cargos de entrada, ela fica animada. "Oba! Vou ter oportunidades de crescimento aqui!" Na prática, porém, o recrutamento interno costuma ser feito da seguinte maneira: a área de RH divulga que uma vaga está aberta e passa a descrição do cargo e os pré-requisitos. Aparentemente, é um processo inclusivo. Todo colaborador, que quiser e atender às exigências poderia se candidatar à posição.

Mas o que costuma ocorrer é que a pessoa lê a descrição do cargo e os pré-requisitos e toma um banho de água fria. "Puxa, eu queria tanto ir para esse cargo, mas não me enquadro nos pré-requisitos!" É lamentável saber assim que você não tem aquilo que o CARGO requer. Tudo fica oculto e secreto, e, quando é divulgado, os que sonhavam com aquilo são surpreendidos com os requisitos. O colaborador acha que é pessoal, que não querem deixá-lo crescer. No dia a dia das empresas, ainda é comum que o recrutamento interno enfrente outro obstáculo: aquele tipo de gestor que fica "chateado" quando alguém da sua equipe se candidata a outra posição. Para não queimar o filme, fica todo mundo retraído. Por fim, como ninguém consegue se candidatar internamente, o recrutador do RH vai ao mercado externo. Faz entrevistas por competências, mede o grau de aderência dos candidatos aos pré-requisitos e acaba por selecionar um profissional. E quem vem de fora já entra por cima.

Esse é um problema histórico da gestão tradicional. Percebe onde está a incoerência entre valor e critério? A própria forma com que o processo de recrutamento é realizado impede o exercício do valor, que é o desenvolvimento do colaborador e a priorização do recrutamento interno. Como os pré-requisitos para cada cargo não são estabelecidos e divulgados previamente, muito antes da vaga, os colaboradores não têm como se planejar e se preparar para as vagas que desejam ocupar. Nesse tipo de processo de recrutamento, faltam critérios claros, transparentes, inclusivos e públicos. A maioria das empresas tradicionais acaba tendo que recorrer às contratações no mercado externo, porque pega seus colaboradores "de surpresa" e não dá tempo para que se desenvolvam, com seus próprios recursos, e ocupem posições tão desejadas.

Além disso, existe também nas empresas mais tradicionais a crença generalizada de que são os profissionais que vêm do mercado que "oxigenam" o negócio. Concordo apenas em parte com isso: o oxigênio deve, sim, ser trazido de fora, mas por gente em início de carreira. O lugar mais oxigenado fica na base da montanha. Lá, no topo do poder, o ar é mais rarefeito e há menos oxigênio. Portanto, a maior parte do oxigênio não entra na empresa por cima; vem, justamente, da base.

Gosto de contratar no mercado profissionais em início de carreira, pessoas que QUEREM muito trabalhar conosco, para as quais não somos apenas uma empresa, e sim A EMPRESA. Elas entram dispostas a lutar e vencer, pois sabem que terão chances reais de se desenvolver e competir em igualdade de condições para evoluir e crescer na carreira.

É preciso mais do que competência técnica

Seguindo no exemplo de recrutamento e seleção de pessoas, a proposta da FG é colocar em prática critérios capazes de quebrar paradigmas. Dou muita importância a esse processo, porque determina com quem vamos trabalhar, de modo que me envolvo diretamente na definição dos CVs.

Seguem alguns CVs quanto a recrutamento e seleção, majoritariamente interna — Seleção que Desenvolve (SD):

- A descrição de todos os cargos e seus pré-requisitos deve ser pública e estar sempre atualizada.
- Podem se candidatar às vagas internas todos os colaboradores que preencham os pré-requisitos.
- Os programas de treinamento são estruturados depois de se ouvir o que querem os colaboradores e considerando as necessidades da empresa.
- Procura-se viabilizar o treinamento do colaborador direcionado às vagas internas desejadas.
- Incentiva-se planos de progressão de carreiras diagonais.
- Prestigia-se gestores que compartilham conhecimento e atuam no desenvolvimento dos colaboradores do seu time.
- Valoriza-se gestores que não retêm colaboradores, facilitando seu sucesso mesmo que seja em outra área, e que estão abertos a receber pessoas de outras áreas.
- O processo seletivo deve ser imparcial e 360° (gestor requisitante, RH, comitê de pessoas e, em caso de posição de gestão, a futura

equipe avalia e vota com pesos distintos), e não apenas entrevista por competências e provas.
- Procura-se contratar profissionais que tenham boa índole e estejam aptos a assimilar novos conhecimentos em termos de competências técnicas vindos de fora que entram na base (programas estruturados de estágio são muito desejáveis).

HOJE, BOA ÍNDOLE É DIFERENCIAL COMPETITIVO

Um dos pontos que mais valorizo na FG é o conjunto de práticas para garantir a sucessão de lideranças. Além de criar um ambiente de aprendizado contínuo para todos, adotamos iniciativas para promover de forma imparcial o desenvolvimento e o recrutamento interno de profissionais. Todo negócio que se pretende longevo e sustentável tem a obrigação de fazer isso. Nosso diferencial é ir além: não temos uma lista dos "queridinhos da chefia", indicados por gestores. Nosso foco é no mérito e na boa índole, como explico na descrição dos nossos processos de recrutamento e desenvolvimento de pessoas. São nossos CVs que definem quem está de fato na lista de sucessão. E as práticas começam já na contratação de estagiários. Existe um programa semestral bem estruturado em que o destaque são os critérios, que dão FORMA ao processo seletivo. Para nós, a competência técnica não é o diferencial mais importante. Trata-se de uma qualidade e de uma vantagem, sem dúvida, mas esse conhecimento técnico pode ser desenvolvido, treinado, adquirido — até com facilidade — com algum investimento de tempo e dinheiro. Para nós, o candidato se diferencia quando demonstra ter três capacidades: de ACREDITAR, de MUDAR e de FAZER AOS OUTROS o que gostaria que fizessem para ele (o que chamo de "ter boa índole").

Admito que não é fácil conseguir identificar essas três qualidades em um processo de seleção tradicional, em que não se tem a oportunidade de conviver de perto com alguém para saber quem realmente é. O avô de uma amiga costumava dizer que a gente só conhece de verdade alguém depois de comer um quilo de sal juntos. Pense em como deve demorar, em como deve ser marcante, na vontade danada que deve dar de trapacear. Você poderia deixar o outro comer mais, jogar um pouco fora, dissolver na água, enfim, dar um jeito de abrandar o sacrifício. Mas, se a pessoa que está dividindo o quilo de sal com você não tentar trapacear, você ACREDITA que ela tem boa índole, não é mesmo? Bom, na prática de um processo de seleção, isso se torna mais complexo, mas não impossível. Uma vez, perguntei a um grupo de jovens o que era índole. Surpreendentemente, 80% não sabia responder. Não é fácil, não. Por isso mesmo, meu time de diretores e eu participamos pessoalmente da etapa final do processo de seleção do nosso programa de estagiários. E, para fazer valer nossos três principais critérios, a cada ano a gente cria uma dinâmica que seja capaz de revelar a índole de cada candidato. Dá trabalho, mas vale muito a pena.

Vou compartilhar com você uma dessas dinâmicas, que gosto de chamar de caórdicas.* Entre pouco mais de 5 mil candidatos finalistas, o nosso RH escolheu cinquenta, entre os quais os diretores e eu tínhamos que selecionar 26 estagiários. Primeiro, nós os dividimos em dois grupos. Cada um teria que conversar por quinze minutos para definir os próprios critérios para selecionar treze candidatos, ou seja, para eliminar doze. E é aqui que está o grande desafio: se forem imparciais, isto é, justos, esses critérios podem até ser melhores para os outros do que para você. O resultado dessa primeira etapa foi incrível. Os dois grupos apresentaram critérios que pareceram bastante válidos. Ficavam de fora, por exemplo, os candidatos que já estivessem fazendo estágio em outra empresa e também aqueles que iam demorar mais para se formar, de modo que teriam outras oportunidades de conseguir traba-

---

* No prefácio do livro *Nascimento da era caórdica* (São Paulo: Cultrix, 2014), de Dee Hock, Oscar Motomura, fundador e CEO do grupo Amana-Key, define o termo caórdico como "Uma forma de convivência em que todas as partes relevantes têm voz e atuam em conjunto para fazer o todo funcionar — cooperando no que é essencial para todos (o que dá **ordem** ao sistema) e, ao mesmo tempo, competindo criativamente nos aspectos mais periféricos e específicos (o lado do '**caos criativo**'), a base do conceito de organização caórdica".

lhar conosco. Também ficava entre os selecionados, segundo o critério dos grupos, quem tinha uma condição socioeconômica mais difícil e precisava mais da remuneração. Só teve um problema. Exercendo esses critérios, eles nos apresentaram um total de trinta estagiários. Como não era essa a regra inicial, explicamos que a dinâmica ia continuar.

Então separamos em uma sala os trinta selecionados (grupo 1) e, em outra, os vinte que tinham ficado de fora por "autoeliminação" (grupo 2). Enquanto o grupo 1 tomava um café, perguntamos ao grupo 2: "Alguém aqui quer mudar para o grupo dos selecionados? Alguém quer desconsiderar os critérios definidos antes?". Alegando não ter tido o direito de falar, não ter sido ouvidos ou até mesmo que aqueles critérios não os representavam, cinco estudantes quiseram passar para o grupo 1. Portanto, agora estávamos com 35 "selecionados" e quinze "autoeliminados". Fizemos mais uma pergunta a esses quinze restantes. Outros cinco também "rasgaram" os critérios definidos antes e foram para o grupo dos selecionados, então tínhamos quarenta dentro e dez fora. Fomos ao grupo de quarenta e perguntamos: "E vocês?". Cinco deles fizeram questão de manter os critérios definidos. Comunicaram que já tinham outro estágio e preferiram deixar aquela oportunidade para quem realmente precisava mesmo em segunda instância, apesar de admitirem a grande frustração. Eles foram embora (mas a dinâmica continua, calma). Agora tínhamos novamente 35 dentro e dez fora. Os dez que pelo tempo todo ficaram passivos, sem argumentar, foram excluídos do processo.

Continuávamos com 35 selecionados, e era preciso eliminar nove. Então fizemos uma pergunta ao grupo 1: "Vocês estão satisfeitos com a volta desses cinco? Lembramos que quinze bons candidatos foram embora, fazendo valer os critérios definidos por todos. Vocês têm mais quinze minutos para conversar e nos trazer uma nova posição". Do lado de fora da sala, a gente ouviu que a temperatura da conversa subiu. Dali a pouco, o retorno deles foi o seguinte: "Aprofundamos os critérios e chegamos à conclusão dos nove que serão eliminados". Como ninguém se apresentava como eliminado, perguntei diretamente quem eram e um protagonista assumiu o risco de explicar qual era o novo critério e quem eram os eliminados. Eles foram separados em uma sala, onde perguntamos: "Como vocês se sentem com esse novo critério?". Nessa hora, dois daqueles que haviam rasgado os primeiros critérios tiveram uma atitude muito bacana. Disseram que estavam arrependidos da decisão de voltar atrás e que tinham decidido ficar de fora.

A essa altura, a maior parte do grupo começou a se queixar, alegando que havia rolado uma "panela" na definição do novo critério. Alguns candidatos que já se conheciam antes teriam se reunido para definir critérios protegendo uns aos outros. Outros, em vez de reclamar, apresentaram uma nova proposta. A ideia era dividir os salários pela metade para a empresa poder contratar os 35 pré-selecionados. Eu quis saber quem tinha trabalhado nessa proposta e dez se apresentaram. Apesar de ter gostado muito da atitude deles, não falei nada. Em vez disso, expliquei que líderes não podem apresentar propostas inexequíveis: "Não podemos ferir as leis trabalhistas para acomodar o interesse dos 35 candidatos. A empresa não pode reduzir o salário pela metade". Como não se chegava a uma solução, lançamos uma nova provocação ao grupo completo: "Que tal retomar os critérios que vocês mesmos estabeleceram de início? Vocês têm mais quinze minutos para conversar sobre isso". Daquela vez, os diretores e eu permanecemos na sala. A tensão subiu bastante e chegou perto do estresse total. Mas conseguimos ver exatamente quem estava se articulando em benefício próprio.

Como o grupo não conseguia chegar a uma conclusão, dissemos que eles tinham o direito de nos fazer um pedido. "Já que a gente não está conseguindo escolher com critério", eles disseram, "decidam por nós." Infelizmente, esse tipo de atitude é muito comum. As pessoas colocam seu futuro na mão dos outros, que nem sempre agem com interesse genuíno. Já satisfeitos com o processo, os diretores e eu escolhemos, claro, entre os candidatos que não estavam fazendo "panela". Do grupo de 35, selecionamos apenas nove pessoas. Por quê? Porque, de acordo com <u>nossos</u> três critérios, já havíamos escolhido outros dezessete candidatos: aqueles cinco primeiros que fizeram questão de fazer valer os critérios definidos em conjunto e preferiram ir embora; aqueles dois que se arrependeram abertamente por ter desconsiderado esses mesmos critérios de início; e ainda aqueles dez que, em vez de reclamar, apresentaram uma nova proposta — mesmo que inexequível. Todos somados, tínhamos certeza de estar diante de 26 estagiários excelentes. Embora todos os cinquenta finalistas fossem bons, aqueles eram os melhores para nós. Durante a dinâmica realizada numa tarde, conseguimos identificar no grupo aquelas pessoas que não falam de valores só da boca para fora. São capazes de definir e exercitar critérios, transformando esses valores em prática diária, e têm a coragem de assumir riscos individuais em favor do propósito em que mais ACREDITAM: o bem comum. Para mim, foi especial, mesmo que muitos tenham achado caórdico demais. Eu prefiro conhecer de verdade as pessoas que vamos ter conosco e apostar nelas.

Para mim, a melhor prova de que todos se beneficiam com isso é a seguinte: dois anos depois, a maioria daqueles estagiários já está efetivada. Eles prestam serviço de alta qualidade aos clientes e contribuem para que todos ganhem mais — a empresa ganha e eles também. Vivenciam a FG, ACREDITAM, PRATICAM, MELHORAM e COMPARTILHAM como poucos. Mas ainda existe um ponto fundamental nessa dinâmica que quero destacar: você percebeu como nós, os líderes do processo, fomos persistentes e coerentes com <u>nossos</u> critérios? A seleção dos 26 estagiários foi baseada exclusivamente na capacidade de ACREDITAR, na abertura para MUDAR e na boa índole dos candidatos. Não importa as circunstâncias, a coerência com os próprios critérios é o que faz a diferença, mesmo que não seja fácil e que até tenhamos tido pena deles. O futuro deles e da empresa foi mais importante para nós. Todos os que quiseram receberam bons feedbacks.

Como chegar ao que é melhor para todos

Com base nesses critérios, como é que os valores saem daquele quadrinho pendurado na parede e viram realidade na empresa? Mantendo o foco em RH, a primeira transformação ocorre no programa de treinamento. Por exemplo, o comprador júnior deixa de ser treinado para ser comprador pleno e depois sênior. O planejamento de carreira deixa de ser necessariamente vertical. Abre-se, assim, a possibilidade de desenvolvimento diagonal. Na FG, o colaborador é treinado para se tornar aquilo que sonha. Como todos os cargos e seus pré-requisitos são divulgados pública e permanentemente, ele tem a possibilidade real de se capacitar para realizar seu sonho. Primeiro, ouvimos o que a pessoa QUER. Em seguida, verificamos do que a empresa PRECISA. Cruzando essas duas informações, chegamos a algumas variáveis benéficas para as duas partes.

Na primeira hipótese, há o maior grau possível de convergência de propósitos: a pessoa QUER, a empresa PRECISA e não existe fila de sucessão para aquela posição. Ótimo, a convergência pode viabilizar, por exemplo, que um comprador júnior seja treinado para se tornar um analista na área tributária — um setor que dificilmente atrai muita gente. Nesse caso, a vontade da pessoa basta para que seja realizado um investimento corporativo na sua capacitação técnica. Parto do princípio que, se a pessoa sonha e quer, vai ser o melhor analista tributário que teremos na empresa. É um treinamento com alto grau de acerto. Quando falta algum conhecimento técnico, a gente só complementa.

Na segunda hipótese, a pessoa pode sonhar em migrar do RH para o departamento jurídico. Como nessa área costuma ter uma pequena fila de sucessão, nosso critério é o seguinte: vamos mensurar o grau original de autonomia e protagonismo de cada candidato. O que cada um já fez para atingir seu sonho profissional? Concluiu a faculdade de direito? Passou na OAB? Se especializou? Tudo isso é registrado no diário de competências e serve para classificar cada colaborador de acordo com seu índice de autodesenvolvimento. Esse é o melhor indicador para medir o quanto a pessoa ACREDITA e é capaz de investir no próprio sonho. Quem fica em primeiro lugar nesse ranking tem prioridade nos investimentos em treinamentos complementares. Quando surge a vaga, todos que atendem aos pré-requisitos podem disputar a posição. Só que quem já demonstrou atitudes protagonistas mais consistentes conta com vantagem competitiva natural. Para nós que praticamos a FG, isso é apenas justiça e contrapartida.

Por fim, há uma terceira hipótese: para as vagas em áreas em que existe uma grande fila de sucessão, não há investimento em desenvolvimento, pela empresa porque já dispomos de bastante gente que atende os pré-requisitos. Larga na frente quem fica de olho nas exigências que são públicas e permanentemente atualizadas e vai atrás de preparo. De acordo com a FG, o desenvolvimento e a capacitação da pessoa não são um patrimônio corporativo, e sim um patrimônio individual. Na verdade, o patrimônio da empresa é a convergência entre o sonho das pessoas e as necessidades do negócio. É a coerência entre valores e critérios práticos que faz a pessoa ACREDITAR na possibilidade de se desenvolver e crescer dentro da empresa: ela pode até trocar de área, mas fica conosco. No final dos nossos processos seletivos, vence sempre o muito bem preparado — e o mais legal é que todo mundo concorda com o resultado. Quem não é selecionado, mas QUER muito uma vaga, recebe um bom feedback e sabe que terá mais chance de acertar na próxima.

Além disso, outro paradigma quebrado é o do "chefe" que quer reter pessoas, aquele que deseja manter a equipe debaixo da própria asa. Como teve a sorte de formar um bom time, precisa segurar firme as peças-chave que lhe dão sustentação. Falo em sorte porque "chefe" com esse perfil não ajuda no desenvolvimento de ninguém. Pelos nossos critérios, prestigiamos o líder que está atento às oportunidades de "exportar" e de "importar" talentos. Assim, não permitimos a criação de reservas de poder e fazemos a oxigenação interna. O recrutamento interno elimina a promoção direta pelo gosto do gestor apenas. Sabe aquele "chefe", que se recusa a compartilhar o que sabe? Esse é um cara que não consegue formar sucessores, porque não ACREDITA em si mesmo e tem medo de ser passado para trás.

Na FG, as pessoas criam coragem de se expor ao risco de ser enganadas, mas ninguém é passado para trás. Todo mundo aprende a compartilhar conhecimento sem medo. Esse é o melhor treinamento que pode ser oferecido pela empresa, com cada líder compartilhando o que sabe. O resultado é bom para todo mundo. A empresa deixa de investir no que chamo de "treinamento por osmose". São capacitações inúteis, feitas apenas porque estão previstas no plano de desenvolvimento de carreira vertical. Só servem para cumprir tabela e não perder a verba anual de treinamento. Com a FG, ninguém perde nada. A empresa faz um investimento mais certeiro em treinamento e passa a dispor de colaboradores capacitados a "fazer bem-feito" aquilo de que o negócio mais PRECISA e torna seu investimento mais eficiente em até 90%. Por sua vez, os colaboradores realizam o sonho de trabalhar naquilo que mais GOSTAM. Nessa convergência, é possível mensurar o resultado: apaixonadas pelo que fazem, as pessoas elevam a eficiência dos processos e a qualidade de produtos e serviços — ou seja, o lucro aumenta.

Outro ponto importante é que o processo de seleção seja imparcial, assegurando uma competição justa entre todos os candidatos — internos ou vindos do mercado. Não adianta nada dizer "aqui somos uma meritocracia", quando as contratações e promoções dependem do gosto do "chefe". Já ouviu alguém dizer no seu trabalho algo como: "Para as melhores vagas, quando o gestor não tem um amigo aqui dentro, o RH recruta alguém de fora"? Pela nossa filosofia, os valores e critérios têm que ser úteis e imparciais. Por isso, quando estiver numa entrevista de emprego, pergunte sobre os valores da empresa. Como se aplicam no dia a dia, isto é, quais os CVs da prática desses valores? Esses critérios são claros, transparentes, inclusivos e públicos? É assim que você percebe quando os valores são praticados de verdade e quando são apenas decorativos.

Para quem é líder e vai contratar alguém, recomendo observar a índole da pessoa. É a mesma dica que deixo para os recrutadores que entrevistam por competência. Pode ser uma ferramenta útil, importante e necessária, mas não basta. Inclua no processo de seleção a análise da prática de valores. Fuja dos discursos "enlatados", que procuram agradar o recrutador. Usando sua criatividade, você pode desenhar processos seletivos que levem em conta a índole dos candidatos.

Também estabelecemos um critério para evitar que a opinião do líder que vai contratar tenha um peso desproporcional na decisão final. Vamos supor que a vaga seja para gerente financeiro. O candidato passa por uma seleção 360°: é entrevistado pelo RH, pelo gestor, pelos integrantes da gerência financeira (futura equipe) e pelo comitê de pessoas (formado por líderes de diferentes áreas). Na hora de tomar a decisão, a opinião de todos tem o mesmo peso: 25%. O comitê tem poder de veto, caso algum dos critérios esteja sendo descumprido. A equipe pode discordar da escolha final, e nesse caso a pessoa já começa a trabalhar com um plano de ação a cumprir. O RH acompanha tudo de perto e o diário de competências do novo contratado é recheado de anotações referentes aos prós e contras apontados pela equipe. Superando os contras, ele continua na empresa e o time trabalha satisfeito. Caso contrário, será substituído. Justo, não acha?

Logo que alguém começa a trabalhar na empresa, o programa de integração já prevê um bate-papo comigo. Além de falar sobre a razão de ser e os valores praticados por nós, essa conversa também tem o objetivo de buscar a convergência de propósitos, mostrando que não somos uma empresa igual às outras. Procuramos construir um ambiente próspero e propício para que cada um possa ACREDITAR em si mesmo e assumir sua autonomia e seu protagonismo no dia a dia. Mas o diálogo franco e aberto não é privilégio dos novatos. Com frequência e transparência, líderes e colaboradores conversam para construir as convergências em que vão ACREDITAR juntos, levando em conta os sonhos e a índole das pessoas, bem como a razão de ser e as necessidades da empresa. Esse diálogo permanente é importantíssimo, mas é a coerência — firme e contínua — que pavimenta o caminho para a construção de relacionamentos de proximidade, credibilidade e confiança.

Feche os olhos por um minuto e pense nos efeitos orgânicos e naturais que a FG é capaz de trazer para sua vida, sua carreira e o equilíbrio entre ambas, ou ainda para sua empresa. O que seus clientes pensariam disso? Se tornariam mais fiéis? Poderiam manter sua reputação corporativa em alta? Como os acionistas reagiriam aos ganhos de eficiência e lucratividade? E os colaboradores? Sentindo os benefícios na própria vida, se engajariam mais ainda na razão de ser do negócio? Quando recolho fatos e dados concretos para avaliar os resultados da FG, vejo que as vantagens são tantas que chego a me lembrar da música "Caramba... Galileu da Galileia", que diz, "Se malandro soubesse como é bom ser honesto, seria honesto só por malandragem!".

Há mais de quinze anos, o Instituto Datafolha investiga a imagem que a população brasileira faz de si mesma: em 2017, 34% disse ter vergonha de ser brasileiro, e o total dos que ainda sentiam orgulho tendia a queda.* Eu, no entanto, cultivo a convicção de que nossa filosofia pode ajudar muita gente a ACREDITAR que é muito mais vantajoso trocar o tal "jeitinho brasileiro" pelo jogo de cintura. Podemos continuar a ser cordiais e alegres, mas fazer valer com toda a firmeza e coerência nossos valores e critérios — sem exceções para agradar amigos, parentes e afins. Eu acredito, a Thalita também. E você? Lendo *O fim do círculo vicioso*, você já começou esse processo. Conheço bem essa jornada e sei que romper o padrão não é fácil, mas é possível. Depois do primeiro passo, que é ACREDITAR, você deve PRATICAR. E como não retroceder? É sobre isso que vamos conversar no próximo capítulo.

TUTORIAL FG

Pontos-chave para agir para ACREDITAR:

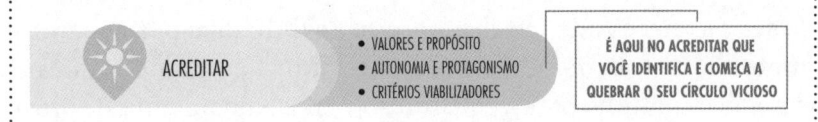

| ACREDITAR | • VALORES E PROPÓSITO
• AUTONOMIA E PROTAGONISMO
• CRITÉRIOS VIABILIZADORES | É AQUI NO ACREDITAR QUE VOCÊ IDENTIFICA E COMEÇA A QUEBRAR O SEU CÍRCULO VICIOSO |

- A dúvida mais comum entre as pessoas que querem adotar a FG é: "Por onde começo?". Minha resposta é sempre a mesma: "Você tem que QUERER e ACREDITAR no que QUER para sua vida ou sua empresa".

---

* Para saber mais, veja "34% dizem ter vergonha de ser brasileiros, segundo Datafolha", G1, 2 maio 2017. Disponível em: <g1.globo.com/politica/noticia/34-dizem-ter-vergonha-de-ser-brasileiros-segundo-datafolha.ghtml>. Acesso em: 14 maio 2017.

- Na nossa filosofia, ACREDITAR não tem nada a ver com fé religiosa. Recomendo que reze com toda a fé, como se só Deus pudesse ajudá-lo, mas entre em ação com toda a garra, como se só você pudesse solucionar seus problemas.
- Quando você ACREDITA, assume sua própria autonomia e protagoniza sua jornada na direção de uma vida melhor.
- O primeiro pilar — ACREDITAR — opera na dimensão do SER e da afetividade, por isso o primeiro passo é abrir um diálogo franco com quem tem interesse genuíno por você.

É com base no feedback delas que você identifica seus valores mais essenciais, de que tem maior convicção.

- Seus valores são o alicerce para construir seu propósito e alcançá-lo.
- Separe suas crenças positivas das negativas. As positivas podem gerar energia para ajudar você em sua caminhada, enquanto as negativas impedem que consiga alcançar seu propósito.
- Pela abordagem da psicologia positiva, você se apoia nas crenças positivas para viabilizar seu propósito.
- É a partir dos valores que você define seus critérios viabilizadores, que devem ser sempre claros, transparentes, inclusivos e públicos. Eles transformam seus valores em prática diária e dão FORMA à sua prática.
- Na aplicação dos critérios, não existe espaço para abrir exceções para ninguém.
- As pessoas devem ter coragem para fazer a coisa certa.
- Quando começar a ACREDITAR na possibilidade de transformar sua vida para melhor, mantenha-se atento a exemplos úteis, que são seu alimento mais nutritivo nessa fase. Sempre que vacilar, lembre-se de alguém que conseguiu melhorar.
- Quando todo mundo ao seu redor duvidar, ACREDITE ainda mais. Use sua autonomia e seu protagonismo para criar sua ilha da FG.
- A ilha da FG é um lugar paradisíaco, que vai acabar atraindo a convergência de propósitos tanto na vida profissional quanto em casa.

Nela, o objetivo não é o isolamento. A meta é atrair mais gente até conseguir formar um novo continente, onde todo mundo ACREDITA que é capaz de protagonizar a jornada para uma vida melhor.

- É a coerência de critérios na prática dos valores que torna possível ACREDITAR. Se você diz que tem um valor, mas seus critérios não o tornam uma prática diária na sua vida, ninguém acredita em você.
- A coerência corporativa entre valores e critérios é o que torna a RAZÃO DE SER da empresa mais do que um quadro bonitinho pendurado na parede.
- Coerência de critérios na prática de valores é tudo de que precisamos para ACREDITAR na empresa.
- Nas empresas, os critérios devem ser aplicados nos processos de recrutamento e seleção, na escolha de quem vai trabalhar com você e em tudo o que envolve pessoas.
- Além da entrevista por competência, inclua dinâmicas caórdicas para avaliar a índole dos candidatos no processo de seleção.
- Pela FG, boa índole é um diferencial competitivo decisivo, por ser um atributo intrínseco. É possível ensinar, treinar e capacitar a pessoa em tudo; na índole dá mais trabalho.
- A FG pode nos ajudar a trocar o tal "jeitinho brasileiro" pelo jogo de cintura, fazendo nossos valores e critérios valerem de uma maneira cordial e alegre.

RESPOSTA DO INBOX

Eduardo Camargo
Trabalho em uma empresa de pequeno porte, com estrutura familiar. Como lidar com as barreiras culturais e engajar departamentos pares desmotivados?

Gostaria de esclarecer primeiro que a FG pode ser implementada em qualquer negócio, de qualquer porte. Por isso, também se aplica às empresas familiares, que até acho que têm mais facilidade para mergulhar nela, visto que, em geral, o que leva o empreendedor a criar seu negócio é um propósito de vida. Se for possível reconhecer esse propósito numa nova convergência, a transformação pode caminhar de maneira muito mais rápida. De fato, existe por aí muita gente desmotivada, cujo comportamento se reflete negativamente em áreas, empresas, cidades e países inteiros. Por isso, é preciso ter a ousadia de fazer diferente. Usando as premissas e os pilares da FG, você cria sua primeira ilha. Outras áreas vão aderir ao processo, porque sentirão o impulso da sua iniciativa. Logo, logo, surgirá um arquipélago e um continente. É assim que se consegue reconectar os membros da família no propósito original do negócio e fazer a convergência de propósitos entre todas as partes interessadas. As áreas que não querem hoje vão pedir ajuda amanhã. Persistência na coerência que você chega lá.

Thamires Sipionato
Nosso maior desafio aqui na empresa é convencer a alta liderança de que a FG, além de sustentável, é lucrativa. Que estratégias sugere para mudar essa mentalidade?

Esse é um problema comum, principalmente nas empresas bem-sucedidas, que não querem mudar seu funcionamento. Infelizmente, prevalece a cultura de não mexer em time que está ganhando. Mas a pergunta que precisa ser feita é: por quanto tempo o time vai continuar a ganhar, se é que ainda ganha como antes? Se nada mudar, a exaustão se instala. Sabendo que existem caminhos alternativos que são descartados de antemão, os colaboradores se sentem frustrados. E quem perde com isso é o negócio como um todo. Para mim, a arrogância de não querer olhar para o que pode existir de bom lá fora é a principal causa da falta de oxigenação de um negócio, e o começo do fim.

Por isso, recomendo ousadia. É preciso dar exemplos reais e adotar iniciativas aparentemente comuns, mas que tragam em si a FG. O objetivo é fazer com que os primeiros resultados concretos consigam romper as barreiras e chamem a atenção daqueles que não querem ver a necessidade de mudança. Com esses dados e fatos iniciais, conquista-se o direito a fazer um teste. Ainda que seja um programa-piloto parcial e localizado, o importante é contar com o apoio da liderança. Com resultados ainda mais eloquentes, visto que a maioria das pessoas não suporta mais o modelo tradicional de gestão, as portas vão se abrir a novas possibilidades mais sustentáveis e lucrativas. Os gestores e líderes mais competentes acabarão por romper as certezas que vigoravam no círculo vicioso e verão que nada mais é que uma maneira de investir e acreditar na empresa em que se trabalha!

CAPÍTULO **4**

Como praticar a Filosofia de Gestão

FOCO NA FORMA E EM FAVOR DOS OUTROS

Você já conseguiu dar o primeiro passo no processo da Filosofia de Gestão (FG), que é ACREDITAR. A partir da dimensão afetiva, abriu um novo diálogo com o mundo e com as pessoas que têm interesse genuíno por você. Com base no feedback delas, confirmou seus valores mais profundos, já criou seu propósito e definiu os critérios viabilizadores (CVs) da sua caminhada. Merece os parabéns pela ousadia de QUERER e, principalmente, por ter decidido romper a couraça do círculo vicioso! Em geral, a sensação é de alívio. Parece que saiu um peso dos ombros. Até nosso caminhar fica mais leve e natural. É como se você estivesse em lua de mel com a vida. Cheio de energia positiva, você está pronto para dar o segundo passo da FG, que é PRATICAR. É como andar de bicicleta: se parar de pedalar, você vai perder o equilíbrio e cair. O medo ainda existe, mas você já o controla. Na prática da FG, é preciso se tornar mais efetivo, sem deixar para trás as conquistas da afetividade. Mas, por favor, não se cobre perfeição. Você deve seguir sempre em frente, e para isso tem que se permitir cometer erros e fazer ajustes. No processo, encontra a dose certa. A prática da FG é o que vai lhe dar musculatura e resistência para NUNCA desistir.

 Até aqui, é como se você tivesse construído o carro e definido o caminho que vai seguir. Só que, além da disposição para dar partida no motor, você tem que garantir a manutenção do carro. E, claro, saber dirigir muito bem: ou seja, tem que começar a se expor, sabe?

Essa é uma jornada que tem um ponto de partida — ACREDITAR —, e que vai se transformando na espiral infinita de benefícios mútuos da FG. É aqui que costuma surgir outra dúvida: "Onde encontro combustível para tudo isso?". Quando decidimos implementar a FG na nossa empresa, também houve essa ansiedade inicial. Como ela é muito diferente do modelo tradicional de gestão, ninguém sabia colocá-la em prática. O vício do "mais do mesmo" é poderoso, e a zona de conforto, muito atraente. Como é que se faz para efetivamente MUDAR, melhorar a vida das pessoas e transformar a empresa? A resposta não está nos treinamentos de liderança tradicionais, que são repetitivos e não ensinam ninguém a fazer nada MELHOR. Eles não atingem o alvo, não oferecem mudanças sustentáveis nem estimulam a convergência de propósitos.

Por vivências pessoais, que já contei no meu primeiro livro, sabia que chegaria a hora exata para fazer a reconexão mais profunda com nossos valores fundamentais. No entanto, nós, os líderes, antes tínhamos que exercitar juntos a FG. Para dar o primeiro passo e começar nossa transformação, em 2012 reuni líderes de todos os níveis para uma conversa. É claro que já havíamos falado muitas vezes sobre o assunto, mas agora era diferente, pois algumas ideias já estavam maduras. Abri o diálogo, perguntando a eles o seguinte: "Quem aqui quer passar a ser facilitador do sucesso dos outros e deixar de ser chefe? Quem quer aprender a ser um líder que COMPARTILHA tudo o que sabe e oferece seu MELHOR e deixar de mandar?".

Como essas perguntas quebram os paradigmas da gestão tradicional, avaliei as respostas de acordo com o que aprendi com Olga Curado, amiga e especialista de altíssimo nível em comunicação que criou um método de treinamento e desenvolvimento baseado na arte marcial do aikido. De acordo com ela, existem três tipos de reações típicas. Em geral, 25% das pessoas formam o grupo dos cachorrinhos, que respondem positivamente de imediato e querem fazer o melhor. No extremo oposto, há 25% de cobras, que sempre vão ser contra e nunca cederão. É da natureza dessas pessoas se retrair e, na primeira oportunidade, dar o bote, talvez por uma questão de sobrevivência. Os 50% restantes são os gatos escaldados. De início, têm certa dificuldade para confiar em alguém, mas depois se tornam dedicados e fiéis. Eles não perdem a capacidade de ACREDITAR nos outros — desde que sejam "encantados", com proximidade, credibilidade e confiança.

No processo de implementação da FG, os cachorrinhos receberam nossa proposta de braços abertos. Estavam cansados de viver presos nos limites da gestão tradicional. Além disso, nossa persistência na coerência fez todos os gatos aprenderem a "latir" e, felizmente, já temos até muitas cobras "raiando". É claro que entre as cobras existe sempre aquela pequena parcela de pessoas apegadas ao círculo vicioso. Elas julgam e condenam todos que ACREDITAM, puxando para baixo o astral da equipe. Também estão sempre de mau humor, reclamam muito e não apresentam proposta nenhuma. Na seção "Resposta do inbox" do cap. 1, expliquei como lidar com gente assim. Pela minha experiência, são realmente bem poucas. Mas, como líder, fique atento: infelizmente, sempre existirá gente assim, e você precisa lidar com isso.

O líder da nova liderança

Como resultado do diálogo aberto com o grupo de líderes, chegamos à conclusão de que, para ter "combustível" para PRATICAR, tínhamos que antes passar pelo que chamamos de "ciclo de humanização". Para ser sincero, o correto seria de "reumanização", afinal, o objetivo não é transformar um ET em ser humano, mas nos lembrar de que somos humanos e precisamos viver em conexão com nossos valores fundamentais. No ciclo de humanização, a regra é realizar um trabalho conjunto que beneficie os outros sem envolver nenhum patrocínio ou verba corporativa. O desafio não é criar um novo programa de responsabilidade social ou patrocinar uma ONG. As pessoas têm que pôr a mão na massa, usando apenas a soma dos próprios recursos intelectuais, como indivíduos e como um time. E foi assim que juntamos nossas competências, nossas habilidades e o dinheiro dos bingos e festas que organizamos para fazer uma reformulação completa de uma creche em Campos do Jordão. Com essa missão, nos reconectamos com o que é primordial na gestão: o outro e o todo devem importar mais do que eu. O mundo está cheio de gente que não perde a oportunidade de pisotear os outros; o egoísmo de pessoas assim torna a convivência terrível na vida pessoal e nas empresas. Com esse comportamento, se erguem barreiras e feudos. E, infelizmente, isso é tão comum quanto querer ganhar mais e mais. Por isso, tínhamos que abrir novas portas para chegar ao combustível e à energia para empreender nossa jornada. Com essa "tarefa" inusitada, nosso objetivo foi reacender em nós a chama do outro.

Nosso planejamento previa que todas as atividades fossem interdependentes. É claro que, no meio da reforma da creche, houve discussão, desunião, estresse, falta de dinheiro. Aí, percebemos que não estávamos preparados para cooperar, mesmo tendo um propósito comum. Apesar das dificuldades, cabeçadas e cotoveladas, aprendemos muito. Houve muito diálogo, franco, aberto e transparente. E, no final, conseguimos transformar em realidade o que, no início, ainda nos parecia uma utopia. Deixamos também boas sementes: os colaboradores da região de Campos do Jordão dão continuidade ao trabalho que os líderes iniciaram.* Entre 2012 e 2015, a partir desse exemplo mobilizador das lideranças, nossa equipe de colaboradores atuou como voluntária na reforma de mais de quarenta creches de diferentes cidades. Ou seja, a partir daquele nosso exemplo, eles aprenderam a se unir para beneficiar os outros no exercício de um propósito maior, que passou a ser de todos.

Em termos de treinamento de liderança, foi uma quebra radical de paradigma com efeitos colaterais incontrolavelmente positivos. Passando a régua no resultado da experiência, os líderes e eu queríamos mais daquela vivência de compartilhamento construtivo.**

---

* Dou um exemplo no cap. 8 de *Felicidade dá lucro*, p. 215, quando menciono que um colaborador vai às escolas públicas da região de Campos do Jordão — incluindo a creche — mostrar às crianças como usar a eletricidade com segurança.

** Em *Felicidade dá lucro*, afirmo que o compartilhamento construtivo "vai além do dinheiro, porque agrega valor recíproco" (p. 223).

E o valor agregado para a empresa também se materializou ao longo do mesmo período, com redução de custos operacionais e aumento da qualidade dos serviços, e sem investimentos adicionais.* Ou seja, parecia um milagre, mas não era. O que aconteceu foi bem mais mundano: um grupo de pessoas comuns decidiu por livre e espontânea vontade se ajudar. Houve apenas um estímulo inicial e em seguida um exemplo útil e replicável foi compartilhado com todos. Já pensou como isso se reflete na percepção dos clientes sobre nossos serviços? Quando as pessoas se ajudam porque QUEREM, não tem como dar errado, e a qualidade de tudo melhora.

Até pouco tempo atrás, eu diria que é incrível como esse tipo de treinamento funciona na prática e traz resultados mensuráveis para todas as partes interessadas. Mas, depois que conheci os estudos do neurocientista e professor Richard Davidson, sou mais assertivo nessa questão: o compartilhamento construtivo é a base das mentes saudáveis e cooperativas. Outro dia, voltando de uma viagem a trabalho à Espanha, li no jornal *La Vanguardia* uma entrevista com Davidson e fiquei entusiasmado: mais do que os fatos e dados empíricos que venho recolhendo ao longo desses últimos anos, ele tem provas científicas de que a bondade está na base de um cérebro saudável e de que é possível treinar essa capacidade nas pessoas. E Davidson não é daquele tipo de cientista que fica fechado em seu laboratório de pesquisa. Ele se comunica muito bem, divulgando pelo mundo como a cooperação é inata ao ser humano e pode ser trabalhada em qualquer idade.** Como membro do Conselho do Fórum Econômico Mundial de Davos, Richardson acredita que sua missão é convencer

---

*   Confira os números em *Felicidade dá lucro*: "em menos de dois anos (de 2012 a 2014), tivemos 22% de ganhos de eficiência nos custos operacionais (quase 100 milhões de reais), enquanto o indicador de qualidade dos nossos serviços melhorou mais de 15%" (p. 69).

** Richard Davidson é Ph.D. por Harvard, professor da Universidade de Wisconsin desde 1984 e fundador do Center of Healthy Minds, que pesquisa a ciência por trás do bem-estar humano. Sua entrevista de março de 2017 para o *La Vanguardia* está disponível em: <lavanguardia.com/lacontra/20170327/421220248157/la-base-de-un-cerebro-sano-es-la-bondad-y-se-puede-entrenar.html>. Acesso em: 17 jul. 2017.

os líderes globais a tornar mais acessível o que a ciência já sabe sobre o bem-estar humano. Talvez eu nunca conheça pessoalmente Davidson, mas sei que existe entre nós uma convergência direta de propósitos. Isso reabastece minha energia para seguir em frente, funcionando como uma injeção de persistência pura na veia!

Depois dos resultados obtidos com a primeira rodada do ciclo de humanização, os líderes decidiram tornar esse tipo de treinamento uma iniciativa anual. Já tínhamos apoiado o desenvolvimento de crianças carentes reformando creches. No ano seguinte, nosso alvo foi beneficiar crianças doentes. Como pai de três filhos pequenos, só de pensar em ver uma criança doente — de qualquer idade, conhecida ou não — já tenho vontade de chorar. Mas, como líder, aprender a lidar melhor com os sentimentos tinha tudo a ver e seria fundamental em nosso segundo ciclo de humanização. Fomos conversando sobre as possibilidades até que, um dia, vendo TV, conheci a Make a Wish, instituição global sem fins lucrativos que realizava sonhos de crianças doentes desde 1980 e que já estava atuando no Brasil. Mas nós não queríamos simplesmente patrociná-la, queríamos fazer uma revolução! Nossa proposta, então, foi criar em conjunto com a ONG um programa de treinamento de líderes para transformar a vida das pessoas. Primeiro, as crianças e, depois, aqueles que conhecessem a iniciativa.

Mas o que podíamos treinar na Make a Wish? Ora, a reconexão com nossos valores fundamentais. Para a FG, desenvolver líderes é torná-los capazes de ir além da dimensão da efetividade e atuar também com afetividade. É o equilíbrio entre essas duas dimensões que torna alguém um ser humano e um líder melhor, claro. E assim foi: em trinta dias, conseguimos realizar o sonho de 26 crianças. Para encantar as crianças e os pais, foi essencial o apoio que recebemos da dra. Sílvia Brandalise,* que nos abriu as portas do Centro Boldri-

---

* A dra. Sílvia Brandalise idealizou o Centro Boldrini, em Campinas, maior hospital da América Latina especializado em onco-hematologia pediátrica, à frente do qual ainda estava. Ela deu uma ótima entrevista para o *Jornal da Unicamp* em outubro de 2016, disponível em: <www.unicamp.br/unicamp/ju/671/trajetoria-de-silvia-brandalise-no-centro-infantil-boldrini-e-na-unicamp>. Acesso em: 24 maio 2017.

ni. Ela nos ensinou muito sobre doenças graves que afetam a saúde de milhares de crianças e daqueles que as amam. A equipe da Make a Wish Brasil nos ofereceu também seus conhecimentos, mostrando que podíamos encantar as pessoas vivendo situações de extrema dificuldade a ponto de fazê-las sonhar novamente. Foi um aprendizado e tanto para nós — especialmente a respeito de expectativas, frustrações e resiliência.

Nesse ciclo de humanização, o que vimos foi gente comum ajudando a transformar as crianças em protagonistas empoderados, capazes de enfrentar — e muitas vezes vencer — até mesmo uma doença grave. Eu poderia contar aqui muitas histórias que nos transformaram, mas tenho certeza de que minhas palavras seriam insuficientes. O melhor é assistir aos 24 vídeos que fizemos com a Make a Wish no YouTube.[*] São aquele tipo de exemplo útil de que já falei no cap. 3. Você é, sim, capaz de melhorar não só a sua vida, mas também a dos outros.

A ação com a Make a Wish foi em 2013, mas continua a dar frutos. Em uma das conversas filosóficas que costumo ter com Gabriela Gazola, CEO da Make a Wish Brasil, falamos justamente sobre essa evolução. Recentemente, lançamos um programa estruturado de desenvolvimento de líderes.[**] Ou seja, o que antes era uma ousadia inusitada dos adeptos da FG agora está recebendo a adesão de outras empresas, incluindo Althaia, Alupar, Aperam[***] e Pepsico. Mas, sinceramente, lendo essa reportagem fiquei ainda mais satisfeito por ver consultores, executivos e especialistas em gestão estratégica de pessoas afirmando que, para atuar como líder, o gestor deve desenvolver empatia, autenticidade, clareza de propósito, critérios e valores. Enfim, tudo aquilo que eu digo e faço há anos baseado na FG. Fiquei ainda mais satisfeito ao ler uma reportagem com um comentário de Roberto Aylmer, professor da Fundação Dom Cabral. De acordo com ele, "não adianta propor

---

[*] Disponíveis em: <youtube.com/watch?v=Dr164Grex_M&list=PLSA2mux9dwVd8A1IbdYmKAZkV4tTJud3e>.
[**] Katia Geiling, "O chefe humanizado", *Você RH*, abril/maio de 2017, pp. 48-50.
[***] Na Aperam South America, quero fazer uma referência especial ao diretor comercial Rodrigo Damasceno. Foi ele quem levou a proposta para a empresa depois de um treinamento que realizamos com a Make a Wish.

algo só para agradar as pessoas. Líder não tem que ser fofo. Tem que ser autêntico, confiável e presente". Isso não é construir relacionamentos com proximidade, credibilidade e confiança? Isso não é ter persistência na coerência na prática de valores? É sempre bom identificar mais pessoas que compartilham bons valores e critérios, porque assim renovamos nossas energias para seguir em frente.

Retornos tridimensionais da nova cultura

Em 2014, o ciclo de humanização promoveu a conexão entre a experiência de idosos moradores de asilos e a expectativa de crianças em abrigos. Tínhamos que impactar os dois lados: o das crianças sofridas e sem esperança e o dos idosos com suas lindas histórias de vida. Criamos o enredo e conectamos todo mundo. Cada idoso contou uma história legal da própria vida dele. A gente "encantava" o caso, transformando a pessoa em um super-herói ou, no mínimo, alguém com dons. Cada criança recebia uma história e ilustrava como quisesse. Assim, nascia um livro. O mais bacana foi reunir as crianças e os idosos num grande evento, juntando história e desenho, experiência e expectativa. Como esse era nosso terceiro ciclo de humanização, já tínhamos aprendido a desdobrar cada ação no máximo possível de efeitos positivos. Em cada casa de acolhimento, ouvimos antes as crianças para saber qual era o desejo delas. Com recursos que obtivemos de festinhas e "pizzadas", viabilizamos os pedidos. Mas fomos além, porque você já sabe que o compartilhamento construtivo é mais do que bens materiais e doação de dinheiro.

Esse ciclo de humanização incluiu especialmente um programa de tutoria das crianças, além de oferecer formação técnica aos adolescentes. De acordo com a FG, muitos colaboradores atuam também como educadores, compartilhando o conhecimento que já dominam. Então foi fácil encontrar voluntários para assumir a tutoria das crianças pequenas e, especialmente, dos adolescentes. Aqueles entre quinze e dezoito anos passaram a estudar com nossos educadores, aprendendo uma profissão. Quem se destaca nas aulas é contratado como jovem aprendiz. Como resultado desse programa, hoje temos mais de setenta adolescentes estudando e trabalhando. Passam o dia no trabalho e à noite voltam para o abrigo. Em vez de só contratar jovens aprendizes, as empresas que adotam esse projeto capacitam, contratam e acolhem os adolescentes, como se fossem sua família. Pergunte lá na empresa como reage cada área que recebe um deles: é lindo de ver como os colaboradores mais experientes se mobilizam para acolher, ensinar e viabilizar seu desenvolvimento.

E sabe o que é ainda mais legal? Contei sobre essa iniciativa para um grande CEO global, e ele imediatamente replicou a ação em todas as unidades da sua empresa.

Em 2015, adotamos uma iniciativa igualmente inclusiva e coparticipativa com foco no desenvolvimento de crianças deficientes. Assim, ano a ano, a cada ciclo de humanização, vamos construindo e consolidando a transformação da nossa cultura organizacional. Quando vemos o poder mobilizador de uma equipe em torno de uma causa, entendemos que é isso que transforma a empresa com RAZÃO DE SER em um negócio perpétuo, próspero e que viabiliza a prosperidade dos outros. Atualmente, além do ciclo de humanização anual, desenvolvemos um programa de inteligência emocional com o objetivo de abordar os subterfúgios e artifícios que vamos criando em nosso dia a dia e que podem fazer com que percamos o equilíbrio entre a afetividade (SER) e a efetividade (TER).

Especialistas garantem que são necessários dez anos para mudar a cultura de uma empresa. Eu afirmo e insisto, porque já vi acontecer várias vezes: quando a mudança da cultura é para MELHORAR a vida de todos, a transformação acontece rapidinho. Com persistência e coerência, a atuação efetiva e afetiva dos líderes dá o exemplo útil e mobilizador, que permeia transversalmente toda a companhia. Isso não é impor valores e propósitos; é PRATICAR critérios que viabilizam a geração de benefícios para todas as partes interessadas — para a vida dos colaboradores e das famílias, para a sociedade como um todo, para a empresa e para os acionistas. Geramos o movimento do bem, que promove a felicidade e oferece mais lucro para todos.

Falando em termos do tripé da sustentabilidade,* esse tipo de mudança cultural é o que alavanca os retornos do pilar social. Como mostra a Figura 4.1, a cultura organizacional, aprimorada pelas práticas da FG, torna tridimensional o compartilhamento construtivo:

DESENVOLVIMENTO DE LÍDERES

ATUAÇÃO EFETIVA + AFETIVA
(RE)CONEXÃO COM VALORES
CONVERGÊNCIA DE PROPÓSITOS
CRITÉRIOS VIABILIZADORES
COERÊNCIA E PERSISTÊNCIA

⇩

EXEMPLO DO LÍDER PERMEIA
TRANSVERSALMENTE E ATINGE
TODOS OS COLABORADORES
=
NOVA CULTURA

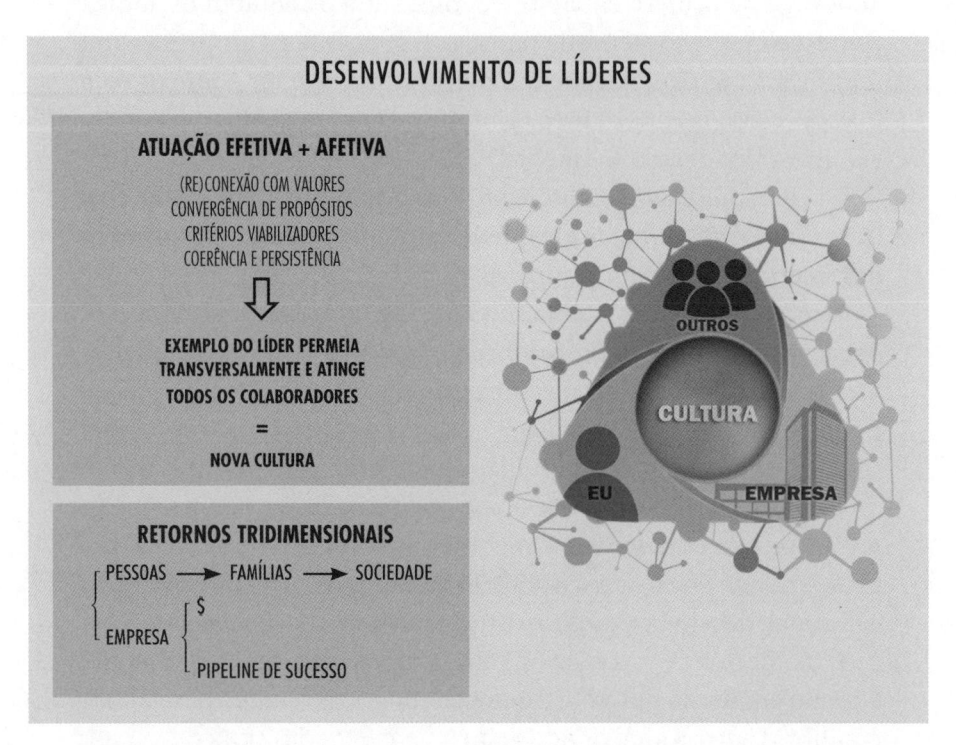

RETORNOS TRIDIMENSIONAIS
PESSOAS → FAMÍLIAS → SOCIEDADE
EMPRESA { $
PIPELINE DE SUCESSO

OUTROS
CULTURA
EU
EMPRESA

Figura 4.1: A mudança de cultura promovida pela FG traz retornos em três dimensões.

Comunicação: quente, fluente, frequente e transparente

É do ciclo de humanização que vem a energia inicial para você se colocar em movimento. Por isso, crie para si mesmo algumas ações que envolvam pouco — ou nenhum — recurso financeiro, mas que beneficiem os outros. Como consequência, estará proporcionando

---

* Criado em 1990 por John Elkington, um dos fundadores da ONG SustainAbility, o tripé da sustentabilidade envolve pessoas, planeta e lucro.

ao seu time e a si mesmo o melhor desenvolvimento que uma pessoa pode ter. E nada de ficar parado enquanto se abastece de energia positiva! Conforme você se reconecta com seus valores, é fundamental colocá-los em prática. Nessa fase, você também aproveita toda oportunidade de desenvolvimento e aprimora sua capacidade de comunicação: afinal, as pessoas precisam saber, visualizar seu exemplo e também renovar as energias para seguir adiante.

É preciso deixar claro que você não é mais uma pessoa presa ao círculo vicioso. Sua disposição é transformadora. Você pratica seus valores e propósitos, melhorando sua vida e a dos outros, com bons reflexos na empresa. É assim que busca e encontra a adesão de mais pessoas para formar sua primeira ilha da FG e, futuramente, um continente. A boa comunicação vai ajudar você a protagonizar os projetos que assume na própria vida e/ou no trabalho. No cap. 2, já falei que a comunicação é uma das ações básicas do pilar PRATICAR. Também já toquei no ponto sensível da timidez. É claro que nem todo mundo tem que ser um apresentador de televisão, capaz de segurar a atenção de centenas de pessoas com a maior facilidade e desenvoltura, como faz meu amigo Marcelo Tas. Além de ter talento e propósito, ele é um baita comunicador. Mas cada um tem seus talentos. Sua maior competência pode não ser falar em público, atrair e encantar multidões. Mas não se pode estar no extremo oposto. Sabe aquela pessoa que começa a tremer só de entrar na sala de reuniões?

Quando falo em desenvolvimento, não tem essa de "sou assim mesmo". Use todos os recursos disponíveis e todas as técnicas possíveis — da psicoterapia às aulas de teatro — para quebrar a inibição. O objetivo é ser capaz de expressar suas ideias de maneira organizada, compreensível e agradável. Não deixe que o coração saindo pela boca e as pernas tremendo prejudiquem a qualidade e a visibilidade do seu conteúdo e do potencial da sua contribuição profissional. Aposto que, ao longo da carreira, a superação do seu excesso de inibição só vai fazer você mais feliz! Porém, vale lembrar também que isso não é sinônimo de boa capacidade de comunicação: existem pessoas que exageram e se tornam chatas, porque não param de se exibir e falar de si mesmas, apesar do pouco conteúdo. Gente assim vai sempre com tudo sem pensar antes em mais nada. Cuidado, o equilíbrio é sempre o ideal!

Para as empresas, a capacidade de comunicação também é imprescindível. Nenhuma organização é tão forte ou tão poderosa a ponto de não precisar de uma estratégia e de canais de comunicação que viabilizem a livre expressão de seus diversos públicos — e eu, da minha parte, enfatizo que isso é especialmente verdadeiro em relação à comunicação com os colaboradores. Tenho me dedicado a estudar modelos de comunicação e isso, somado à minha experiência como líder, possibilita que destaque aqui algumas características que considero básicas no diálogo com os colaboradores — usando, sim, os canais virtuais, mas sem nunca abrir mão da conversa cara a cara. Nesse ponto, vale também destacar o seguinte: todas as observações que eu fizer a seguir sobre COMO deve ser o modelo de comunicação interna de uma empresa são válidas também para você — seja como líder de uma equipe ou da sua família.

O primeiro ponto é o conteúdo. É natural que, ao iniciar o processo de comunicação, as primeiras mensagens girem em torno de temas mais previsíveis, chatos e burocráticos. Não se preocupe, é só falta de prática! Conforme for ganhando musculatura, a comunicação fica mais <u>quente, fluente, frequente e transparente</u> — como deve ser mesmo. Em algumas situações, especialmente naquelas que parecem mais críticas aos olhos dos líderes da empresa, a tendência é ficar em silêncio e só depois, quando o problema já está resolvido, divulgar um posicionamento-padrão. Imagine-se no lugar de um colaborador da sua equipe e responda: a melhor hora da comunicação é antes, durante ou depois? Para mim, é agora, quando o conteúdo é <u>útil, necessário e de interesse imediato</u>. Para não errar, use o coração e fale a verdade, deixando que saibam que você é humano. Não seja ingênuo, seja justo.

Em relação à linguagem, a mensagem deve ser <u>clara e objetiva</u>. Sem subestimar a inteligência de ninguém, os conteúdos devem ser "traduzidos" para uma forma simples e coloquial, evitando as frases ambíguas. O objetivo é facilitar a compreensão e a assimilação pelo maior número possível de pessoas — sem gerar novas dúvidas, claro! Existem áreas corporativas — especialmente aquelas mais técnicas

— que insistem em usar na comunicação interna uma linguagem cheia de jargões e siglas que só os especialistas entendem. É papel do líder "traduzir" essa linguagem codificada. A linguagem também pode ser complexa, transformando cada ideia numa charada. Como diria a esfinge de Tebas, "Decifra-me ou te devoro!".

Além disso, os canais devem ser interativos, para evitar que as pessoas se sintam passivas. Sabe aqueles e-mails corporativos automáticos, que dizem no rodapé "não responda essa mensagem"? Pois é, por mais que seja comum, o conteúdo acaba se tornando frio, inútil e desinteressante. Os canais de comunicação interna não podem funcionar só quando a empresa quer falar. A comunicação tem que ter um fluxo de mão dupla. Muita gente tem vontade de contribuir, quer ser um interlocutor ativo. Todo mundo precisa se sentir ouvido, mesmo quando discorda de alguma coisa. Aliás, o respeito às opiniões é muito importante principalmente nesses casos. Outra sugestão especial para o líder é não se cercar apenas de pessoas que concordam com você. Procure ter por perto quem tem a coragem de se expor, mesmo correndo o risco de ser julgado. Ao lhe oferecer uma contribuição franca, com um interesse genuíno, a pessoa está revelando sua boa índole. A melhor comunicação é sempre bilateral: ou seja, acontece da empresa para os colaboradores e dos colaboradores para a empresa; do indivíduo para a família e da família para cada indivíduo; do marido para a esposa e da esposa para o marido. Na perspectiva da FG, chamo isso de "confiança". Aquela dica que já dei antes aos líderes vale também aqui: proximidade, credibilidade e confiança.

Para finalizar esse tópico, dou alguns exemplos — positivos e negativos — para que você e sua empresa atinjam o objetivo de realizar uma comunicação quente, fluente, frequente e transparente:

Comunicação quente: Deve ocorrer na hora em que as coisas estão acontecendo, e não quando tudo já está resolvido. Estou certo de que você não gosta de ler jornal velho, então, não perca o momento! Comunique-se enquanto o assunto ainda está quente. Alguém provavelmente vai alegar: "Como não sei o que dizer na hora, prefiro esperar para comunicar a coisa certa". E, diante de uma situação complexa, minha resposta sempre é: SIGA SEU CORAÇÃO. Sempre acreditarão em quem tem coragem e assume o risco. Basta você não trair sua confiança.

Comunicação fluente: Vamos supor que sua empresa se envolveu em uma operação internacional e um dos itens a cumprir era fazer a comunicação interna na hora certa. Então alguém vai lá e divulga a informação enquanto ainda está quente, mas usa termos que só o pessoal do financeiro vai entender. Os demais colaboradores podem até se esforçar e buscar o significado das palavras em sites especializados, mas pode acabar tirando conclusões erradas. É claro que essa não é uma comunicação fluente. Então, por favor, pare de usar palavras chiques: as pessoas precisam entender o que está sendo comunicado. Na comunicação quente e fluente, não há espaço para termos técnicos ou palavras em outras línguas. Você precisa garantir que seu interlocutor receba a informação. E mais um detalhe: o canal usado para comunicar precisa levar em conta os diferentes interlocutores. Por exemplo, para pessoas do seu time que não têm celular corporativo, envie a informação por aplicativos gratuitos de mensagens. Respeite cada um, o que inclui seus costumes, cultura e formação, sem subestimar ninguém.

Comunicação frequente: As pessoas ficam aflitas só de ouvir a famosa musiquinha do boletim de notícias urgentes da TV Globo, sabendo que, se a programação diária vai ser interrompida, é para anunciar uma tragédia. Para não assustar ninguém sempre que resolver falar, comunique-se com frequência! Com forma e conteúdo bem variados, não há problema de se expor um pouco mais. Agora você deve estar pensando: "Comunicando mais, corro mais risco de errar. Melhor ficar quieto". Pode até ser, mas não estou pedindo exageros. Comece comunicando aquilo que, no lugar do outro, você consideraria útil e necessário.

Comunicação transparente: Os pontos anteriores não valerão nada se você mentir, omitir ou maquiar qualquer conteúdo. Fale o que sente, mesmo que seja apenas a sua verdade. Não tenha medo. No mundo corporativo, provavelmente você vai ser julgado e condenado por ser assim. Mas, muito em breve, no novo mercado, você terá muito valor, já que não vai ser valorizado de imediato pela prática que é exigível.

Veja a crise ética que vivemos. Tantos corruptos e corruptores agindo livremente, encontrando saídas honrosas ou desonrosas, sempre à custa do resultado das empresas e das pessoas. Lembre que você é aquilo em que ACREDITA: seus valores e seu propósito. Isso se reflete em suas atitudes para a tão sonhada sustentabilidade do negócio com RAZÃO DE SER. Só faz sentido viver assim, na base da transparência.

Efetividade pede calma e persistência

Logo que se reconecta com seus valores e entra em movimento alinhado com seu propósito, você está sensibilizado para todos os fatores que têm o potencial de mudar vidas e o rumo dos negócios — para melhor! Essa energia é boa, mas tem limites. A implementação da FG e dos ciclos de humanização não acontece de um jeito linear, um sucesso com começo, meio e fim, tudo no lugar e na hora certa. Logo depois da lua de mel, é bem provável que você tenha uma espécie de depressão, uma sensação forte de ARREPENDIMENTO. Isso acontece com a maioria das pessoas que passam por uma mudança profunda e radical. O novo assusta, mas dali a pouco a gente reassume a autoconfiança e o protagonismo volta com força.

É claro que não acontece igual para todo mundo. Os altos e baixos têm intensidade e duração diferentes. Isso vale também para o processo de mudança do círculo vicioso para o ciclo virtuoso. Pode ser que uma hora você olhe em volta e sinta que está nadando contra a maré. Cansa! Está todo mundo lá no círculo vicioso fazendo mais do mesmo. Você chega até a sentir uma ponta de saudade da inércia: "Era tão bom quando eu passava o dia desentortando bananas. Não era protagonista de nada, mas tampouco era cobrado". Aí vem lá do fundo aquela sensação de arrependimento: "Por que fui ousar? Por que assumi o risco? Por que não faço como todo mundo?". Mas percebe que você está perdendo de vista o seu propósito? Nessa fase negativa, você DESacredita de que há luz no fim do túnel, já não consegue mais ver o fim desde o começo. Essa etapa é natural e deve ser vivenciada, então não entre naquela de fingir que não está sentindo nada. O que você não pode permitir é que essa sensação se perpetue e acabe em retrocesso. Essa é a hora exata de reencontrar a calma, controlar a ansiedade e acionar o mantra "persistência na coerência".

TODA MUDANÇA TEM ALTOS E BAIXOS

Não importa se estamos falando de mudanças individuais, de grupos ou corporativas. Em todo processo de mudança, especialmente naqueles mais profundos e transformadores, a gente passa por altos e baixos. E COMO a gente faz para superar essa fase negativa? Não gosto de dimensionar um futuro problema e não propor um caminho. Você tem que dominar a ansiedade, transformando-a em energia. É assim que alimenta a persistência na coerência. Fique firme na trajetória de mudança e não retroceda jamais.

"Como, Márcio?" Para mim, uma boa maneira de cultivar a calma e a persistência é tentar entender o que está acontecendo. Perguntei ao meu primo Diego Cavalli sobre processos de adaptação a mudanças e ele falou da curva de Oberg. Em 1954, o antropólogo Kalervo Oberg sistematizou a ideia de choque cultural, um conceito criado alguns anos antes pela também antropóloga Cora DuBois. Os dois se referem às dificuldades vividas por profissionais expatriados, em especial aqueles enviados para trabalhar em países com culturas bem diferentes da sua. Segundo Oberg, o expatriado parte de uma fase de lua de mel, passa pela depressão e por um período de adaptação e, finalmente, chega ao domínio da nova situação. Atualmente, há uma série de críticas e contribuições ao processo descrito por DuBois e Oberg: a principal delas é que as muitas variáveis individuais e externas ao processo de aculturação de uma pessoa a outro país não são as mesmas e as etapas de adaptação, portanto, não podem ser distribuídas com tanta rigidez ao longo do eixo do tempo. Hoje sabemos que o comportamento humano não é tão previsível: cada pessoa tem seu próprio ritmo e lida com circunstâncias diferentes.

Flexibilizando essa questão da ordem das etapas e da duração do processo como um todo — e até evitando JULGAR Kalervo, que ousou se expor —, a curva é uma boa inspiração. Com as devidas adaptações e flexibilizações, o certo é que, durante um profundo processo de mudança, como o da implementação da FG, todo mundo passa por uma etapa de "Será mesmo que quero isso?". Pode dar até um momento de ARREPENDIMENTO, como mostra a Figura 4.2:

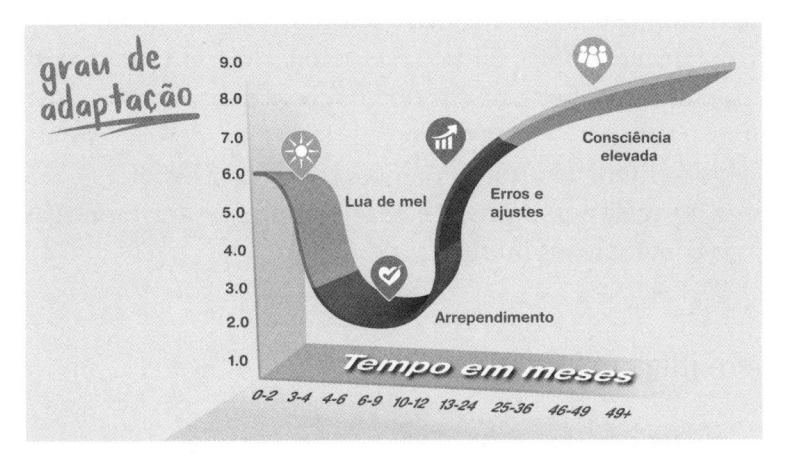

Figura 4.2: Curva de Oberg adaptada ao processo de mudança gerado pela implementação da FG.

Nessas mudanças transformadoras, porém, o mais importante é conseguir ACREDITAR que há luz no fim do túnel. Quando se começa a PRATICAR a FG, as circunstâncias, os outros e você mesmo vão colocar novos desafios à sua frente. Ninguém garante que não se vai cometer erros, ou que os novos obstáculos não serão grandiosos. Você pode viver seu momento de arrependimento, xingar e chorar, só não vale desistir. Se for em frente com persistência e toda coerência na prática de seus valores e critérios, vai conseguir fazer os ajustes necessários para dominar a situação, conquistando um patamar mais elevado de consciência. Esse processo todo pode acontecer a cada rodada do ciclo virtuoso. Mas isso já se refere aos pilares MELHORAR e COMPARTILHAR da FG, que vou detalhar nos próximos capítulos.

É bom já fazer um alerta: persistir não é simplesmente teimar. Não adianta fazer tudo igual e esperar um resultado diferente. A teimosia é destrutiva, enquanto a persistência é construtiva, porque nasce do seu propósito e dos seus valores. Para diferenciar as duas, sempre lembro o exemplo da pesquisadora francesa Marguerite Duvas. Em 1979, ela adotou um garoto brasileiro tido como "irrecuperável", que hoje é o pedagogo e contador de histórias, Roberto Carlos Ramos. Foi preciso muita persistência para que ela conseguisse conquistar sua confiança e seu amor. Aquele menino tão sofrido era um caso típico de gato escaldado. Hoje, em suas palestras motivacionais, Roberto Carlos Ramos conta que, por raiva e medo, foi muito agressivo e destrutivo, mas sua mãe adotiva sempre foi capaz de retribuir com amor. Vendo-o contar essa história, você tem certeza do que é persistência, e fica determinado a parar de gastar energia com teimosia inútil.*

Quem julga os outros sempre erra

As circunstâncias ao redor também podem trazer novos desafios. Você já está cheio de dúvidas e ainda tem que resistir, por exemplo, aos colegas que garantem que o ciclo virtuoso é tolice. "Está entregando seu melhor para a empresa, mas aposto que não vai ter nada em troca", eles dizem. Essas pessoas se atrevem a julgar você porque ainda estão presas no círculo vicioso. Também esteja preparado para os líderes mais céticos, que reforçam a resistência ou passam por recaídas. Aqueles mais impacientes já vão querer abortar os novos projetos, alegando: "Estou aqui para ter lucro, não para fazer gestão de abraçador de árvore!". É normal também que todos os gestores — até você! — passem por um momento: "Ai, que saudade que eu tenho de mandar!".

---

* Disponível em: <youtube.com/watch?v=lxQnFSgSnz8>. A história mencionada começa em 1h14.

PAPA FRANCISCO É POP!

Em *Felicidade dá lucro*, já falei da admiração que sinto pelo papa Francisco. E até agora ele não me decepcionou. Em um dos discursos que fez em sua visita ao Brasil em 2013, deu uma das melhores definições do que é o compartilhamento construtivo: "Somente quando se é capaz de compartilhar é que se enriquece de verdade; tudo aquilo que se compartilha se multiplica!".* Procuro estar sempre atento às pessoas que conseguem expressar com muita precisão aquilo em que mais ACREDITO, e o papa é uma delas.

No período em que estava escrevendo *O fim do círculo vicioso*, passei por uma livraria e deparei com um livro do papa cujo título ia direto ao ponto: *Quem sou eu para julgar?* — se ele tem a humildade de se fazer essa pergunta, devemos seguir seu exemplo, pensei de imediato, e comprei um exemplar. Eis o que o papa tem a dizer sobre nossa péssima mania de julgar os outros:

> a pessoa que julga, erra, confunde-se e torna-se derrotada. Quem julga erra sempre. [...] Na prática, acredita ter o poder de julgar tudo: as pessoas, a vida, tudo. E com a capacidade de julgar considera ter também a capacidade de condenar. [...] quem julga é um homem que confunde a realidade, é um iludido. Não somente isso: aquele que julga se torna um derrotado e só pode terminar mal. [...] Além do mais, quem julga sempre acusa. No julgamento contra os outros há sempre uma acusação. [...] É uma verdade boa de se recordar na vida de todos os dias, quando nos vem a vontade de julgar os outros, de falar mal dos outros, que é uma forma de julgar.**

---

* "Papa fala de corrupção e diz a jovens para 'não se acostumarem ao mal'", G1, 25 jul. 2013, disponível em: <g1.globo.com/jornada-mundial-da-juventude/2013/noticia/2013/07/papa-fala-de-corrupcao-e-diz-jovens-para-nao-se-acostumarem-ao-mal.html>. O artigo reproduz na íntegra o discurso feito pelo papa na comunidade de Varginha, no Rio de Janeiro.

** Papa Francisco, *Quem sou eu para julgar?* São Paulo: Leya, 2017, p. 87.

Uma nova estrutura evita retrocessos

Durante o processo de implementação da FG, o líder se torna o facilitador do desenvolvimento dos outros. Já falamos sobre isso: é o líder que promove a convergência de propósitos para favorecer a autonomia e o protagonismo de cada pessoa de sua equipe. Para isso, com o diálogo quente, fluente, frequente e transparente, construindo relações de proximidade, credibilidade e confiança, ele instala um processo decisório coparticipativo. A FG propõe a cada líder um estilo orgânico e integrado (Figura 4.3): pela convergência de propósitos, todos seguem na mesma direção. Mas, no meio do processo, não é raro que algum "chefe" sinta saudade do estilo "manda quem pode" (Figura 4.4): no trapézio da hierarquia, quem está por cima controla os outros.

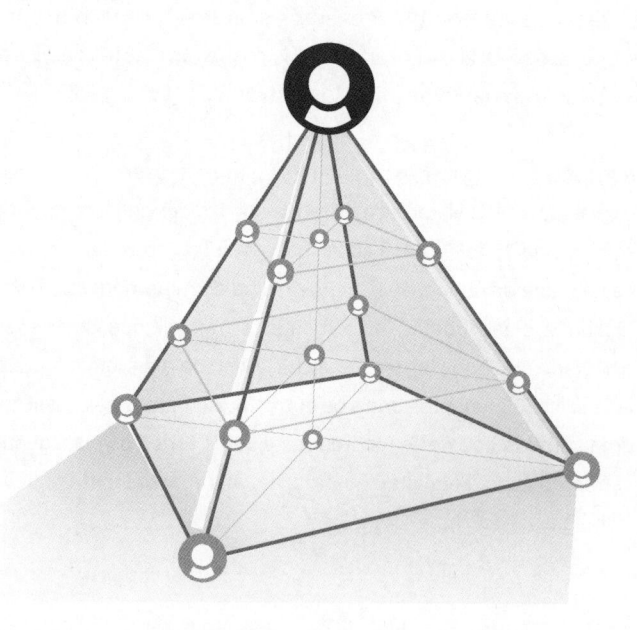

Figura 4.3: Na gestão tradicional, o chefe controla todo mundo.

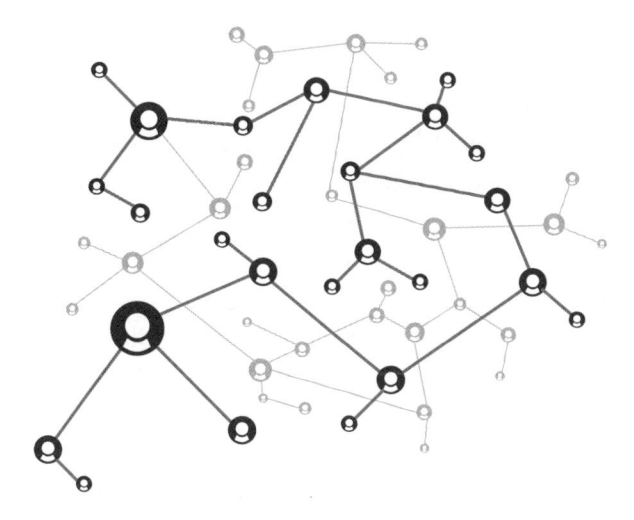

Figura 4.4: Na FG, o líder forma uma rede de colaboração e compartilhamento.

Você já compreendeu — e espero que tenha aceitado com alguma tranquilidade — que nenhuma transformação de cultura organizacional ocorre sem a superação contínua dos novos obstáculos que vão surgindo. Afinal, a empresa é dinâmica e muda organicamente. Além disso, os negócios e o cenário externo não vão ficar estáticos, só porque você quer começar sua ilha da FG. Para evitar retrocessos, você não pode ficar parado. Tem que manter o processo em movimento. Você quer fazer uma revolução, transformar a cultura organizacional para melhor. Então precisa planejar e organizar uma nova estrutura — a base para a mudança da cultura. Recomendo que ela seja pensada em três instâncias: pessoas, processos e governança.

Desenhe uma estrutura matricial para ser sobreposta à tradicional. Para apoiar as decisões e iniciativas, sugiro que sejam criados comitês nas áreas mais sensíveis, como clientes, negócios, pessoas, riscos e estratégia. São esses comitês que vão ajudar sua empresa a colocar em prática — em todos os processos e atividades — os critérios viabilizadores da RAZÃO DE SER do negócio. Para fazer parte deles, mais do que posição hierárquica, o colaborador tem que atender a três requisitos: ter competência reconhecida no assunto, possuir interesse genuíno e ser voluntário.*

De modo geral, a principal missão dos comitês é possibilitar que a contribuição de todos os colaboradores encontre um agente legítimo de absorção e siga um fluxo predeterminado para não se perder nos patamares da hierarquia tradicional. Sua função nessa governança é simples: incubar, processar e permear. Todas as opiniões e sugestões são ouvidas, consideradas e executadas — sempre que pertinentes e viáveis. O comitê atua com duas respostas básicas. Se a contribuição é aceita: "QUANDO será implementada?"; se a contribuição é recusada: "POR QUE NÃO foi aceita?". Nessa instância, portanto, o processo decisório deixa de ser de cima para baixo, ou seja, as decisões se tornam colegiadas e coparticipativas. No cap. 3, contei como o comitê de pessoas atua no processo de recrutamento e seleção, por exemplo. E, na instância dos processos, o comitê apoia a renovação e a inovação, abrindo-se à cooperação de quem tem nas mãos diariamente as atividades administrativas e produtivas. Na empresa ideal, todo processo tem prazo de validade de até dois anos. Isso não significa que estamos dispostos a reinventar a roda, ou que mudaríamos a fórmula secreta do refrigerante mais vendido do mundo. Mas temos convicção de que a cada dois anos, no máximo, é preciso renovar, atualizar e tornar mais eficientes os processos até dos melhores produtos e serviços do mundo.

Enquanto faço esse relato, pode ser que volte à sua mente aquela ideia de que a implementação da FG ocorre num mundo perfeito e previsível. Mas esteja pronto para insistir, persistir e ser coerente, porque muita gente vai resistir. Uma vez, convidei uma pessoa a deixar de ser "gerente" para se tornar facilitadora do desenvolvimento das pessoas, e obtive a seguinte resposta: "Mas, Márcio, estudei minha vida inteira para ser chefe. Quando consigo ser promovido, você inventa essa história de facilitador? Quero ser

---

* O funcionamento desses comitês têm alguma semelhança com os grupos e subgrupos da holacracia, um modelo de gestão sobre o qual vou falar no cap. 7.

gerente, não quero facilitar nada!". Logo depois da implantação do comitê de pessoas e do processo imparcial para o recrutamento interno ou externo, ouvi de um líder: "Estava melhor antes. Não posso nem decidir sozinho quem vai trabalhar na minha equipe. Agora tenho que seguir o modelo de recrutamento imparcial e a palavra final não é minha. Eu me tornei líder para poder mandar". Se você não estiver muito firme naquilo que ACREDITA e põe em PRÁTICA, é capaz de vacilar. Afinal, para que fazer diferente? Insisti, argumentei, expliquei tudo novamente, mas ele insistiu: "Não dá para MANDAR nem um pouquinho só?".

Quando for atacado por esses sentimentos de dúvida e arrependimento, analise outra vez o funcionamento da sua nova estrutura e mensure os resultados que já começam a ser colhidos com as práticas da FG. Avalie como as zonas de conforto e a falta de criatividade vão sendo pouco a pouco eliminadas. Logo você vai verificar que já não existem mais aqueles "chefes" e suas reservas de poder, feudos onde só entram "queridinhos" e de onde ninguém sai com competências aprimoradas. A nova estrutura, capaz de gerar e consolidar na empresa uma nova cultura organizacional, põe fim também aos conflitos de agência* — doença quase indetectável que corrói internamente as empresas e dilapida a lucratividade dos negócios, além da felicidade das pessoas. Eles acabam, porque passa a haver convergência de propósitos entre executivos, acionistas e todas as demais partes interessadas — todo mundo quer que aquele negócio, com aquela razão de ser e aquelas práticas, seja o mais próspero, sustentável e longevo possível.

---

* Segundo o *Glossário do Guia Prático de Governança Corporativa*, publicado em 2010 pelo International Finance Corporation (IFC), órgão ligado ao Banco Mundial, conflitos de agência são problemas que podem surgir quando o acionista contrata um agente (executivo) para agir em seu nome dando a ele poder de decisão. Para mim, o conflito de agência ocorre quando as pessoas se odeiam, se atrapalham e se prejudicam de forma velada, com imenso melindre e atitudes danosas a uma ou ambas as partes. Tudo isso ocorre na surdina e é um câncer na vida das pessoas e das empresas. E qual seria o remédio? Agir de acordo com nossos valores, propósito e critérios viabilizadores.

Quando coloca na balança e vê tudo isso se materializar na sua frente, você volta a ACREDITAR. E, quando se dá conta, já está outra vez cheio de energia, colocando em PRÁTICA a FG. E mais: nos resultados estão seus melhores argumentos para detonar a resistência dos mais céticos e reticentes. Insista, persista, seja coerente com seus valores e critérios. Essa é a atitude de quem consegue ver o fim desde o começo. A felicidade trazida por uma vida melhor para todos existe, então ACREDITE e PRATIQUE.

Equilíbrio é a base de tudo

Durante o processo de implementação da FG, existem alguns desafios que de fato são capazes de causar certo desequilíbrio. Para romper o círculo vicioso e entrar em movimento, além de enfrentar internamente os próprios obstáculos e circunstâncias, você tem que superar externamente a resistência dos outros. Faz parte. Mas cuidado: isso pode prejudicar seu equilíbrio. Há muita coisa por fazer, e você quer tirar o atraso. Fica tão empenhado em mudar que esquece suas prioridades, como você mesmo, sua família, o descanso necessário e até mesmo seu compromisso com as atividades profissionais mais cotidianas. Preste atenção para ver se reconhece alguns sinais. Está sedentário? Engordou? Não tem tempo para os filhos, amigos ou pais? Dorme mal e pouco? Está com a pressão alta? Chega sempre atrasado a reuniões? Esquece tarefas importantes? Se respondeu "sim" a apenas uma dessas perguntas, eu lhe faço outra: "Já viu alguém em desequilíbrio caminhar direito?".

Por isso, minha dica é procurar balancear a afetividade (interna) e a efetividade (externa). Ninguém é efetivo sem contar com a mesma dose de afeto. Na dimensão da efetividade e das competências lógico-racionais, é preciso TER foco em objetivos, disciplina, planejamento, acompanhamento e resultado. Já na dimensão da afetividade e das habilidades emocionais, você busca SER uma pessoa melhor. Cultiva pertencimento, reconhecimento, relacionamento, compromisso e convergência de propósitos baseada em valores (que, às vezes, chamo de "perseguir nossos sonhos"). Quando falo que na FG esse equilíbrio é fundamental e imprescindível, 99% das pessoas dizem: "Ah, Márcio, não dá tempo! O dia acaba e sobram coisas para fazer".

Como o dia só tem mesmo 24 horas e não adianta querer mais, somos nós que temos que fazer um esquema para não sacrificar nenhuma prioridade. Numa situação ideal, cada um deveria ter seis horas para a família, seis horas para o trabalho, seis horas para si e seis horas para DORMIR todos os dias. Já falei um pouco sobre a importância de dormir bem no cap. 2. A falta de sono joga no lixo todos os esforços que você tenta fazer durante o dia. Quando não dorme direito, você chega atrasado, está sempre cansado, não presta atenção nos outros, esquece coisas, repete tarefas, e por aí vai. Sua efetividade cai ao nível mais baixo possível. É um atraso de vida!

Sei bem que a conta de seis horas para cada prioridade é irreal e utópica. Apesar de médicos afirmarem que devemos dormir oito horas por noite, a carga de trabalho anda chegando a doze horas — ou até superando isso. O problema é que, quando finalmente consegue sair no horário, você se sente até culpado. É como se estivesse fazendo algo errado. Aqui cabe uma historinha. Já houve uma fase em que eu não conseguia sair no horário, mesmo quando tinha um compromisso familiar importante. Para me aliviar da culpa, juntava um maço de papel na mão e caminhava na direção da saída. Era para "dar pinta" de que estava saindo para uma reunião. Quando achava que ninguém mais estava me olhando, corria para o carro e "fugia" para casa. É mole? Então, quando você reclama, sei que não é à toa. Ir embora do trabalho no horário ou fazer menos horas extras do que o "chefe" ainda é um paradigma que temos que quebrar. Mas esse sacrifício diário não melhora em nada sua vida. Primeiro, porque a grana das horas extras logo se incorpora ao orçamento doméstico e aí você tem outro motivo para se obrigar a ficar mais no trabalho. Segundo, porque você perde para sempre o melhor da vida, que inclui os momentos com a família.

Outro dia, estava vendo a palestra do meu amigo Robert Wong,[*] que fez a seguinte pergunta: "O que é mais importante na sua vida?". Os que tinham filhos responderam o óbvio, mas ele retrucou: "Então por que vende tão barato seu tempo com eles?". Em tom de brincadeira, ele completou: "Já que não tem tempo de ver as crianças, venda uma para mim. Pago 100 milhões. Pode escolher qual". Todos ficaram pasmos, mas foram obrigados a refletir a respeito. O que realmente importa para você? O que está fazendo com seu tempo? E com seu equilíbrio? O dinheiro a mais que vai ganhar geralmente servirá apenas para pagar mais um conforto, enquanto o que seus filhos realmente querem é VOCÊ.

Bom, se é assim, então, vamos usar nossa competência lógico-racional para montar uma equação mais realista do nosso tempo. Refazendo aquelas contas do início dessa conversa, dá para chegar ao seguinte: você dorme no mínimo seis horas por noite, trabalha umas nove por dia e ainda vão lhe sobrar 4,5 horas para a família e 4,5 horas para você mesmo. Não é muito, mas dá para levar as crianças na escola pela manhã, jantar com elas à noite, colocar na cama e ainda vai restar um tempinho para dedicar à saúde e sair do sedentarismo, conversar com a esposa ou com o marido, sonhar e fazer planos. Ah, e se estiver solteiro, vai dar tempo até para arrumar alguém. É aqui que entra o segredo, que pode equilibrar melhor o jogo e fazer a utopia acontecer: em vez de pensar nas 24 horas de cada dia, você passa a raciocinar pelo total de horas de uma semana. E daí faz uma média mais equilibrada entre as quatro dimensões. Aos sábados e domingos, aproveita para ganhar créditos extras, passando mais tempo com a família e dedicando mais horas a você mesmo.

Vamos colocar essa nova equação do tempo em termos práticos. No total, uma semana tem 168 horas. Um possível equilíbrio seria:

---

[*] Robert Wong é CEO da sua própria consultoria e um dos mais destacados headhunters do mundo, por seu genuíno interesse nas pessoas e por seu talento de identificar qualificações às vezes desconhecidas até pelo próprio candidato.

- 9 horas por dia para o trabalho x 5 = 45 horas por semana
- 6 horas por dia para dormir x 7 = 42 horas por semana
- 4,5 horas por dia para a família x 5 + 10 horas por dia nos fins de semana = 42,5 horas
- 4,5 horas por dia para você mesmo x 5 + 8 horas por dia nos fins de semana = 38,5 horas

Total 168 horas

Seguindo nossa equação realista do tempo, um dia típico terá a seguinte distribuição de horas:

- **DORMIR:** 23h-5h = seis horas
- **VOCÊ:** 5h-6h30 = 1,5 hora para cuidar da sua saúde com exercícios
- **FAMÍLIA:** 6h30-8h = 1,5 hora para levar os filhos à escola
- **VOCÊ:** 8h-9h = uma hora para se deslocar até o trabalho (Divirta-se! Nessa hora, música é uma boa!)
- **TRABALHO:** 9h-18h = nove horas, sem horas extras
- **VOCÊ:** 18h-19h = uma hora para voltar para casa (Pode ouvir um podcast no fone de ouvido sobre algo legal!)
- **FAMÍLIA:** 19h-22h = três horas
- **VOCÊ(S):** 22h-23h = pode ser uma hora com o cônjuge

Pode ser necessário ajustar uma hora para mais ou para menos, mas aplicando essa equação básica você vai ter um esquema de "investimento de tempo" bem funcional e viável. Colocá-lo em prática é seu compromisso em favor do próprio equilíbrio: você aumenta sua efetividade, contando com a energia positiva gerada pela afetividade. É importante alinhar essa nova equação de equilíbrio num acordo bilateral com a família. Lá em casa, eu e minha esposa decidimos em comum acordo, por exemplo, que abrimos mão de parte do nosso tempo pessoal em favor da família. Só mantivemos o investimento mínimo de tempo necessário para os cuidados com nossa saúde e para estar os dois juntos. O resto é totalmente dedicado à convivência com os filhos, que são o que mais importa em nossas vidas, além de nosso amor um pelo outro.

Espero que essas palavras possam verdadeiramente ajudar você a PRATICAR tudo aquilo em que mais ACREDITA. Ao longo do percurso, sempre vai haver alguém para julgar. Sempre vão existir aquelas pessoas que querem puxá-lo de volta para o círculo vicioso. Nesses momentos, escute a sabedoria do seu propósito e dos seus valores fundamentais. Lembre todos os exemplos úteis sobre os quais conversamos e procure outros que possam reabastecer sua energia positiva. Não viva o dia simplesmente. Pense que a cada dia você está escrevendo a história da sua vida. O que quer deixar gravado lá? Insista e persista sempre! Se existe hoje algo em que eu ACREDITO é que a felicidade tem o poder de MELHORAR a vida de todos nós.

TUTORIAL FG

Pontos-chave para agir para PRATICAR:

PRATICAR
- MOVIMENTO E MUDANÇA
- AÇÃO E COMUNICAÇÃO
- EQUILÍBRIO E CONVERGÊNCIA

- Quando começa a PRATICAR seus valores e propósito, você entra em movimento para se tornar mais efetivo. Porém, não deixe para trás as conquistas da afetividade. O segredo está no equilíbrio.
- Depois de construir o carro e definir o caminho a seguir, você precisa encher o tanque de energia positiva, com o ciclo de humanização.
- Às vezes, em meio à rotina diária, esquecemos nossa dimensão humana. O ciclo de humanização (re)conecta o líder com seus valores mais fundamentais.
- Os treinamentos tradicionais de liderança são repetitivos e não rompem o vício de fazer mais do mesmo.
- Diante de uma proposta inusitada e inovadora, a primeira reação

da maioria das pessoas é a resistência. O líder precisa "encantá-las" usando proximidade, credibilidade e confiança.
- Mais do que "incríveis", os resultados das ações com interesse genuíno pelos outros podem ser mensurados. A neurociência já afirma que "a bondade está na base de um cérebro saudável e é possível treinar" essa capacidade nas pessoas.
- O ciclo de humanização torna os líderes um exemplo útil, que permeia a empresa inteira, motivando todos os colaboradores e até seus familiares. É isso que muda a cultura organizacional rapidamente, e os clientes percebem.
- Não adianta dizer "Isso é bom para os negócios", Vista a camisa!". As pessoas só aceitam a mudança quando é boa para elas. Então olhe para o todo e faça com que as pessoas também encontrem razão para QUERER.
- O compartilhamento construtivo é a alavanca transformadora da cultura organizacional e o que traz retornos tridimensionais (para você, para os outros e para a empresa). É a prática da convergência de propósitos.
- Não há pessoa ou empresa que possa ser próspera sem desenvolver suas competências de comunicação.
- A comunicação com os colaboradores precisa ser quente, fluente, frequente e transparente. Além disso, a comunicação justa é sempre bilateral, até com as opiniões divergentes.
- A melhor hora para se comunicar é <u>agora</u>, quando o conteúdo é útil, necessário e de interesse imediato.
- O conteúdo da comunicação interna precisa ser claro, objetivo, simples e confiável.
- Na comunicação, o equilíbrio é o ideal. Superar o excesso de inibição vai fazer você mais feliz. Por outro lado, o excesso de desinibição torna a pessoa chata quando ela não para de se exibir e falar de si mesma.
- A energia do ciclo de humanização é limitada. Você precisa buscar outras fontes de combustível para enfrentar os obstáculos e

resistências que surgem em todo processo de mudança. Atenção ao que é orgânico e faz você feliz.
- É provável que até mesmo você passe por uma etapa de arrependimento, no qual parece menos arriscado ficar dentro do círculo vicioso. Tome cuidado, recorde a curva de Oberg e não desanime.
- Para baixar a ansiedade e PERSISTIR na prática dos seus valores, dê uma olhada na adaptação que fiz da Curva de Oberg.
- Persistir é bem diferente de teimar. A persistência é construtiva, porque nasce do seu propósito e dos seus valores; já a teimosia, que envolve fazer tudo igual e esperar um resultado diferente, é destrutiva.
- Para evitar retrocessos no processo de mudança, crie uma estrutura matricial para sobrepor à estrutura tradicional da sua área ou empresa. É assim que você começa a formar sua ilha da FG.
- Forme comitês multidisciplinares em áreas essenciais, como governança, pessoas, negócios e estratégia. Para fazer parte deles, o colaborador tem que atender a três requisitos que independem de posição hierárquica: ter competência reconhecida no assunto, possuir interesse genuíno e ser voluntário.
- A principal missão dos comitês é possibilitar que a contribuição de todos os colaboradores encontre um canal de expressão e siga um fluxo predeterminado sem se perder nos patamares da hierarquia tradicional. Os comitês incubam e permeiam.
- Todas as opiniões e sugestões são ouvidas, consideradas e executadas, sempre que pertinentes e viáveis. Os comitês atuam com duas respostas básicas. Se a contribuição é aceita: "QUANDO será implementada?"; se a contribuição é recusada: "POR QUE NÃO foi aceita?".
- Com a atuação dos comitês, o processo decisório se torna colegiado e coparticipativo.
- É no comitê de estratégia, por exemplo, que a inovação, a criatividade e a renovação se instalam na empresa. Todo processo muda ou é atualizado no máximo a cada dois anos.

- Sempre que for atacado por sentimentos de dúvida e arrependimento, analise outra vez o funcionamento da sua nova estrutura. Mensure os resultados que já foram colhidos — eles são seus melhores argumentos para enfrentar a resistência dos mais céticos e reticentes.
- A prática da FG também envolve a busca do seu equilíbrio pessoal entre a afetividade e a efetividade.
- Acabe com a velha desculpa do "Não tenho tempo para isso!", usada por quem ainda está no círculo vicioso.
- Use sua competência lógico-racional para montar um esquema equilibrado, encontrando tempo para você, sua família e seu trabalho e para DORMIR bem. Já viu alguém com sono atrasado ser efetivo? Não dá.
- Monte um esquema para a prática do equilíbrio pessoal entre a efetividade e a afetividade.
- Quando alguém julgar você, não dê ouvidos. Escute a sabedoria dos seus valores e do seu propósito.
- Busque exemplos úteis para reabastecer sua energia positiva. Insista e persista sempre.

RESPOSTA DO INBOX

Andreia Pratali
Como podemos mudar a cultura da empresa na prática e começar a valorizar e acreditar no poder da gestão de pessoas e nas competências de liderança baseadas em valores, princípios e ética?

Recomendo começar pelo ciclo de humanização. É o que quebra os paradigmas mais tradicionais daqueles que se apegam ao estilo "manda quem pode e obedece quem tem juízo". Esse ciclo lembra o líder de sua humanidade, reconectando-o com seus valores mais fundamentais. Em seguida, é importante identificar o círculo vicioso que impera na gestão da empresa. Assim, os líderes podem se abrir ao novo e se tornar um exemplo útil para os demais colaboradores, mudando a cultura da empresa. A Figura 4.1 mostra como uma mudança na cultura organizacional gera benefícios tridimensionais — para você, para os outros e para a empresa. Dessa forma, é possível construir um caminho interessante aos olhos de todos, praticando a convergência de propósitos.

Maurício Tadayuki Sako
Li Felicidade dá lucro *e gostei muito da Filosofia de Gestão, porém, em minha opinião, não ficou muito claro como você enfrentou os desafios em relação à resistência a mudanças dos colaboradores desde os níveis mais baixos até os cargos de diretoria.*

Sempre que empreendemos uma mudança, surgem desconfianças. Antes de se engajar no processo, as pessoas medem, analisam, até criticam e, principalmente, julgam. É normal. Muitas delas, mesmo depois de já terem aderido ao novo processo, se arrependem. Às vezes, o modelo antigo é mais fácil, e, se traz sequelas, isso é problema da empresa, não dos colaboradores.

No nosso caso, também houve resistência em todos os níveis. Durante o processo de transformação da cultura organizacional, às vezes, o líder tem vontade de dizer: "Danem-se os outros! Quero voltar a mandar!". E os mais céticos, que querem resultados materiais imediatos, reclamam: "Não sou ONG, quero lucro já!". Diante desse tipo de resistência, é fundamental ter um plano baseado em três dimensões: pessoas, processos e governança. Conseguimos persistir mesmo nos momentos de arrependimento. E fomos coerentes em todas as medidas adotadas. As decisões se tornaram colegiadas e criamos uma estrutura matricial sobreposta à tradicional. Estimulamos a participação ampla e irrestrita de todos. Mesmo quando sentimos saudade do "mais do mesmo", resistimos, persistimos e, por fim, não nos arrependemos por nossas escolhas. O que nos levou ao atual patamar de desempenho foi o engajamento de todos. Quando cada pessoa conseguiu materializar aquilo que dizíamos e praticávamos com coerência e persistência, a participação se tornou geral e profunda.

Todo esse processo demora mais ou menos seis meses, um intervalo que eu chamo de "tempo da dúvida". Sem conseguir ainda ACREDITAR, as pessoas se perguntam: "O que será que eles querem de verdade?". Só depois, já fora do círculo vicioso, quando começam a viver o novo, com as inovações implantadas e as transformações visíveis, é que as pessoas abandonam a dúvida e ACREDITAM. Envolvendo também as famílias dos colaboradores, todos materializam a melhoria. Não adianta dizer que isso ou aquilo é bom para a empresa e que a pessoa tem que vestir a camisa. Tem que ser bom para ela. Quando fazemos isso acontecer e surgem os efeitos positivos para a vida dos próprios colaboradores, tudo muda — do cargo inicial ao mais alto posto. Digo para todo mundo: minha vida também mudou e continuará mudando, mas o que me dá energia é o fato de que outras vidas também se transformam para melhor no processo.

CAPÍTULO 5

Como melhorar e engajar pessoas
A ARTE DE FAZER QUERER

Você já avançou bastante: abriu um novo diálogo com a vida e com as pessoas na dimensão da afetividade; identifica seus valores e ACREDITA neles com mais naturalidade; apoiado em suas crenças positivas, renova o ânimo com seu próprio propósito de vida. Ou seja, já não precisa mais que alguém "iluminado" — e nem sempre bem-intencionado — fique lhe dando corda como um relógio. Além disso, saiu da inércia e entrou na dimensão da efetividade. Está em movimento e PRATICA seus critérios, usando sua competência lógico-racional para montar uma nova equação de gestão de tempo, reencontrando o equilíbrio entre você mesmo, família, trabalho e sono, que são as coisas mais importantes da vida. Já falamos também que toda mudança — mesmo que seja para MELHORAR — tem seus pontos altos e baixos. Por isso, lhe apresentei uma adaptação da curva de Oberg, mostrando que esses momentos de arrependimento são passageiros. É natural, faz parte. Mas essas emoções negativas têm que ser enfrentadas e superadas para que você possa seguir adiante.

Portanto, você já viveu sua lua de mel e ultrapassou o primeiro momento de desânimo gerado pelo processo de mudança. É agora que sua vida, como um todo, vai MELHORAR. E não estou falando de uma coisinha ou outra, não. É como um turbilhão positivo, em que parece que tudo começa a dar certo. Você já sente e colhe os resultados de todo o esforço que fez até aqui. Então é hora de fazer o quê? Relaxar e deitar sobre os louros das novas conquistas? Nada disso! É o momento de renovar os votos e confirmar seu compromisso com a mudança. Você precisa ter certeza de que é isso mesmo que QUER. Reavalie seus valores. Não, para mudá-los, mas para formar a convicção de que está em sintonia com eles. E seu propósito? Foi bem identificado? É para valer? É isso que você QUER para sua vida? Se suas respostas forem positivas, se abasteça com mais essa energia, levante a cabeça, respire fundo e prossiga. Agora é hora de ACREDITAR ainda mais nas suas escolhas e decisões. É assim que você transforma tudo isso em melhorias sustentáveis, que vão permear sua vida e a de todos aqueles que estão ao seu redor — seja em casa ou no trabalho.

Nas duas etapas anteriores — ACREDITAR e PRATICAR —, era como se você estivesse em um projeto-piloto. Era um teste para ver se a Filosofia de Gestão (FG) ia trazer bons resultados. Recém-chegado a essa terceira fase, qual é sua avaliação? Já passou da fase do "ver pra crer"? Consegue enxergar o fim? O caminho na direção de uma vida mais feliz e mais produtiva já lhe parece mais nítido? A inércia e o obstaculismo ficaram para trás? Analise a trajetória percorrida até aqui para entrar nessa nova etapa com força total, acreditando mais ainda em seus valores, seu propósito, suas crenças positivas e seus critérios viabilizadores (CVs). Você tem toda a convicção do que QUER e de onde QUER chegar? Adotou as práticas e agora já consegue começar a criar suas próprias ações para se abastecer de mais combustível? O objetivo é exatamente este: você começa a praticar a FG e depois passa a fazer aperfeiçoamentos até criar sua própria filosofia.

Como seu tutor, eu lhe faço uma pergunta: "De zero a dez, quanto posso ser realmente sincero e direto com você?". Até para me impressionar, a maioria costuma dizer dez, mesmo que não esteja tão certa disso. Mas tenho o interesse genuíno de colaborar, então serei totalmente franco ao convidar você a escrever uma nova história de vida. Já aviso, porém, que vai precisar de uma boa dose de desprendimento, porque não é só sua vida que vai mudar para melhor, mas também a dos outros, às vezes até mais. Topa?

Antes de seguir adiante, sugiro um pouco mais de reflexão. Ao receber esse convite, de zero a dez, quanto você pensou em si mesmo? E em outras pessoas? Claro, é fundamental que você consiga pensar em si mesmo. Tem gente que se torna vítima do desânimo e do círculo vicioso e, consciente ou inconscientemente, não consegue mais nem sonhar ou ACREDITAR na própria vontade. Por outro lado, existem pessoas que só pensam em si mesmas, acreditando que o problema dos outros jamais vai afetá-las. É importante ampliar o nível de consciência e encontrar o equilíbrio. E qual seria esse patamar ideal? Por exemplo, pensar em você mesmo um pouco abaixo de cinco e pensar nos outros um pouco acima de cinco. Um placar em quatro a seis, que tal?

Se esse resultado lhe pareceu adequado, você está pronto para entrar em um novo mundo, aquele em que as pessoas QUEREM, de verdade, escrever uma história de vida que seja um legado para a humanidade. Felizmente, observo que a capacidade das pessoas de pensar e agir em favor do todo aumenta gradativamente. Nossa sociedade está cada vez mais aberta à colaboração de quem consegue chegar a esse patamar ampliado de consciência. E, assim, possibilitar que cada vez mais gente tenha a oportunidade de se tornar mais feliz e produtiva. Pode ter certeza de que nesse novo mundo você não estará sozinho: certamente, vai contar com muitos aliados, incluindo eu.

Quando falta confiança, sobra controle

QUERER convictamente é uma ferramenta muito poderosa, mas, ainda assim, não é suficiente. É preciso criar um ambiente de confiança em que o anseio legítimo de cada pessoa possa se desenvolver e ser posto em prática. No seu dia a dia, você é o protagonista dessa transformação, dessa mudança de atitude diante da vida e da sua relação com os outros — família, amigos e colegas de trabalho. Você usa sua autonomia para mudar velhos hábitos e comportamentos e se livrar das crenças negativas. Baseado na sua capacidade de dialogar e se comunicar com proximidade e credibilidade, assume o papel de líder da construção de relacionamentos de confiança com o mundo ao seu redor. Esse é o alicerce da sua ilha da FG. E tem que continuar a ACREDITAR e PRATICAR com persistência na coerência até criar seu continente de excelência. Ou seja, entrar no ciclo virtuoso de infinitas melhorias recíprocas.

Já no ambiente corporativo atual, infelizmente, os relacionamentos de confiança, aqueles capazes de gerar uma cultura de credibilidade e benefícios recíprocos, ainda são exceção. O que existe são estruturas de comando, segregação e redundância de funções, além de mecanismos de controle e de controles para controlar os controles. Também são usadas consultorias para validar o controle e dividir o risco, usando suas grifes poderosas para oferecer uma rede de proteção corporativa. De cima para baixo, as empresas desejam, exigem e ordenam que as pessoas façam isso ou aquilo na hora ou no curto prazo. Quando aquilo que foi ordenado não é realizado, é realizado inadequadamente ou de forma a prejudicar a empresa, a "culpa" é sempre das pessoas. E o mais triste é que os colaboradores aceitam isso passivamente e, quando chegam à posição hierárquica na qual poderiam, enfim, iniciar algo novo, perpetuam o modelo. É preciso ter coragem e ousadia para ser o protagonista da mudança e cultivar um novo ciclo virtuoso, que poderia, sim, fazer maravilhas pelo todo. Mas, com o medo de consequência drásticas, nada muda.

Na visão dessa concepção arcaica de gestão, diante da primeira oportunidade, a tendência é enganar, mentir, vagabundear, agir sem ética, ou seja, é cada um por si e dane-se o todo. Afinal, em um ambiente onde ninguém confia e não deve mesmo confiar em ninguém, não restam muitas opções, não é mesmo? Portanto, é preciso comandar e controlar para prevenir os desvios de comportamento; e/ou é preciso controlar e comandar para evitar que sejam causados prejuízos aos negócios, aos clientes e aos acionistas — sem nenhuma intenção ou até mesmo por má-fé deliberada. É comum ouvir esse tipo de argumento para justificar as estruturas de comando e controle. Quanto mais ineficiência, escândalos, fraudes e prejuízos, mais se criam mecanismos onerosos para tentar mitigar os riscos ou reduzir as consequências negativas.* E é assim que se continua a seguir o mesmo raciocínio: especialistas ganham muito dinheiro inventando novos artifícios de comando e controle, apesar de o tradicional arsenal de gestão ser quase inútil na prevenção dos problemas organizacionais. Sobre esse ponto, Sandra Guerra, que foi presidente do Instituto Brasileiro de Governança Corporativa (IBGC), não poderia ser mais clara. Logo na introdução, ao comentar a falência da Companhia das Índias, ocorrida em 1799, ela aponta com todas as letras:

> nos séculos subsequentes, a história corporativa demonstrou que os instrumentos de governança, apesar de continuamente em evolução, não têm sido capazes de impedir os piores fracassos empresariais, sempre com desastrosos impactos sociais diretos e indiretos. Isso ocorre até hoje, na verdade, e o que se verifica é uma dinâmica cíclica: o avanço das melhores políticas e práticas é sucessivamente retroalimentado por crises e escândalos empresariais — falhando sempre, porém, no intuito da prevenção.**

Apesar de persistir na prática coerente dos meus valores, às vezes meu olhar fica um pouco mais cético. Parece até premeditado: a manutenção do tradicional modelo de gestão só serve para a proliferação de outros negócios, que criam e fomentam crises e guerras. Se não resgatarmos a essência dos nossos valores, as pessoas que con-

---

* É uma velha equação que se aplica também a outras áreas: quanto menos se investe em educação, por exemplo, mais se gasta construindo cadeias. Eu ACREDITO que a educação é o melhor caminho para a superação de crises, em especial nos países subdesenvolvidos.

** Sandra Guerra, *A caixa preta da governança: Para todos aqueles que precisam entender como o comportamento impacta as salas do conselho*. Rio de Janeiro: Best Business, 2016, p. 34. O livro usa uma abordagem comportamental na atuação dos conselheiros de administração e executivos das empresas, propondo o estabelecimento de relações de confiança legítima, em vez de compadrio.

vivem no mundo corporativo terão que voltar ao tempo das cavernas e lutar pela sobrevivência. Como disse Albert Einstein: "Não sei com quais armas vamos lutar a Terceira Guerra Mundial, mas a Quarta será com paus e pedras".* Eu, você e todos NÓS podemos evitar que, em vez de MELHORAR, a sociedade siga nessa rota de autodestruição.

Mas se as práticas de comando e controle, apesar de impor altos custos de tempo e dinheiro à sociedade, não são eficazes, qual seria a alternativa? Por tudo que tenho visto, vivido e estudado, a direção a seguir é a oposta. Em vez de comandar e controlar, as pessoas têm que QUERER fazer, entendendo o SENTIDO de sua atividade diária — seja estudar, trabalhar, participar e até mesmo brincar. Na FG, não abrimos mão dos nossos valores e propósitos, porque ACREDITAMOS que, quando valorizamos as pessoas e as tratamos com respeito, a tendência do ser humano é participar, colaborar, realizar, inovar, executar, ser efetivo, proativo e eficaz. Essa não é apenas minha opinião: tenho dados que comprovam a correlação direta e proporcional entre a valorização das pessoas e a elevação do nível de consciência, da vontade de COMPARTILHAR e do grau de eficiência dos negócios.**

Mais participação e apenas controles úteis

Gosto muito de observar a operação de um negócio. Outro dia, fiz um exercício muito interessante e revelador. A convite de um amigo executivo, fui visitar uma indústria de alimentos. Vou lhe contar tudo o que vi e ouvi ali, para que faça sua própria avaliação da situação. Logo que cheguei, esse meu amigo me disse: "Tenho uma linha de produção com milhares de pessoas, mas estou sempre com a sensação de que estou sendo enrolado. Não consigo ganhar a eficiência que sei que podemos ter aqui. As pessoas não fazem o que precisa ser feito, mesmo com processos claros. Invis-

---

* Alice Calaprice e Trevor Lipscombe, *Albert Einstein: A Biography*. Nova York: Greenwood, 2005, p. 124.
** No cap. 7, compartilho o índice de aderência à FG.

to em treinamento, capacitação e nada muda. Sempre que podem, me deixam na mão".

Achei que ele foi bem realista. É duro, mas, sinceramente, ele é só mais um que sofre do mal corporativo tradicional. Ele me levou para dar uma volta na produção e propus um exercício de observação de quinze minutos. Bem discretamente (ou o mais discretamente possível), virados para a direita, tentávamos observar uma pessoa à nossa esquerda. Anotamos nesse intervalo de tempo tudo o que fazia. Quando voltamos para a sala dele, perguntei:

"Esse processo produtivo que a gente observou está mapeado? Tem procedimentos?"

"Sim, claro!"

"Então, vamos ver o mapa do processo e comparar com o que foi observado."

Então tivemos o seguinte resultado: em 40% do tempo, a pessoa seguiu perfeitamente a rotina estabelecida; em 30% do tempo, fez algo fora do protocolo, mas que não era integralmente improdutivo; nos outros 30% do tempo, o que fez não tinha nada a ver com nada. Era melhor até ficar parada, pois, em alguns casos, gerou retrabalho. Meu amigo então concluiu:

"Então 30% do dia de trabalho dessa pessoa é ineficiente, improdutivo."

"Sim. Em 30% do tempo, ela não produz nada e ainda gera perdas. Sabe por quê? Porque ela não conhece a regra do jogo que joga todos os dias."

"Não, Márcio, ela conhece muito bem o jogo e as regras. Foi treinada, fez prova, tirou nota no treinamento para ser homologada e assinou um documento atestando que conhece muito bem seu trabalho."

"Você conhece a pessoa?"

"Não, mas o supervisor conhece."

Então pedi que chamasse o supervisor para que batêssemos um papo com ele. O cara nunca tinha entrado na sala da presidência, e estava tão nervoso que suava. Brinquei um pouco com ele para descontrair o ambiente e só chegar aonde queria.

"Você conhece essa pessoa da produção?"

"Claro. Ela é muito boa, comprometida e dedicada. É uma das melhores que temos."

"Ela pode estar determinada a prejudicar a empresa? Em 30% do tempo, não seguiu os procedimentos e gerou perdas."

"Nossa, de jeito nenhum! Para mim, é uma surpresa."

"Se a gente chamasse essa pessoa para conversar acha que ela morreria do coração?"

"Não, não. Eu explico antes. É só uma conversa informal, né?"

Dentro de uns minutos, chegou uma moça, com cara de quem ia perder o emprego. Me apresentei e fiz umas brincadeiras para ela relaxar. Até ousei dizer que seu cargo estava assegurado, pedindo que se acalmasse. Mas estava com uma dúvida e, como o supervisor dissera que ela era boa, pedira para conhecê-la para entender melhor a produção. Por fim, entrei no assunto:

"A gente deu uma olhada no seu trabalho. Você é muito boa, mas, às vezes, faz coisas que estão fora do procedimento, ou até o contrário do que ele pede. E com frequência fica só dando uma ajeitadinha nas caixas. Pode me explicar por quê?"

É claro que fiquei com dó dela, mas sabia que não perderia o emprego. Meu amigo e eu só estávamos querendo entender. Ela pensou um pouco. Até tentou dizer que não entendera a pergunta. Voltei a acalmá-la, falei um pouco de mim e então ela se soltou um pouco. Era até bem eloquente.

"Eu não ligo muito para os procedimentos. Foram os engenheiros que escreveram tudo aquilo e tem umas partes que nem entendo direito. Aquelas ajeitadinhas nas caixas são para fazer alguma coisa, porque tenho medo de que me vejam parada na linha de produção e eu perca o emprego. Na dúvida, confirmo duas, três vezes."

"Ah, entendi!"

"Eu vou ser prejudicada por estar falando isso aqui?"

"De jeito nenhum. Você está ajudando a empresa a melhorar. O que acha que a gente poderia fazer para ajudar?"

"Bom, a gente poderia participar um pouco mais, né? Sabe o que dá certo e o que dá errado, mas não pode falar nada. É melhor ficar quieta."

"Se a gente chamasse você para participar, daria sua opinião sobre o processo? Mesmo com um monte de engenheiros na sala?"

O olhar dela se iluminou.

"Nossa, com o maior prazer! Fazer o procedimento com os engenheiros ia ser bom demais. Sabe que já pensei em fazer engenharia?"

Agradeci muito a ela, e elogiamos sua atitude e sua CONFIANÇA. Assim que ela e o supervisor saíram, perguntei ao meu amigo:

"Por que as pessoas não participam da construção dos processos de sua própria área, onde trabalham todos os dias?"

"Porque estão aqui para executar, não para planejar e organizar o trabalho."

"Como é que você pretende conseguir que ela QUEIRA fazer um trabalho bem-feito e alinhado se nem entende o sentido do que faz? O que você prefere? Ceder um pouquinho do tempo dela, possibilitando que participe da criação dos procedimentos ou perder diariamente 30%, talvez até 60%, do tempo de trabalho dessa moça e de outras pessoas?"

"Se eu fizer isso, acho que vou perder mais ainda."

"Mas você já ESTÁ perdendo. Que tal pegar uma parte dessa perda e investir? Você vai MELHORAR a qualidade de vida dela ou, ao menos, a autoestima e o engajamento. Quando 'deixa' alguém opinar numa atividade que executa todos os dias, a pessoa pode agregar valor ao processo. É ela quem faz, e portanto tem mais condições de ajudar os engenheiros a transformar as ideias em melhorias de processo. No mínimo, o debate vai dar uma noção da opinião dos outros sobre o processo. Alguém vai propor uma solução viável. O que impede você de fazer isso?"

"Não sei. COMO é que eu posso fazer isso, Márcio?"

"Basta QUERER e se abrir à participação de todos. A colaboração vem espontaneamente. Daí, você só aplica o filtro para responder aos colaboradores. Se a proposta for exequível, você informa a partir de QUANDO começará a ser executada e valoriza quem ajudou. Se for inexequível, explica POR QUE NÃO vai ser aplicada. Só construindo relacionamentos com proximidade, credibilidade e confiança vai deixar de se sentir enrolado em sua própria empresa. Eu garanto."

Ao contrário do que podem alegar os mais céticos e conservadores, com as práticas da FG, a empresa não se torna ingênua. Tudo fica mais claro, produtivo e eficiente. Os lucros aumentam e as pessoas passam a se sentir mais produtivas e felizes. Apesar de continuar a contar com planejamento, estratégias, processos e metas, nossa proposta não é aquele velho modelo de gestão impositivo, autoritário e controlador. O que tentamos — e temos conseguido — é oferecer às pessoas um propósito para que trabalhem no dia a dia em convergência com a RAZÃO DE SER da empresa.

Abrimos espaço à participação de quem quiser colaborar e tiver o interesse genuíno de MELHORAR — a própria vida e a dos outros, a empresa e a sociedade como um todo. E todo mundo QUER isso. É esse QUERER espontâneo e natural dos colaboradores que move a inovação, os ganhos de eficiência e a lucratividade — e, claro, torna o negócio sustentável e longevo. Por isso, em vez de jogar dinheiro fora em estruturas de comando e controle, preferimos investir em instrumentos para monitorar a qualidade dos processos e dos produtos e serviços, e inovar sempre com a colaboração das pessoas. Na sua empresa, você prefere investir em melhorias para todos ou gastar com estruturas inchadas de comando e controle? Pense nisso. E busque novas práticas para estimular o protagonismo de seus colaboradores.

DIÁRIO DE COMPETÊNCIAS*

Em vários países, as organizações mais modernas já estão procurando desmontar o atual modelo de avaliação de desempenho (AD) 360°, que geralmente é realizada uma vez por ano com os colaboradores. Especialmente quando se fala de companhias globais com dezenas ou até centenas de milhares de pessoas, esse tipo de avaliação exige um grande ▶

---

* Há um vídeo meu sobre esse assunto disponível em: <youtube.com/watch?v=8ofpnUReFjM&feature=youtu.be>.

esforço de toda a equipe, que toma muito tempo e acaba se tornando bastante dispendioso. É um alto investimento de tempo e dinheiro para se chegar a resultados que considero no mínimo insatisfatórios. É uma pena, porém, que o motivo para desmontar a tradicional AD seja exclusivamente financeiro, sem que haja a preocupação de agregar uma proposta de valor para os colaboradores. No mundo que se apresenta para os próximos anos, as pessoas vão buscar mais do que nunca qualidade de vida, propósito, bem-estar para viver, trabalhar e fazer escolhas.

Pela minha experiência, como é feita atualmente, a AD é desmotivadora. Como as empresas em parte baseiam suas recompensas meritocráticas nesse processo anual, os colaboradores passam doze meses sonhando com uma boa notícia. No final da AD, tem aquele dia especial em que os líderes precisam dar um feedback para cada pessoa da equipe, e a maioria descobre que ficou abaixo das expectativas. Muitas vezes, até por algo que os especialistas chamam de curva forçada, ou seja, o resultado da AD deve apontar para apenas uma pequena porção de talentos inquestionáveis. Isso só serve para aquele tipo de gestor paternalista se desculpar: "Eu avaliei bem você, mas a curva do RH jogou você para baixo". E de quem é a responsabilidade? Da pessoa que teve um desempenho abaixo do esperado?

A reação é negativa. O colaborador culpa o líder que foi injusto, a empresa que inventou regras para não pagar bônus, a falta de um padrinho corporativo ou os muitos rótulos criados para evitar promoções. As pessoas usam muitas outras desculpas: o colega que é certinho demais, o amigo que nem deu uma forcinha, a eterna falta de reconhecimento de suas competências e seus talentos. "A culpa não é minha são os caras que não enxergam." No fim, o atual modelo de AD acaba reforçando o jogo e a pedagogia da chantagem: se você repetir de cor todas as regras corporativas, vai ser recompensado. E aí a pessoa fica só no da "boca para fora", acredita o ano inteiro que o Papai Noel vai ser legal com ela e depois se sente traída.

Existe ainda outro problema com esse tipo de AD: como é anual, quando a pessoa não tem um bom desempenho, passa os próximos doze meses carregando aquele rótulo. "Fulano não teve um bom desempenho", "Beltrano não é aquele que teve um mau desempenho?" ou "Depois daquele desempenho ruim, Sicrano ainda quer ser promovido?". E, se já não estava tendo uma boa performance, com o carimbo negativo na testa, a pessoa se sente ainda mais desmotivada. Desacreditada e insatisfeita, provavelmente seu próximo desempenho vai ser ainda pior. Além de tomar tempo e muito dinheiro, esse jogo reduz consideravelmente a autenticidade e a vontade real de ser protagonista. Dentro desse tipo de cultura organizacional, ficar na inércia pode até parecer um bom negócio.

Então quer dizer que a empresa gasta todo esse tempo e dinheiro na AD para ter efeitos colaterais contraproducentes? É como eu sempre digo: em vez de reclamar, faça uma proposta. Tenho posto em prática um novo modelo muito mais simples e que está mais alinhado com o que se vê hoje na vida das pessoas. É a verdade, todo dia, toda hora e on-line, o resgate do diálogo entre líder e colaborador com conteúdo real e prático. Essa tem sido uma ótima ferramenta para MELHORAR: o feedback fica mais transparente e consistente, o colaborador sabe como e por que se desenvolver, o relacionamento com o líder ganha muito em proximidade, credibilidade e confiança. E isso MELHORA tudo, porque é realmente um sistema de avaliação 360°. Essa ferramenta, que chamo de diário de competências, é bem mais simples do que as plataformas complexas e muito antiquadas das ADs anuais:

- Trata-se, basicamente, de uma planilha com o nome de cada colaborador e os demais dados sobre cargo e funções.
- Diariamente, todas as pessoas com quem o colaborador se relaciona podem entrar e registrar observações sobre seu desempenho: seja seu gestor, gestores de outras áreas, colegas, clientes ou fornecedores. É um sistema de avaliação 360° em 4-D.*
- O feedback pode ocorrer todo dia ou sempre que algum registro relevante der entrada na planilha ou na página do colaborador

---

* Se o seu pensamento lógico-racional ainda está apegado às três dimensões euclidianas, não deixe de ler a matéria "Quantas dimensões existem no universo?", *Superinteressante*, 31 maio 2007. Disponível em: </super.abril.com.br/tecnologia/quantas-dimensoes-existem-no-universo>. Acesso em: 15 abr. 2017.

(que, a propósito, é mantida e atualizada por ele, refletindo o melhor que quiser mostrar — ou seja, se algo for constrangê-lo, ele pode tratar como confidencial, e aí outras pessoas não veem no ambiente público, salvo seu gestor), o que o transforma num diálogo real, com argumentos ricos que acabaram de ser vivenciados ali na empresa por líder e colaborador.

- O gestor e o colaborador veem todos os registros lançados no sistema, e, se quiser, cada pessoa pode tornar sua planilha inteira ou parcialmente pública.
- Cada entrada no sistema tem um peso diferente, previamente definido na política de RH, de acordo com a posição ocupada por quem faz o registro. Além de equilibrar o peso das diferentes visões sobre a pessoa, essa ponderação evita favorecimentos.
- A planilha de cada colaborador tem duas linhas de limite horizontais e um gráfico atualizado diariamente, que oscila entre esses extremos. Quando o gráfico toca ou ultrapassa a linha limite inferior com frequência, está na hora de uma reciclada. Quando o gráfico toca ou ultrapassa a linha limite superior de forma persistente, aquela pessoa está pronta para o próximo passo.
- Como esse gráfico é atualizado todo dia, não tem o risco de gerar o rótulo anual de sucesso ou fracasso. Não é um lampejo que estraga ou salva o desempenho do colaborador. Fica registrada a consistência do desempenho de cada pessoa. O gráfico também pode ser alterado imediatamente com uma mudança de atitude, que vai gerar um desempenho mais positivo.
- Também é tirado um extrato mensal do gráfico de desempenho, registrando a qualidade e o conteúdo das competências de cada colaborador com as devidas pontuações.

É assim que uma ferramenta simples, amigável e interconectada viabiliza a construção do diálogo entre o líder e cada pessoa da equipe, fazendo com que o feedback volte a ser franco, frequente e com mais qualidade. E isso evita o tal "dia da AD". No diário de competências, fica registrada a fotografia atual do que cada pessoa é naquele exato momento, evidenciando seus esforços de melhoria. Todo mundo tem altos e baixos. Existem momentos em que a gente está com problemas na vida pessoal ou na família e é natural que o desempenho seja afetado negativamente. Mas são pontos eventuais de uma curva consistente. É melhor conversar e encontrar a solução para os problemas do que transformar isso em um rótulo negativo desmotivando o colaborador por doze meses. Na AD tradicional, a pessoa acaba ficando com raiva de todo mundo e até dela mesma — e a raiva não é boa conselheira. Por isso, se você tem na sua empresa esse modelo de avaliação anual tradicional, procure modernizá-la. E, se não tem, tente adotar uma ferramenta mais atual, mais real e mais conectada para incentivar o diálogo e revelar o que existe de melhor em cada pessoa da sua equipe. A memória curta ou o desinteresse de alguns não pode prejudicar o todo.

A prática do diário de competências tem muito mais detalhes. Eu a resumi aqui para estimular ideias e dar margem à sua própria criatividade. Não tenho a pretensão de lhe entregar nenhum pacote pronto. Afinal, o que mais espero é que este livro ajude você a usar seu próprio GPS — sem seguir ninguém sem pensar, nem a mim. Tenho um amigo que costuma dizer — e acho que ele tem toda razão —: "Pode ligar o GPS no carro, mas não desligue o próprio cérebro, porque até o sistema de navegação pode errar".

A arte de estimular o outro a melhorar

No processo do ciclo virtuoso, quando você entra pela primeira vez na etapa de MELHORAR, ainda está na dimensão do EU. É possível melhorar a própria vida usando apenas a sua autonomia. Até aqui, você só tem necessidade do seu compromisso pessoal com o próprio **engajamento**: consegue ter mais tempo para si mesmo, para sua família, dorme bem, reencontra o equilíbrio físico e mental e recupera a qualidade do desempenho no trabalho e/ou nos estudos. É um grande avanço, sem dúvida. Só que logo vai perceber que, para continuar a melhorar mais e sempre, vai precisar contar também com o engajamento de mais gente ao seu redor — na família, no trabalho e em todos ambientes em que convive. Nos capítulos anteriores, mencionei várias vezes a ideia de que quem caminha sozinho anda mais rápido, mas quem vai acompanhado chega mais longe. É nessa etapa do ciclo que você vai começar a sentir na própria pele como isso é verdadeiro. É a hora de entrar de novo em ação para convergir propósitos e ajudar os outros a também QUERER. Infelizmente, muita gente já se entregou ao desânimo e não acredita mais em nada ou ninguém.

Mais recentemente, entre as práticas da FG, tenho desenvolvido e colocado em ação o que passei a chamar de ARTE DE FAZER QUERER. Combinando as dimensões da afetividade e da efetividade, temos que mostrar à outra pessoa como e por que seu engajamento é fundamental para que as futuras melhorias também sejam usufruídas por ela. Ainda estou lapidando as práticas dessa arte de fazer o outro querer melhorar, mas descobri o seguinte: dá certo tanto com a moça da linha de produção da fábrica do meu amigo (de quem falei neste capítulo) como com as pessoas com quem vivemos e temos vínculos afetivos mais profundos.

A arte de fazer o outro QUERER pode ser a força motriz da mudança de cultura nas organizações. Tem o poder de transformar — sempre para melhor — o comportamento das pessoas: primeiro, individualmente, depois do grupo como um todo. Ver essas mudanças de comportamento acontecerem reforça minha convicção de que o interesse genuíno pode renovar a autoestima e fazer o outro reconquistar seu brilho pessoal — seja uma criança de oito anos aprendendo a multiplicar ou um adulto que já nem sabe por que o círculo vicioso da inércia atolou sua vida na negatividade e no pessimismo. A ARTE DE FAZER QUERER se aplica a qualquer pessoa, independentemente de idade e nível social: basta se abrir à participação do outro e demonstrar interesse genuíno, explicando COMO e POR QUE aquela atividade deve ser realizada ou a vida e a empresa podem ser reinventadas. Só é preciso ouvir e filtrar e aprimorar o processo. É assim que ocorre a recuperação do sentido no trabalho diário e até na própria vida.

PSICOLOGIA POSITIVA: MUDANÇA DE ATITUDE

Enquanto estava escrevendo este livro, Patrícia Santos, de São Paulo, me mandou a seguinte ideia:

> Trabalho em gestão de carreiras e percebo que muitas das mudanças mais positivas que as pessoas conseguem realizar estão ligadas à parte comportamental. Como considero que você se comunica com muita clareza, gostaria de sugerir que, em seu novo livro, você dê insights objetivos (e, se possível, em situações reais) de comportamentos capazes de gerar mudanças positivas.

Bom, já falei um pouco sobre psicologia positiva nos caps. 2 e 3, mas a sugestão me fez ver como essa abordagem pode ser um ponto de apoio poderoso para todas as pessoas que realmente querem MELHORAR a própria vida e a dos outros. Recentemente, li *Psicologia positiva: Uma abordagem científica e prática das qualidades humanas,* obra que me entusiasmou muito. Nela estão estruturadas cientificamente muitas das práticas propostas pela FG, que até agora só contava com base empírica. De acordo com o livro, essa é uma visão emergente, que começa a ser divulgada em todo o mundo. "A ciência e a prática da psicologia positiva estão direcionadas para a identificação e a compreensão das qualidades e virtudes humanas, bem como para o auxílio no sentido de que as pessoas tenham vidas mais felizes e mais produtivas."* Sem deixar de enfrentar os defeitos e os problemas com o apoio da psicologia tradicional, o foco da psicologia positiva é trabalhar as qualidades das pessoas. Já aviso que se trata de um livrão com mais de quinhentas páginas, mas garanto que a leitura é fácil e agradável — e, sobretudo, útil — para quem já QUER e ACREDITA que MELHORAR é possível. Depois de apresentar com clareza os princípios da psicologia positiva, os autores mostram como colocá-la em prática

▶

---
* *Psicologia positiva*, p. 19.

no dia a dia da vida. Há capítulos dedicados a situações vividas individualmente, em família, nos estudos, no emprego e em vários outros ambientes. Além disso, a obra traz também muitos experimentos pessoais para o leitor praticar as ideias logo depois de compreender cada conceito. Segundo os autores, somos capazes de aprender a ser mais otimista para explorar melhor toda "a potência e as potencialidades das emoções positivas",* em vez de se fixar nas negativas, que é nossa tendência mais forte e mais comum.

Entre os muitos relatos de casos apresentados, está o de uma pessoa que chegou ao consultório afirmando: "Quero fazer com que as coisas ruins parem de acontecer, mas não só isso. Quero mais coisas boas!". A intervenção da psicologia positiva baseou-se em dois fundamentos: a <u>prevenção</u> das coisas ruins e redução de seus efeitos negativos e a <u>potencialização</u> das coisas boas e seus efeitos positivos. Ou seja, "parar o que é ruim antes que aconteça", "consertar o problema" já existente e usar tudo o que é positivo para "tornar a vida boa", depois fazer da vida o melhor possível".** Pondo em prática a estratégia da psicologia positiva, essa pessoa MUDOU DE ATITUDE diante da vida. Conseguiu substituir as ações e os pensamentos negativos pelos positivos. Aprendeu a ser mais otimista e passou a vivenciar experiências mais positivas. Nas palavras usadas na FG, entrou no ciclo virtuoso, que é infinito e distribui benefícios mútuos.

São justamente nossas experiências positivas que funcionam como ponto de apoio para aumentar as chances de conseguir conquistar as três coisas que a psicologia positiva considera as mais importantes da vida: a busca de um propósito, a conexão com os outros e a percepção de que a vida pode nos dar prazer e satisfação. É exatamente nisso que ACREDITO e o que PRATICO: as vivências positivas MELHORAM a vida da pessoa e, por isso mesmo, devem ser COMPARTILHADAS para melhorar a vida DOS OUTROS. É essa conexão que nos faz mais produtivos e felizes.

---

* *Psicologia positiva*, p. 125.
** Id., p. 312.

Como fazer o outro querer sempre

"Mas, Márcio, é tudo fogo de palha. De início, a pessoa se entusiasma e logo volta ao 'normal', ao que você chama de inércia ou círculo vicioso. Como fazer para que essas mudanças de atitude sejam duradouras ou até definitivas?" Escuto com muita frequência perguntas desse tipo. O que tenho observado, especialmente nas organizações mais sofisticadas e modernas, é a adoção de programas de empoderamento, que nada mais é do que um exercício de confiança, fazendo com que pessoas possam contar com todo o apoio para acreditar nelas mesmas para praticar coisas novas e assim possibilitar que o todo melhore. Só que a empresa oferece essa "capacitação" e não provê mais nada: o colaborador que se vire para identificar seus valores, propósito, crenças, critérios, práticas e esteja totalmente engajado nos objetivos e metas estratégicas da empresa. Falta foco na pavimentação do caminho. Em minha opinião, o mais grave é quando falta coerência entre os valores corporativos divulgados e aqueles que são realmente postos em prática no dia a dia. Como é que se pode conseguir o engajamento do colaborador nesse caso?

Já falei desse tipo de incoerência corporativa no cap. 2, mas vale mencionar outro exemplo, que, para mim, se tornou um ícone de iniciativa corporativa totalmente contrária ao engajamento: uma empresa global e muito conhecida decidiu que ia fazer um *assessment** de seus vice-presidentes (VPs) de RH em todos os países em que atua. O interessante foi que, depois, solicitaram a cada líder de RH que anunciasse no mercado a própria vaga. O objetivo era procurar o melhor profissional de RH em cada país, que pudesse suceder aquele VP.

A princípio, todo mundo achou que fosse piada. Os VPs não acreditavam que iam anunciar no mercado a própria posição. Mas a resposta da liderança global de RH veio rápida: "Queremos identificar os melhores profissionais de RH do seu país para comparar

---

* *Assessment* é a avaliação técnica e comportamental de um profissional para fazer uma análise específica de seus conhecimentos, habilidades e atitudes. É usado em processos seletivos, para identificar e/ou comparar todos os candidatos, por exemplo.

com você". E ainda havia outra exigência: o anúncio deveria incluir o nome da empresa. Imagine recrutar e selecionar alguém para ocupar sua própria vaga e acompanhar o processo ao vivo e em cores — com risco real de escolher seu substituto. É claro que os conhecidos desses executivos começaram a ligar e falar coisas do tipo: "Está tudo bem com você? Vi que sua posição está sendo anunciada". Não devia ser fácil explicar…

Por fim, em alguns países, como a empresa considerou que identificou um profissional de RH mais capacitado, demitiu mesmo o VP e contratou o candidato. Já nos países onde não foi identificado nenhum profissional "melhor", a empresa disse ao VP de RH: "Por enquanto fica você mesmo". *Por enquanto? Você mesmo?* Tudo isso aumentou ainda mais a insegurança dos VPs. Para mim, sinceramente, isso vai além de assédio moral. O resultado foi que todos os executivos — não somente os de RH — ficaram desestimulados. É nítida a inabilidade, a falta de noção na gestão de PESSOAS! Isso não é meritocracia levada ao extremo, é "estupidocracia" inadmissível.

Logo depois desse lamentável episódio, é óbvio e evidente que os executivos dessa empresa tomaram a iniciativa de ir ao mercado e procurar outro emprego, porque seu nível de engajamento foi a zero. Com certeza, o desrespeito se reverteu em perdas — de talento e de dinheiro — para a empresa. Mas sabe qual foi a próxima decisão da liderança global da empresa? Investir em uma campanha interna de motivação e engajamento. Juro que não é uma piada de mau gosto — ouvi o relato de pessoas da minha mais absoluta confiança.

Bom, esse é o maior exemplo que conheço até hoje de como fazer alguém NÃO QUERER. Nosso foco aqui, porém, é falar sobre o oposto. Costumo raciocinar da seguinte maneira: se na contabilidade existe o princípio da continuidade, que estipula que a empresa deve lucrar sempre, na FG existe o princípio da VONTADE humana. É preciso possibilitar a convergência entre o propósito de cada pessoa e a razão de ser da empresa, pavimentando o caminho de entrada no ciclo virtuoso. Para isso, é fundamental contar com o engajamento convicto de cada uma delas. Você deve estar se perguntando: "Como?". Então vamos lá.

Para conseguir engajamento, antes de mais nada, o trabalho diário precisa fazer SENTIDO. Caso contrário, ninguém QUER nada, muito menos para sempre. Se a empresa se mantém autoritária, arrogante e conta com técnicas e práticas ditatoriais e inflexíveis — fechadas à participação e à inovação —, o máximo que vai conseguir dos colaboradores é a submissão temporária. As pessoas obedecem por medo ou repetem as regras e valores como papagaios. Esse modelo de cultura corporativa faz com que se sintam robôs, e a melhor entrega possível serão produtos e serviços realizados por autômatos — sem alma, sem coração, sem brilho — com qualidade sofrível. Sabe aquele tipo que o cliente liga para a empresa e a resposta é: "Ah, isso não é comigo". Sabe por que não é com ele? Porque esse profissional não está nem aí. Quer que a empresa se exploda, porque o ambiente e a cultura não oferecem nada além do salário em dia — e, às vezes, treinamentos e capacitações estéreis, que não frutificam, não se revertem em SENTIDO. Ou você acha que o treinamento da moça da fábrica de alimentos sobre quem falei neste capítulo fez algum sentido para ela?

Pela perspectiva da FG, em primeiro lugar e acima de tudo, a empresa não pode prescindir das pessoas. É fundamental que se desenvolvam e participem <u>efetivamente</u> de tudo. De fato, o que a FG propõe é uma mudança profunda na cultura organizacional. E, pela nossa experiência, ela ocorre rapidamente, quando é oferecida aos colaboradores a oportunidade concreta e prática para que assumam sua autonomia e seu protagonismo no desempenho de suas funções. É assim que se tornam capazes de construir sua própria plataforma de ação, sua própria filosofia de vida com base em seus valores, propósito e critérios viabilizadores. Isso é o que pavimenta o caminho para fazer a pessoa QUERER e exercer sua vontade diariamente. Ela passa a ACREDITAR, PRATICAR e MELHORAR. E esse ciclo virtuoso se mantém por tempo indeterminado, abastecendo-se na persistência na coerência dos valores, nas práticas e nos critérios corporativos. Sentindo-se valorizado e vivenciando os benefícios dessa cultura, a pessoa oferece espontaneamente seu melhor engajamento. Em vez da obediência por submissão ou medo, a empresa passará a contar com colaboradores que QUEREM se engajar, porque o trabalho ali faz todo o sentido. Esse é o único tipo de engajamento duradouro e sustentável, porque resulta da convergência de propósito de cada pessoa e na razão de ser do negócio. Isso é uma verdadeira gestão estratégica de pessoas.

Quando fiz minha especialização no Insead,* conheci o professor Ludo Van der Heyden, cujos estudos estão focados na gestão da operação dos negócios, especialmente na modelagem do que chama de "processo justo". Sua pesquisa demonstra que:

> as pessoas não se importam apenas com os resultados, mas também com os processos que os produzem. Para que um processo decisório seja percebido como justo, os afetados devem ter a oportunidade de oferecer inputs e influenciar a decisão. Além disso, o racional do processo decisório precisa ser transparente e claro.**

Van der Heyden costuma dizer que o mundo empresarial está repleto de exemplos de projetos incríveis, que mereceriam nota dez, mas fracassam porque o grau de engajamento das pessoas é muito baixo, no máximo nota três. Para avaliar o potencial de sucesso do projeto, é só multiplicar as duas notas, que se chega a trinta de cem. Quando a empresa implementa a FG, acontece bem diferente. Vamos supor que ninguém consiga estruturar projetos tão bons assim e que a nota merecida seja sete, mas o grau de engajamento dos colaboradores é dez. Nesse caso, o potencial de sucesso salta para setenta. Cada projeto é construído com a participação e a contribuição de todos os colaboradores, por isso o engajamento é total e a eficiência e o lucro se multiplicam natural e organicamente.

---

* Uma das maiores e mais reconhecidas escolas de administração no mundo, fundada na França e hoje com outros campi na Europa e na Ásia. Em 2016-7, o *Financial Times* classificou seu MBA como o melhor do mundo.

** Yaozhong Wu, Christoph H. Loch e Ludo Van der Heyden, "A Model of Fair Process and Its Limits", *Informs*, 4 jan. 2008. Disponível em: <kellogg.northwestern.edu/research/operations/papers/msom%20fair%20proc%20%20limits%20aia2008.pdf>. Acesso em: 6 jul. 2017.

Às vezes, a mudança depende de um quase

Quando aprendi a mudar continuamente para sempre melhorar mais, superando metas, admito que doeu um pouco. É que foi uma situação meio paradoxal. No dia em que recebi uma promoção, meu gestor me chamou na sala dele e disse:

"Você está sendo promovido, parabéns! Agora abra seu caderno e anote o que precisa mudar."

Ele foi me ditando o que tinha que mudar em mim, de A a Z. Senti até que forçou um pouco a barra para completar o alfabeto e poder dizer:

"Você precisa mudar de A a Z."

"Não entendi. Então por que está me promovendo? Um feedback desse dá mais pinta de demissão."

"Na nova função, preciso garantir que deixe sua zona de conforto para trás. Precisa entender que o que te trouxe até aqui não vai levar você adiante."

Fiquei triste para caramba. Fui para casa e, como sempre faz, minha esposa me deu um belo coaching. Ela explicou que aquela era uma boa oportunidade para eu não levar para a nova função nenhum vício do passado. Sem jogar fora meus conhecimentos anteriores, eu tinha que construir uma nova atitude diante do novo trabalho. Era preciso entender que a percepção daquela pessoa a meu respeito deveria ser levada em consideração, mesmo não concordando com tudo o que tinha dito. Com a nova compreensão do que havia acontecido, fiz uma lista de transformações necessárias e me organizei para MUDAR de forma efetiva. A partir dali, houve um grande desprendimento de vínculos, vícios e comportamentos anteriores. E realmente me tornei um líder melhor.

Hoje, sou grato àquele meu chefe, apesar de não acreditar que tivesse interesse genuíno em mim. Seu objetivo era só garantir êxito no novo cargo. Ele não queria que minhas atitudes antigas — que alguns dos seus pares não apreciavam muito — acabassem tendo um impacto negativo no meu desempenho. Ou seja, meu chefe só não queria ouvir de ninguém: "Viu? Você promoveu aquele cara e olha agora a bobagem que ele está fazendo". Só queria promover o cara certo. O interesse dele era genuíno apenas em relação a si mesmo. Só na dimensão do EU, sem focar no NÓS. Mesmo assim, sou grato a ele, porque consegui tirar daquela experiência um aprendizado incrível, que me ajudou independentemente da forma e das razões: MUDAR é sempre muito positivo!

Neste ponto, preciso lhe fazer uma pergunta direta: qual foi a última grande mudança que você fez em favor da sua própria vida? A maioria de nós resiste muito às mudanças — seja porque não ACREDITA que é possível MELHORAR ou porque acha que não se mexe em time que está ganhando. Essa é uma visão de curto prazo: o time pode estar ganhando hoje, mas, se não mudar, inovar, evoluir e melhorar, no futuro acaba perdendo. Pode apostar. Tem gente que ainda acredita que ficar preso à zona de conforto é ter uma vida mais estável e planejada. Esse apego à estabilidade é uma ilusão, uma crença negativa que só faz mal para você mesmo. E pior ainda: é só mais um dos disfarces daquela velha síndrome do obstaculismo, quando a pessoa cria empecilhos para inviabilizar as mudanças e prefere continuar na inércia.

Muita gente já sabe de tudo isso e não faz absolutamente nada. Por quê? Porque seu nível de consciência ainda não está maduro o suficiente para correr o risco de mudar. Com essa atitude tão reticente e negativa, o caminho da mudança só aparece se houver um QUASE[*] na vida da pessoa. Há muitas situações em que isso fica evidente. Por exemplo, quando aquela pessoa sabe que tem um problema sério de coração, mas não resiste e continua comendo a gordura da carne. Até que enfarta, vai parar no hospital e precisa fazer uma ponte safena. QUASE morreu!

Ou o cara é um sacana. Sempre que viaja a trabalho, procura todo tipo de distração ofensiva ao amor que sente pela própria família. Um dia, a esposa descobre, pega os filhos e sai de casa. Mas, como ainda ama o marido, depois de muita lágrima e insistência,

---

[*] (Re)Leia a seção "Melhor do que 'quase' é 'quando'" em *Felicidade dá lucro*, pp. 57-61.

resolve dar uma nova chance a ele. O cara QUASE perdeu os melhores afetos da vida dele!

E tem também outro caso típico: quando a pessoa acha que a empresa é uma droga, passa o dia falando mal de tudo, odeia trabalhar ali, então um dia o chefe a chama para uma conversinha e ela QUASE perde o emprego e só aí repensa sua atitude.

Pelo que observo, infelizmente, o QUASE é o principal estímulo de mudança para a maioria das pessoas. Ele funciona como um gatilho. É o empurrão que falta para se colocar em ação e MUDAR. A pessoa continua apegada ao círculo vicioso até que o QUASE cai em cima da cabeça dela para valer, lamentável. Com esse tipo de comportamento, a diferença é o preço que se paga. A pessoa tem que sofrer uma pressão descomunal, chorar, perder dinheiro ou a própria família. Daí muda, mas vai correr atrás do prejuízo por muito, muito tempo mesmo. E talvez nunca mais consiga recuperar o que tinha antes.

Por isso, digo que a mudança da atitude negativa para a positiva pode vir pela dor ou pelo amor. Nas situações que descrevi antes, é a dor que força a mudança. Na dimensão do amor, ela é sempre virtuosa e vantajosa. Sua consciência fala, a humildade ouve, o ego aceita e você MUDA. Mas esse processo só leva a uma atitude efetiva em quem já está com a consciência mais elevada. Não basta ler e conhecer coisas novas para você mudar. É preciso estar no estado de espírito propício para que a mudança aconteça. Você se abre ao novo, permite, busca, fomenta e QUER essa mudança com toda a convicção. Na abordagem da FG, quando já ACREDITA, PRATICA e definiu que QUER MELHORAR, você se desprende do passado com mais naturalidade e aceita que as mudanças serão boas para sua vida. Entra em ação por amor, primeiro por si mesmo e depois pelos outros. Quem muda pela dor pode pagar preços altíssimos, enquanto quem muda por amor só vai se beneficiar e melhorar. E tem outra vantagem: como diz minha mãe, quem chega primeiro é que bebe a água limpa!

Foi aquela experiência paradoxal no dia da minha promoção que serviu de gatilho para a mudança em mim. Achava que eu era "o" cara e percebi que não passava de "mais um" cara. Encontrei a humildade necessária para aprender e me reciclar, e me tornei um líder muito melhor. Aprendi que não precisava fazer tudo, correr todos os riscos e ser o ídolo de todos. Passei a permitir o protagonismo alheio. Comecei a deixar que as pessoas também participassem, assumissem sua autonomia, se sentissem parte do todo e se expusessem, correndo mais riscos para criar e inovar. Ou seja, a FG que apresento a você é uma coletânea de todas as experiências de vida que já tive e continuo a ter. Mas, com certeza, uma das vivências mais marcantes foi meu aprendizado de <u>como</u> fazer mudanças efetivas e afetivas. Hoje, tenho absoluta convicção <u>teórica e prática</u> de que é preciso mudar tudo sempre — até o que já está muito bom.

No modelo mais tradicional de gestão, porém, ainda parece mais fácil mandar do que mudar. Por enquanto, não são muitos os empresários e executivos dispostos a se desapegar das práticas mais retrógradas — mesmo que isso faça o negócio quebrar —, porque não conseguem vencer o ego e tratar a vaidade. Para esses, lamentavelmente, a mudança — se vier — será pela dor. Gente assim deveria olhar mais ao redor, observar mais. Basta abrir os olhos para ver que, sem dúvida, as pessoas estão cada vez mais perspicazes e cientes dos seus direitos. Os desaforos, que muitos colaboradores aceitaram por décadas por falta de escolha, estão com os dias contados. Muito em breve ninguém mais aceitará não ser valorizado e respeitado. Os produtos e serviços que ainda hoje só são vendidos por falta de opção estão em vias de extinção. Nunca vivemos numa sociedade e num mercado com tantas ofertas, e o discernimento de colaboradores e clientes aumenta à medida que a comunicação se torna ainda mais quente, fluente, frequente e transparente. A comunicação tem a velocidade de um clique. É claro que todo mundo vai preferir conviver com pessoas e empresas que querem realizar apenas o que faz SENTIDO para elas. Para quem está apegado ao passado, cabe uma reflexão: será que chegou sua hora? Espero que seja sua hora de MUDAR por amor.

Novos aprendizados e superação contínua

O período de transição nos processos de mudança não costuma ser um mar de rosas, como falamos no capítulo anterior. Há momentos de arrependimento, quando sentimos vontade de voltar atrás. "Ah, que saudade da zona de conforto, estava tão bom lá!" Vamos avaliar melhor: se você definiu que QUER, assumiu o compromisso pessoal de ACREDITAR e PRATICAR e está convictamente engajado em MELHORAR, então, seu novo mantra é "retroceder jamais". Abra mão de tudo o que ficou para trás e se entregue — de corpo e alma — aos novos aprendizados. Eu nunca disse que seria fácil, mas é possível e muito natural.

Mas, para isso, você vai ter que exercitar a humildade, porque ninguém aprende nada se não conseguir admitir que "ainda não sabe". Você já ouviu falar de pessoas que se fecham ao novo? É aquela pessoa que decide fazer uma especialização, paga o curso do próprio bolso e depois passa todas as aulas criticando os professores e os colegas. Será que não é ela que não tem humildade para aprender? Outro exemplo é o daquele executivo que tem formação acadêmica cinco estrelas e vivência profissional internacional, então acha que não pode aprender com quem está abaixo, só com professores, consultores ou especialistas muito mais experientes e/ou com certificações melhores. Esse tipo de executivo desperdiça a preciosa contribuição que poderia ser oferecida por profissionais mais jovens e até inexperientes, ou por pessoas com funções mais operacionais, que conhecem cada processo por dentro e por fora.

Certamente, porém, esse não é seu caso. Se chegou até aqui, sua humildade está em dia. Você está pronto e aberto aos novos aprendizados, porque sabe que também é capaz de ensinar muita coisa aos outros, engajando o maior número possível de pessoas no processo de mudança para MELHOR. E isso não acontece só porque você QUIS, mas porque tomou atitudes, se colocou em ação e mudou efetivamente. Então, a partir daqui, já consegue aprender cada vez mais, ampliar possibilidades e superar continuamente as próprias metas — no trabalho e especialmente na vida.

Para mim, cada meta definida deve ser superada, e não apenas cumprida.* Por que acredito nisso? Porque a pessoa que passa por todo esse fluxo do ciclo virtuoso não tem mais dificuldade nenhuma para fazer sempre mais e melhor. Com toda a humildade, está aberta ao novo e vai encontrar diferentes possibilidades, perspectivas e caminhos mesmo nos momentos de crise. Quem aprende a mudar conquista uma autoconfiança de ferro: não desiste nunca, não esmorece e não tem vontade de voltar atrás. Essa pessoa vai ter força suficiente para avançar na direção do que é melhor para sua vida, sua empresa, seu trabalho, sua família e a sociedade. É possível sim superar todas as metas — sejam as pessoais ou as corporativas — quando o engajamento de todos é de 100%.

Vejo um belo exemplo de superação de meta pessoal no time Hoyt,** formado pelo pai triatleta que participa de competições com o filho tetraplégico. O filho teve um problema de nascença gravíssimo e os médicos afirmaram que, se sobrevivesse, seria praticamente um vegetal. Durante dez anos, seus pais foram de uma dedicação obstinada até conseguirem provar que, apesar de estar totalmente imobilizado, sua inteligência e suas funções afetivas estavam intactas. Na época, um computador foi adaptado para viabilizar a comunicação, e eles descobriram que o garoto era apaixonado pelos esportes que via na TV. O pai então começou a treinar corrida. Em 1979, os dois participaram juntos da Maratona de Boston e nunca mais pararam. É um exemplo útil e inspirador, lindo de ver.

No universo das empresas, considero o Cirque du Soleil*** um dos melhores exemplos de mudança, adaptação, inovação e superação.

---

* (Re)Leia o cap. 2 de *Felicidade dá lucro*, em que falo bastante sobre efetividade e superação de metas. No cap. 7, do mesmo livro, explico detalhadamente a perspectiva da FG da questão da superação: ninguém precisa ter superpoderes ou ser super-herói para se superar.

** Saiba mais sobre Dick e Rick Hoyt em: <deficienteciente.com.br/exemplo-de-superacao-dick-e-rick-hoyt.html>.

*** Para conhecer a história do Cirque du Soleil, acesse: <noticias.universia.com.br/tempo-livre/noticia/2011/11/15/888019/historia-do-cirque-du-soleil.html#>. Acesso em: 1 jul. 2017.

Em todo o mundo, apesar da tradição cultural, o negócio do circo já estava em risco havia muito tempo, por causa da questão dos animais, que não podem ser capturados, trancafiados, domesticados e treinados para fazer gracinha para uma plateia. Até a existência de zoológicos é questionada hoje, apesar da alegação de que algumas espécies são preservadas assim.

Em 1984, Guy Laliberté era um artista de rua muito bom, mas que vagava pelas cidades do Canadá meio sem eira nem beira. Dizem até que era uma grande decepção para os pais, que queriam que ele fosse médico ou advogado. Então Guy inovou: se adaptou à nova realidade e criou um circo fantástico e competente só com gente. Hoje, o Cirque du Soleil é um império com mais de 5 mil colaboradores de 57 nacionalidades diferentes, capazes de realizar shows simultâneos em vários países. Seus artistas são uma prova de que é possível sempre se superar, melhorar e surpreender o público com a qualidade dos espetáculos. Quando é questionado sobre seu sucesso mundial, Guy Laliberté costuma dar três conselhos: estruturar um modelo de negócio que possibilite ações humanitárias, acreditar na juventude e atuar de forma integrada à comunidade.

Com a Filosofia de Gestão, sua vida e/ou sua empresa também podem se manter em constante superação, atuando com benefícios para todo mundo. Todas as práticas da FG têm o objetivo de estimular as pessoas a QUERER sempre melhorar mais, aprender mais, ensinar mais, superar mais metas e objetivos, pessoais e profissionais. E isso realmente ocorre, porque, primeiro, as pessoas se sentem mais felizes e, segundo, percebem que são capazes de ajudar a empresa a gerar mais eficiência e lucro. Então, na FG, não abrimos mão da continuidade do lucro — exatamente como propõe a contabilidade —, mas a valorização e o respeito às pessoas são colocados em primeiro lugar. O lucro ocorre como um subproduto do ciclo virtuoso. As pessoas trabalham na empresa porque QUEREM, e não QUEREM ir embora, não. Elas QUEREM mais é estar ali e continuar a MELHORAR sempre. Vamos seguir juntos para o próximo capítulo, porque o ciclo virtuoso não para aqui: com a consciência elevada, a pessoa passa a QUERER também COMPARTILHAR.

TUTORIAL FG

Pontos-chave para agir para MELHORAR:

> **MELHORAR**
> - COMPROMISSO E ENGAJAMENTO
> - APRENDIZADO E CONFIANÇA
> - PERSISTÊNCIA E COERÊNCIA

- Para MELHORAR sempre e mais, o primeiro passo é aprender a enfrentar as emoções negativas e substituí-las pelas positivas.
- Nessa etapa do ciclo virtuoso, você renova as energias e assume o compromisso pessoal de se engajar com a máxima convicção no processo de mudança para melhor.
- Faça uma reavaliação do processo. Você tem toda convicção DO QUE QUER e DE ONDE QUER chegar? Seu propósito foi bem identificado? É para valer?
- Você definiu o que QUER, assumiu o compromisso pessoal de ACREDITAR e PRATICAR e está convictamente engajado em MELHORAR, então seu novo mantra é "retroceder jamais!".
- Mesmo o QUERER convicto não basta. É preciso criar um ambiente de confiança em que o anseio legítimo de cada pessoa possa se desenvolver e ser posto em prática.
- No ambiente corporativo, quanto mais falta confiança nos relacionamentos, mais são necessários mecanismos arcaicos de comando e controle.
- Quando tratada com respeito e valorizada, a tendência mais forte de toda pessoa é participar, colaborar, realizar, inovar, executar e ser efetiva.
- Para manter a chama acesa e renovar o engajamento, basta a empresa se abrir à participação de todos: a colaboração vem espontaneamente.
- Se a colaboração é exequível, quando passará a ser executada? Se é inexequível, por que não será executada?

▶

- Em vez de gastar com ferramentas de comando e controle, invista em instrumentos para monitorar a qualidade dos processos e dos produtos e serviços. Invista no desenvolvimento das pessoas.
- Com afetividade e efetividade, é possível mostrar ao outro como e por que seu engajamento é fundamental para que ele também se beneficie das melhorias.
- A arte de fazer o outro querer também pode ser a força motriz da mudança de cultura nas empresas. Tem o poder de transformar para melhor a atitude das pessoas, primeiro individualmente, depois do grupo como um todo.
- A arte de fazer querer se aplica a qualquer pessoa, de qualquer idade ou nível social: basta a gente se abrir à participação do outro e demonstrar interesse genuíno.
- O princípio da FG ao princípio contábil da continuidade (de que a empresa deve lucrar sempre) é o da VONTADE humana.
- Para conseguir 100% de engajamento, o trabalho diário precisa fazer SENTIDO. Caso contrário, ninguém QUER nada, muito menos para sempre.
- Quando recupera o sentido do trabalho, o engajamento do colaborador é duradouro e sustentável, porque resulta da convergência de propósitos entre ele e a razão de ser do negócio.
- Pela perspectiva da FG, é fundamental que as pessoas se desenvolvam e participem efetivamente de tudo. A proposta é fazer uma profunda mudança na cultura organizacional.
- Todo projeto deve ser construído com a contribuição de todos os colaboradores. Só assim o engajamento é total e a eficiência e o lucro se multiplicam — natural e organicamente.
- É comum a pessoa ficar apegada ao círculo vicioso até que um QUASE cai em cima da cabeça dela: ela quase perde o emprego, quase morre ou quase se dá mal. Esse pode ser o gatilho da mudança, mas o ideal é que ela ocorra por amor — por si mesmo e pelos outros.
- Quando já ACREDITA, já PRATICA e já definiu que QUER MELHORAR, você se desprende do passado com naturalidade e aceita que as mudanças são bem-vindas e positivas.

- Quem se apega ao modelo mais tradicional de gestão, ainda considera mais fácil mandar do que mudar.
- Empresários e executivos apegados às práticas mais retrógradas deveriam olhar mais ao redor para ver que os colaboradores estão cada vez mais perspicazes e cientes de que merecem ser respeitados e valorizados.
- Nunca vivemos numa sociedade com tantas ofertas. O discernimento das pessoas aumenta à medida que a comunicação é mais quente, fluente, frequente e transparente.
- Para MELHORAR sempre e mais, abra mão de tudo o que ficou para trás e se entregue de corpo e alma aos novos aprendizados.
- A atitude mais prejudicial é a daquela pessoa que acha que já sabe tudo e assim se fecha ao novo. É preciso exercitar a humildade.
- Quem aprende a mudar, conquista uma autoconfiança de ferro. Não desiste nunca, não esmorece e não quer voltar atrás.
- É possível superar todas as metas — sejam pessoais ou corporativas — quando o engajamento de todos é duradouro e sustentável.
- Praticando a FG, sua vida e/ou a sua empresa vão se manter em constante superação, atuando em benefício de todos.
- Todas as práticas da FG têm o objetivo de estimular as pessoas a QUERER melhorar mais, aprender, ensinar mais e superar metas e objetivos, pessoais e profissionais.
- Na FG, não se abre mão da continuidade do lucro, mas a valorização e o respeito às pessoas são colocados em primeiro lugar. O lucro contínuo é subproduto do ciclo virtuoso.

RESPOSTA DO INBOX

Rodrigo Criguer
Gostaria que você falasse sobre mudança de cultura em uma empresa familiar centralizadora para mais profissional e participativa. O quanto a centralização faz mal para a empresa se desenvolver e para o desenvolvimento dos seus colaboradores?

Infelizmente, essa questão é muito comum, sobretudo nas empresas familiares. Em grande parte, isso acontece em função do excessivo protagonismo dos fundadores. É difícil para eles delegar. Acreditam que só construíram coisas boas e veem tudo dando certo porque vivem o negócio. Por isso, têm dificuldade de confiar em mais alguém. Só que essa centralização é muito danosa para a própria empresa e para a vida do dono. Os negócios podem até estar indo muito bem hoje, mas todo o resto padece e empobrece na direção do futuro. A falta do exercício da confiança impede o desenvolvimento da empresa e das pessoas. Nesse tipo de cultura organizacional, ninguém se sente livre para exercer sua autonomia, assumir riscos, se expor, tomar decisões, inovar e ser protagonista para realizar ali o que a empresa mais necessita.

Para mudar, é importante que todos que enxerguem a anomalia na gestão do negócio se engajem, fazendo propostas em vez de reclamar. A situação danosa está estabelecida e, para mudar isso, é fundamental todas as vantagens diretas e os reflexos indiretos do modelo participativo. O exercício da confiança possibilita que todas as pessoas possam participar e ajudar na tomada de decisões. É isso que vai construir um futuro sustentável para a empresa. É isso que vai transformar a vida dos colaboradores, aumentar exponencialmente o engajamento e assegurar resultados crescentes. Se já não bastassem os benefícios, a qualidade de vida dos sócios — que já devem ter perdido tantos bons momentos pelo peso de só viver em função do trabalho — vai melhorar muito. Os donos devem ser libertados da incumbência contínua de entregar a vida ao trabalho! Quando o modelo participativo ocupa o lugar da centralização, o trabalho passa a ser simplesmente uma dimensão da vida deles, e não a única.

Amanda Ramos de Oliveira
Fizemos aqui na empresa uma palestra no início do ano com base nos seus conceitos. Nosso objetivo era mostrar maneiras para os colaboradores buscarem suas metas (profissionais e pessoais) e se envolver ainda mais na estratégia da empresa. O assunto foi recebido com muito entusiasmo, porém,

notamos que a grande dificuldade é manter o espírito de motivação e colaboração. Pode sugerir dicas práticas sobre como manter a chama acesa?

O mais difícil é acender a chama. Mantê-la não é tão difícil. Só é preciso exercitar a persistência na coerência. Quando as pessoas QUEREM, é só fazer com que se engajem e mantenham essa disposição. Quando conversou com as pessoas pela primeira vez no evento mencionado, você sentiu que ficaram bem, felizes e satisfeitas, certo? E o que você fez depois? Assim como nas técnicas de comunicação que mencionei no cap. 4, pode estar faltando frequência. Quais foram as outras atitudes tomadas para dar continuidade ao ambiente de prática de valores e critérios que se instalou no grupo?

O ideal seria dar a partida no processo de mudança pelos ciclos de humanização.

As pessoas gostam e, por isso, querem mais. Em vez de ficar com a exclusividade de criação de novas ações, que tal convidar todos a participar? Você já deu a mensagem, já ensinou o caminho, elas já QUEREM, então, abra espaço para que tragam propostas e participem mais ativamente. As pessoas precisam de espaço para trafegar sozinhas, enquanto você apenas apoia que o processo continue de maneira virtuosa. Use nossas práticas dos pilares ACREDITAR, PRATICAR, MELHORAR e COMPARTILHAR e pavimente o caminho. Permita que as pessoas construam novas iniciativas e contemplem seus sonhos. Além dos quatro pilares da FG, estimule-as a criar novas ações que elas adorariam vivenciar todos os dias e que as fariam mais felizes. Mais do que QUERER, é assim que elas se engajam, porque não estão apenas seguindo as ideias dos outros; estão atuando naquilo que elas próprias construíram. Essa participação direta se converte em algo real, útil e de posse de vocês. De todos vocês. Isso mantém a chama acesa, pode acreditar.

Luciane Luz
Como aplicar a FG no setor público, onde a mudança de gestores é constante e, na maioria das vezes, eles estão longe de ser técnicos na área em

que atuam, além de não ter perfil de liderança? A motivação dos funcionários é quase zero, e pouca importância se dá à qualidade da prestação de serviço, muito distante da excelência.

Existem dois setores da economia em que a FG se enquadra de maneira especial: o cooperativismo e o serviço público. Porque todas as pessoas que trabalham no setor público QUEREM estar lá. Não é fácil ingressar: tem gente que estuda a vida inteira para um concurso. Nesse sentido, a gente encontra facilmente o QUERER. Infelizmente, logo depois de entrar, o que se encontra é um desestímulo generalizado.

Para implementar o ciclo virtuoso nesse setor, o passo inicial é resgatar o motivo pelo qual essas pessoas direcionaram suas carreiras para lá, porque a ampla e esmagadora maioria delas escolheu isso porque QUIS, porque sonhou, porque fez dessa vontade seu propósito de vida. Resgatando esse motivo, tenho certeza absoluta de que não faltará um enorme contingente de pessoas inteligentes, dispostas e, sobretudo, talentosas para se engajar na criação de inúmeras ilhas. Esse engajamento inicial vai viabilizar um estímulo à mudança. É o início do processo do ciclo virtuoso, que sutilmente começará a prover à população serviços muito superiores aos atuais, capazes até de nos surpreender pela alta qualidade — a bem da verdade, já existem algumas ilhas de excelência no serviço público brasileiro, mas elas podem se multiplicar exponencialmente a partir desse resgate do propósito. Essa etapa inicial vai afetar diretamente a vontade daqueles que ainda não se engajaram — talvez porque estejam ainda vivendo aquele momento do "quase". Em seguida, muitos procurarão o engajamento nessas ilhas e construirão juntos novos continentes de excelência — isso muda a autoestima, e todos querem melhorar. Existe muita gente com vontade de mudar, com atitude para realizar e capacidade para construir o setor público com a qualidade que o país merece. ACREDITE, PRATIQUE, MELHORE e COMPARTILHE — você vai encontrar aliados nessa trajetória. E, certamente, escreverão uma nova história para esse setor.

CAPÍTULO **6**

Como ser profissional na vida pessoal

O COMPARTILHAMENTO COMO INSUMO
DA SUA FELICIDADE

Ao se abrir ao diálogo e buscar feedback, você passou a se relacionar com os outros com uma atitude mais construtiva. Agora, já sabe usar as emoções positivas para receber e filtrar a contribuição daquelas pessoas que têm interesse genuíno por você. O ponto de partida da sua trajetória pelo ciclo virtuoso na Filosofia de Gestão (FG) foi na dimensão do SER, acessando a afetividade. Agora, como ACREDITA convictamente em seus valores e propósito de vida, já consegue criar seus próprios critérios viabilizadores para alcançar seus objetivos individuais na dimensão da efetividade (TER). Na sua vida, a inércia e o círculo vicioso são coisas do passado. Com mais naturalidade, já consegue criar e identificar seus momentos de felicidade, e sabe valorizá-los e aproveitá-los. Por isso, bem abastecido de energia e crenças positivas, você se mantém em movimento no ciclo virtuoso.

Apoiado em seu compromisso pessoal com a mudança, você PRATICA tudo aquilo que mais acredita e QUER. Por isso, sua vida não para de MELHORAR. Tudo parece se encaixar e dar bons resultados. É uma avalanche de coisas novas e boas notícias. Aquela sensação de ser feliz e produtivo é muito mais frequente. Olhando de novo para aquela adaptação que fiz da curva de Oberg, você já deixou para trás a eventual fase de arrependimento. "Retroceder jamais!", esse é seu novo mantra. Ao longo do percurso, você testou, experimentou, praticou, melhorou e agora está encerrando a fase de ajustes, criando a própria filosofia adaptada aos seus valores e propósito. Empoderado com sua autonomia e seu protagonismo, não sente mais necessidade de ser chefiado. Ninguém precisa lhe dizer o que e quando nada. Ninguém precisa exercer comando e controle sobre você. A não ser você mesmo, claro, porque já aprendeu como atingir seus objetivos individuais e, <u>efetivamente</u>, é o líder da sua vida em todas as dimensões.

Ótimo! Você tem mesmo bons motivos para comemorar e quero ser o primeiro a lhe dar os parabéns por suas conquistas. Mas preciso alertá-lo sobre outro risco, de outro tipo de desequilíbrio. Existem pessoas — e até mesmo empresas — que percorrem o ciclo virtuoso até a etapa de MELHORAR, então param. Aparentemente, ficam satisfeitas com os resultados alcançados e imaginam que, dali em diante, o processo se retroalimenta sozinho. Basta repetir tudo e refazer o percurso mecanicamente. Infelizmente — ou melhor, felizmente! — não é assim. Quando se detém na etapa de MELHORAR, a tendência no médio e no longo prazo é que comecem a surgir sinais desse desequilíbrio. Por exemplo: no caso da empresa, mesmo que o faturamento esteja crescendo, é provável que haja outros indicadores negativos, como queda da produtividade. Já na esfera individual, a pessoa pode acabar virando aquele profissional excelente e de muito sucesso. Tem grande reconhecimento e altas recompensas financeiras, mas na vida em família e em muitos outros aspectos é uma lástima. Sente um vazio, que pode parecer um abismo. Está sempre em conflito consigo mesmo ou acaba se sentindo quase sempre sozinho.

Você já conheceu alguém que sofre de solidão do sucesso? Eu já. E vou lhe contar essa história, porque é um exemplo a ser evitado. Durante a infância a pessoa teve uma vida simples e muitos bons amigos. Só que, apesar das dificuldades financeiras iniciais, conseguiu se desenvolver profissionalmente e começar a se destacar na carreira. Em poucos anos, construiu seu caminho, passou a ganhar bem e formou uma família linda. Ou seja, ACREDITOU em si mesma, PRATICOU tudo o que acreditava e MELHOROU muito a própria vida. Para os antigos amigos, era um exemplo. Mas, em vez de manter contato, preferiu viver em um mundo diferente, totalmente isolada. Mesmo tendo muita saudade, não se relacionava mais com nenhum daqueles amigos. Eventualmente, quando encontrava alguém das antigas, tinha vontade de restabelecer o vínculo. Mas logo percebia que o que os antigos amigos queriam era apenas entregar um currículo ou pedir um favor. E se decepcionava. A pessoa ficava chateada e se isolava ainda mais. Esse é um dos maiores riscos de quem para de percorrer o ciclo virtuoso quando sua própria vida começa a MELHORAR. Costuma acontecer quando a pessoa percorre pela primeira vez o processo da FG. É que ainda não deu tempo de completar o ciclo. Não houve elevação do patamar de consciência, que só ocorre quando a pessoa aprende que, para continuar em frente e ser mais feliz, ela precisa COMPARTILHAR. É por isso que eu digo: se sua vida melhorou, compartilhe! Se você é a corda que pode retirar pessoas do fundo do poço, agradeça por isso e aproveite.

Ter consciência e ser mais feliz

Sabe aquela sensação extremamente positiva que dá logo depois que a gente faz uma doação ou investe um pouco do nosso tempo para ajudar desinteressadamente alguém? É muito bom, não é? Parece que, ao valorizar e respeitar outras pessoas, é a gente mesmo quem acaba se sentindo mais feliz. A autoestima cresce, o sorriso se abre e o coração aquece. Existem várias pessoas, porém, que consideram esses pequenos gestos sem sentido. Para elas, não passa de assistencialismo, o que não resolve nada. Já ouvi argumentos do tipo: "Você faz caridade, doa um cobertor, dois ou dez, mas não importa, porque não resolve a situação de indigência, que é o real problema". Isso é verdade, mas só em parte. Concordo que a caridade e a solidariedade meramente assistencialista são inúteis, quando se esgotam naquela alegria instantânea do gesto. É preciso ir além e ser capaz de COMPARTILHAR de uma maneira mais construtiva, agregando valor.

Olhando pela perspectiva da FG, quando você se sente feliz por ser capaz de COMPARTILHAR o que tem de melhor com outra pessoa, está consolidando a própria felicidade. Essa sensação tem um aspecto muito positivo. É o que eleva seu patamar de consciência, mantendo você em movimento na espiral infinita do ciclo virtuoso. Como fica cada vez mais feliz, você sente cada vez mais motivação para continuar compartilhando. Sem nenhum sacrifício e com a maior naturalidade, passa a pensar e agir conscientemente em favor das pessoas ao seu redor — de você mesmo, da empresa em que trabalha, enfim, da sociedade como um todo. É uma escolha consciente: você QUER compartilhar com os outros para ser cada vez mais feliz. Quando a gente entende e passa a ACREDITAR nesse processo, entra novamente na dimensão da afetividade e, além de já TER conquistas efetivas para desfrutar, passa a SER uma pessoa melhor. A autoestima aumenta e a motivação se fortalece. Ou seja, dá para SER mais feliz e levar a vida com alegria, vencendo o pessimismo e o desânimo. E, aí, em vez de se fechar no individualismo, você se abre outra vez para COMPARTILHAR construtivamente com os outros. É assim que aumenta o número de pessoas integradas à construção do seu continente da FG. **O compartilhamento é insumo da felicidade — e a felicidade é o que abastece a FG e nos faz continuar a ACREDITAR.**

Esse novo patamar de consciência traz ainda outros benefícios. Você consegue lidar melhor com as vaidades do próprio ego. Deixa de achar, por exemplo, que a inteligência e as boas ideias são exclusivas do seu cérebro. A arrogância diminui e a humildade aumenta. Você começa a reconhecer que pode aprender com todas as pessoas com quem convive — das mais simples e humildes às mais sofisticadas e eruditas. E se abre para compartilhar tudo o que sabe sem aquela postura "Vou educar você porque sei que precisa da minha ajuda". Isso é arrogância pura. Com a consciência mais elevada, ao contrário, você percebe que, ao ensinar os outros, é você mesmo quem está aprendendo. O compartilhamento construtivo é a melhor ferramenta que existe para o desenvolvimento mútuo. Seu novo grau de consciência também vai ajudá-lo a redimensionar seu papel no mundo. Sabe aquele sentimento de que sempre falta algo, mas você não sabe o que é e fica angustiado? O vazio e a solidão ficam para trás. Deixam de existir na sua vida, porque os espaços são ocupados por ações e os novos estímulos para se manter em movimento são frequentes.

Em vez de "chefe", seja facilitador

Quando entra em desequilíbrio, a pessoa só tem interesse por ela mesma. Ignora todo mundo em volta dela — muitas vezes até as pessoas da própria família. Nesse caso, a dimensão da afetividade está sendo deixada de lado. É o sucesso absoluto do individualismo. Nas empresas, esse colaborador costuma fazer uma carreira até expressiva, mas se transforma naquilo que chamo de "chefe", sempre entre aspas. É como um daqueles abajures antigos, que só enviam luz para o chão (Figura 6.1). Além de individualista, o "chefe" centraliza o poder, é desestimulante, imediatista, egoísta e impõe tudo à equipe. Também costuma ser mais apegado ao modelo tradicional de gestão. E, veja, essa pessoa ACREDITA muito em seu propósito, PRATICA ações efetivas na direção de seus objetivos individuais e até MELHORA sua vida — pelo menos, no aspecto profissional. Porém, mesmo que vá longe e muito alto na carreira, seu sucesso será só aparente ou temporário. No bolso, dinheiro; no coração, nada.

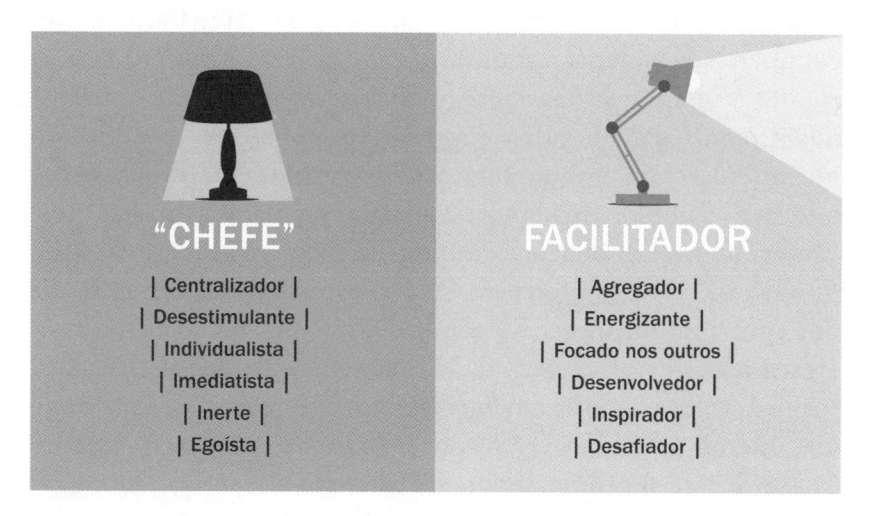

"CHEFE"	FACILITADOR
| Centralizador |	| Agregador |
| Desestimulante |	| Energizante |
| Individualista |	| Focado nos outros |
| Imediatista |	| Desenvolvedor |
| Inerte |	| Inspirador |
| Egoísta |	| Desafiador |

Figura 6.1: Equilíbrio entre afetividade e efetividade transforma "chefe" em facilitador.

É claro que também existe o tipo oposto, o "chefe" bonzinho e paternalista, aquele que acha que passar a mão na cabeça, proteger, abraçar e dar beijinho resolve tudo. Mas não se iluda: essa pessoa também só tem interesse por ela mesma. A diferença é que, em vez de correr atrás de sucesso financeiro, seu objetivo é ser amada por todos. Mas, nas ações diárias efetivas, ela não contribui com nada nem com ninguém. É tão individualista e egoísta quanto o outro tipo de "chefe". E igualmente infeliz, porque nunca vai se sentir suficientemente amada, admirada e bajulada. É como uma espécie de escravidão. O "bonzinho" é sempre solidário às reclamações, mas nunca propõe nada construtivo. Quando você quiser se desenvolver e pedir um feedback específico, franco e transparente para esse "chefe", tudo o que vai receber são sorrisos, elogios e muita solidariedade. Segundo ele, "lamentavelmente, no momento a empresa não está investindo no desenvolvimento dos colaboradores". Em geral, o "chefe" paternalista não chama nenhuma responsabilidade para si mesmo. Ele é "chefe", mas não pode fazer <u>nada</u> para melhorar <u>nada</u>, especialmente se for para os outros. Leva tudo na boa e empurra com a barriga tanto os problemas quanto as oportunidades. Nem passa pela cabeça dele criar uma ilha da FG para transformar num continente de benefícios mútuos.

Mas se essas pessoas conseguem atingir seus objetivos individuais, o que está faltando a elas? Por que conseguem MELHORAR individualmente, mas, no fundo, não se tornam mais felizes? Por que, por exemplo, uma empresa é capaz de manter receitas crescentes enquanto a eficiência diminui e a margem de lucro cai? Pela minha experiência, estou certo de que o que falta é a conquista de um novo equilíbrio entre as dimensões do SER e do TER, ou seja, entre a afetividade e a efetividade. Só quando isso acontece é que o "chefe" evolui e se torna um líder facilitador (Figura 6.2), aquele que tem interesse genuíno. O foco do facilitador é iluminar o caminho e desenvolver os outros, sendo um exemplo útil e inspirador para todos. Ele faz pelos outros tudo aquilo que gostaria que fizessem por ele, mas sem paternalismo ou autoritarismo. Já nas organizações, o equilíbrio entre as dimensões do TER e do SER pode se tornar a força motriz do engajamento mais profundo e construtivo dos colaboradores. Quando cada pessoa pode SER e TER o melhor, os resultados positivos se multiplicam, beneficiando a todos.

Equilíbrio entre eu interno e externo

Para ser mais específico, na FG, eu me refiro a isso como o equilíbrio entre o "eu interno" e o "eu externo":

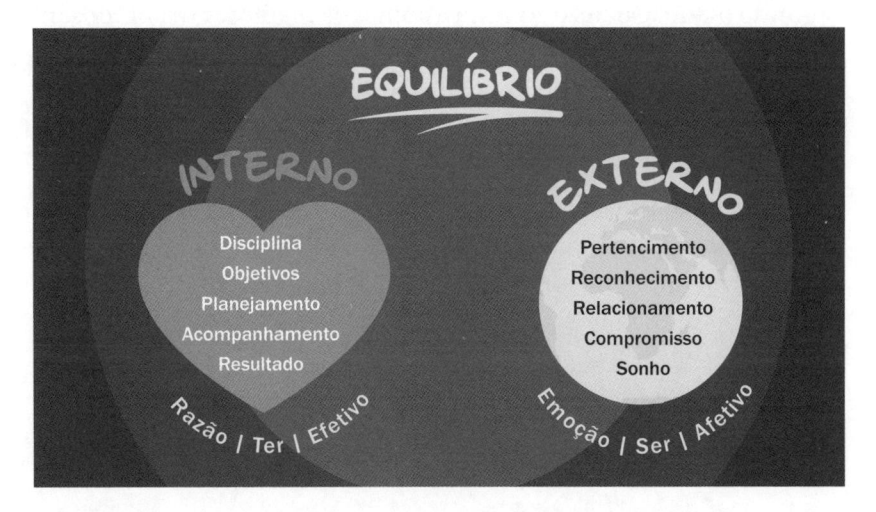

Figura 6.2: Equilíbrio interno e externo amplia o patamar de consciência.

Isso se aplica igualmente aos negócios e às pessoas. Lembra lá no cap. 4, quando conversei com você a respeito de equilíbrio? Ali, a gente ainda estava falando sobre o pilar PRATICAR, que é da dimensão da efetividade. Você usa sua competência lógico-racional para se organizar e, efetivamente, consegue DORMIR bem todas as noites. Só assim tem condições físicas e mentais para dedicar tempo da melhor qualidade a você mesmo, a sua família e a seu trabalho. Isso faz parte da esfera do "eu interno", que você precisa administrar com toda a sua razão e efetividade para TER as melhores coisas que a vida pode oferecer. Então, além de organizar seu tempo, você planeja a estratégia para atingir os objetivos, mantém a disciplina e acompanha os resultados, fazendo os ajustes necessários ao longo do caminho. Apesar de estar falando aqui em estratégia, disciplina, prioridades e objetivos, nada disso é inflexível. Na FG, não existe nada que seja impositivo ou definitivo. Por isso, toda vez que sentir que está se afastando — por qualquer motivo — de seus valores e propósito, você flexibiliza e redefine os critérios viabilizadores para voltar a praticar e seguir na direção das suas metas.

Há ainda a esfera do "eu externo", que você não pode deixar em segundo plano. Quando começa a colher os melhores resultados individuais, tem gente que volta a se fechar. Aquele canal de diálogo com os outros, aberto na etapa do pilar ACREDITAR, parece se fechar de novo. A pessoa usa a competência lógico-racional com efetividade, mas se afasta da dimensão da afetividade. Não dá mais ouvido às emoções, mesmo as positivas. Às vezes, isso é só um receio de perder aquilo que a pessoa já conseguiu com o próprio esforço. Ela tem medo de dividir suas conquistas com os outros e ficar com menos para ela mesma. Mas posso garantir que isso não se justifica, pois é exatamente na esfera do "eu externo" que a pessoa renova e multiplica a energia para dar continuidade ao ciclo virtuoso, amplificando infinitamente os resultados — para ela mesma e para os outros.

Nas empresas, esse equilíbrio entre "eu interno" e "eu externo" também precisa ser permanentemente perseguido, caso o objetivo dos executivos e dos acionistas seja realmente a continuidade dos lucros e a sustentabilidade do negócio. Não será longeva, por exemplo, aquela empresa que apresenta faturamento crescente e eficiência decrescente... E como isso é possível? Só vejo uma resposta: o nível de engajamento dos colaboradores deve estar em baixa, porque os valores e a RAZÃO DE SER da empresa não estão coerentes com as práticas corporativas cotidianas, ou seja, o relacionamento baseado na confiança, a valorização das pessoas e o respeito aos sonhos e à vontade de cada um são só da boca para fora. No dia a dia, quando a coisa é para valer, nenhum colaborador sente reconhecida sua contribuição. Por isso, ninguém assume o compromisso de trabalhar diariamente, fazendo sempre mais e melhor com menos — sem precisar de estruturas duras de comando e controle.

Acredito que todo mundo precisa de mais leveza, alegria, motivos para sorrir e oportunidades para ser afetivamente mais efetivo. Trabalhar nunca foi o problema. A questão é a forma. É possível trabalhar duro todos os dias durante a vida inteira e ainda ser muito feliz. O que não é mais possível é ser desrespeitado, humilhado, desvalorizado, desprezado e considerado apenas como "chão de fábrica", "mão de obra", "recursos humanos". Em contrapartida, a empresa exige total engajamento sem que as pessoas tenham qualquer reconhecimento ou participação efetiva nos processos e decisões. E, para fechar com chave de ouro o círculo vicioso corporativo, os "chefes" de plantão ignoram os sonhos e os valores das pessoas e sonegam qualquer apoio ao desenvolvimento mútuo.

Em uma cultura organizacional tão incoerente como essa, não adianta nada destinar milhões para construir reputação de marca ou selecionar competências, treinar, desenvolver e <u>reter</u> talentos. É dinheiro jogado fora. Enquanto não houver um equilíbrio real e concreto entre o "eu externo" e o "eu interno" da empresa, não haverá o engajamento mais profundo e construtivo dos colaboradores. E, sem a contribuição efetiva e afetiva de cada pessoa, bons resultados não serão mais colhidos no longo prazo.

Nas minhas conversas com muitas pessoas das mais variadas empresas, quando chego a esse ponto sobre a importância vital do equilíbrio entre o interno e o externo do EU, sempre aparece alguém com outra questão: "Na nossa sociedade cada vez mais individualista, você quer que eu use a afetividade para administrar meu negócio e lucrar mais?". Ou ainda: "Você quer que eu seja mais afetivo com todo mundo ao meu redor para alcançar resultados mais efetivos na minha própria vida, e não apenas na empresa? Isso é impossível!". Para essas pessoas, ainda é difícil enxergar o fim. Elas não projetam a vantagem competitiva que é deixar de ser medíocre. Talvez porque ainda confundem afetividade com paternalismo ou assistencialismo inútil. Para elas, ao agir de maneira afetiva, estaríamos deixando de ser mais efetivos. É como se as emoções fossem um obstáculo ou diminuíssem o efeito positivo da nossa dimensão lógico-racional. Ainda acham que só a efetividade garante a lucratividade eterna. Grande equívoco: os colaboradores cansam das incoerências da empresa e a casa acaba caindo — mais cedo ou mais tarde.

Apesar de ser vital para a sustentabilidade do negócio, encontrar esse equilíbrio não requer equações complexas e mirabolantes. Só é preciso mudar para melhor a cultura interna, partindo de três premissas:

1 A liderança assume o compromisso de manter todas as práticas e todos os processos em coerência com os valores corporativos e a RAZÃO DE SER da empresa, gerindo tudo com interesse genuíno.
2 A participação de todos os colaboradores na definição de todas as práticas e de todos os processos corporativos deve ser fortemente estimulada.
3 A comunicação precisa ser quente, fluente, frequente e transparente, de forma a deixar claras quais são as regras do jogo.

Espero que a essa altura, você não tenha mais dúvidas: não existe contradição entre afetividade e efetividade. Você canaliza as emoções mais positivas para agir no dia a dia em busca de resultados cada vez melhores. É importante acabar com essa ideia de que existe uma separação rígida entre nossa vida afetiva e nossa vida efetiva. Da mesma forma que não existe nenhuma compartimentação entre nossa vida pessoal e a profissional. É tudo integrado, combinado e misturado, sem nenhuma hierarquia de importância, e isso é excelente, principalmente se esses aspectos estiverem em equilíbrio.

Se depois de todos esses argumentos você ainda insiste em acreditar que a afetividade prejudica sua efetividade, afirmo com todas as letras: SE QUISER SEGUIR NO CICLO VIRTUOSO E MELHORAR SEMPRE, TEM QUE SER PROFISSIONAL COM A VIDA PESSOAL E VIVER PESSOALMENTE A VIDA PROFISSIONAL e, ao longo do processo, nunca deixar de COMPARTILHAR para construir algo bom para você e para os outros.

LIVROS QUE COMPARTILHAM LEGADOS

Além das vivências e práticas que deram origem à FG, estou sempre em busca de novos conhecimentos e abordagens para aprimorar tudo: procuro ao meu redor exemplos úteis e inspiradores, converso muito, troco ideias, observo os demais, faço comparações, analiso e, apesar de gostar muito de alguns conteúdos disponíveis na internet em áudio e vídeo, não abro mão de livros que possam trazer uma reflexão mais aprofundada e melhorar ainda mais a FG. Gosto de ler com calma, fazer anotações e ir absorvendo as ideias. É preciso dedicar algum tempo a isso, mas posso garantir a você que vale muito a pena aprender com autores dispostos a compartilhar seu conhecimento.

Na área de gestão, por exemplo, existem três livros que considero meus aliados na divulgação e na prática de conceitos e que avançam muito além do modelo tradicional ainda adotado pela maioria das empresas. Um deles é *Nascimento da era caórdica*, que me foi apresentado por Oscar Motomura, fundador e CEO do Grupo Amana-Key, organização especializada em inovações radicais, estratégia, que, aliás, me deu uma definição muito boa para o termo caórdico:

> Uma forma de convivência em que todas as partes relevantes têm voz e atuam em conjunto para fazer o todo funcionar, cooperando no que é essencial para todos (o que dá ordem ao sistema) e competindo criativamente nos aspectos mais periféricos e específicos (o lado do "caos criativo"), a base do conceito de organização caórdica.

Lamentavelmente, porém, como ainda vivemos no paradigma organizacional do comando e controle, hierarquizado e baseado em concepções cartesianas ultrapassadas, grande parte das empresas deixa de aproveitar a valiosa contribuição oferecida pela engenhosidade e criatividade de seus colaboradores — recursos que o autor do livro coloca entre os mais abundantes e mais desperdiçados do mundo!

▶

Nessa mesma direção, segue *Holacracia*, livro de Brian Robertson que propõe um modelo de gestão de autoridade distribuída com a implementação de um conjunto de regras muito claras e simples de responsabilidades e atribuições não hierarquizadas. O objetivo é transformar a organização numa entidade dinâmica, em sintonia com a crescente complexidade e velocidade do mundo exterior, tornando-a capaz de evoluir e se adaptar rapidamente. Segundo ele, no dia a dia da empresa, existem tensões (a distância entre o que algo é e o que poderia ser) que são mais bem percebidas pelos colaboradores mais próximos dos processos e operações. Robertson afirma que as pessoas funcionam como sensores dessas tensões, detectando necessidades de melhorias, aprendendo e integrando conhecimentos inovadores aos processos decisórios e operacionais. Desde que, é claro, existam canais estruturados para ouvir e viabilizar a percepção dos sensores. É isso que possibilita que "a organização expresse seu propósito da melhor maneira. [...] a holacracia não é um processo de governança 'das pessoas, pelas pessoas e para as pessoas', mas é a governança da organização, por meio das pessoas para o seu propósito".*

Meu aliado mais recente tem sido *Organizações exponenciais*,** cuja proposta é deixar definitivamente no passado o modelo de gestão baseado na equação linear da produtividade, segundo a qual dobrar o número de fábricas (pessoas e máquinas) significava dobrar a produção — com grande investimento de tempo e dinheiro, além de retornos duvidosos. De acordo com os autores, ao usar no século XXI ferramentas e medidas lineares, além de tendências do passado para prever um futuro que se transforma em máxima aceleração, o maior risco é repetir o erro da Iridium — empresa criada na década de 1980 para colocar em órbita terrestre 77 satélites e prestar serviços globais de telefonia móvel. A empresa tinha um plano de negócios de longo prazo linear e inflexível, e, enquanto lançava seus satélites, o cenário da tecnologia mudou completamente e os investidores amargaram

---

* Brian J. Robertson, *Holacracia: O novo sistema de gestão que propõe o fim da hierarquia*. São Paulo: Benvirá, 2016, p. 45.
** Salim Ismail, Michael S. Malone e Yuri Van Geest, *Organizações exponenciais*. Barueri: HSM, 2015.

uma perda de 5 bilhões de dólares. Exatamente por isso, os autores dizem que vive seu "momento iridium", a empresa que insiste em manter o modelo tradicional de gestão do século XX, ignorando que o mundo e as pessoas já estão no século XXI. Isto é, sem nem se dar conta, a empresa está prestes a ter prejuízos e fechar as portas.

Ainda segundo os autores, em vez de investir em novos exércitos de colaboradores, máquinas e instalações físicas gigantescas, as empresas mais modernas e com melhores resultados fazem sua própria revolução, tendo como ponto de partida a definição do seu propósito transformador massivo (que, na FG, é bem semelhante à RAZÃO DE SER da empresa). E, em seguida, desmaterializam ao máximo tudo o que for de natureza física, utilizando-se das tecnologias integradas, especialmente na área da informação. Acompanhando e relatando uma série de casos reais, eles definiram uma organização exponencial da seguinte forma: "é aquela cujo impacto (ou resultado) é desproporcionalmente grande — pelo menos, dez vezes maior — comparado ao de seus pares, devido ao uso de novas técnicas organizacionais, que alavancam as tecnologias aceleradas". E você? E sua empresa? Estão abertos ao novo no presente e no futuro ou prefere se apegar ao passado e correr o risco de viver seu "momento iridium"?

Como educar para a felicidade

Em países com grande defasagem social, como o Brasil, as oportunidades de acesso à educação são absolutamente desiguais. Só isso já basta para causar uma série de deformações. Uma das muitas consequências negativas é: há muita informação disponível e pouca compreensão crítica dos conteúdos. Quando penso sobre isso, a primeira pergunta que me vem à cabeça é: qual nosso papel para melhorar essa situação? Por enquanto, muita gente acha que não é problema delas. "Márcio, isso é uma questão de política pública. É falta de investimento do governo. Não posso fazer nada para melhorar a educação no país." Essa resposta é uma forma de omissão. Mas não dá para culpar

— nem julgar — quem resiste à proposta de participar, colaborar, contribuir e COMPARTILHAR para fazer algo MELHOR para todos. Essas pessoas também foram "ensinadas" a viver no círculo vicioso, fazendo sempre mais do mesmo com foco em um dos lados da equação. Para elas, a efetividade é o bastante. Ainda não conseguem aceitar a necessidade do equilíbrio com a afetividade. Não enxergam desde o começo que o objetivo é fazer da educação uma porta aberta para um caminho novo e muito melhor para todos NÓS. Eu, entretanto, penso bem diferente. Podemos, sim, fazer alguma coisa — e agora mesmo!

Já faz um tempo, vi o documentário de Michael Moore *O invasor americano,* que, entre outros exemplos úteis e inspiradores de políticas públicas implantadas com sucesso em vários países, apresenta o modelo educacional da Finlândia. Os estudantes finlandeses têm o melhor desempenho na classificação mundial, apesar de nunca levarem lição para casa e terem bastante tempo livre para brincar. Para os educadores entrevistados, não há nada de novo ou espetacular nas práticas educacionais adotadas no país. Desde a década de 1980, com toda a persistência na coerência, os professores só querem duas coisas de seus alunos: que eles usem o cérebro até na hora de brincar e que sejam felizes. Se ainda não viu o documentário, não perca, porque é um exemplo que faz a gente ACREDITAR ainda mais na FG.

O Brasil não é a Finlândia, claro, mas o que podemos COMPARTILHAR para melhorar a educação aqui? Qual é nosso papel nisso? Como ser assistencialista não resolve nada, tampouco reclamar, chegamos à seguinte proposta: como a FG é eficaz para qualquer empresa, de qualquer setor e de qualquer tamanho, não poderia dar certo também na gestão de escolas? Então criamos a Filosofia de Gestão Escolar (FGE). Com base em critérios viabilizadores, há cerca de seis meses, foi escolhida a primeira escola para sua implementação. É um colégio público estadual da periferia de uma cidade do interior de São Paulo. Portanto, enfrenta todas aquelas dificuldades que a gente já conhece: falta de verbas, de infraestrutura e de motivação por parte de alunos, professores, colaboradores e pais.

A FG foi dividida em módulos e implementada desde o ciclo de humanização até a completa transmissão do conhecimento sobre o ciclo virtuoso e suas práticas. Todo mundo participou, da merendeira aos professores. Houve um resgate dos valores e do propósito de todos os colaboradores. Depois, apoiamos a revisão dos processos internos de gestão e demos um "tapa" no visual da escola, com pintura e pequenos consertos mais urgentes. De lá para cá, o ciclo virtuoso já envolve pais, alunos e até fornecedores. A Associação de Pais e Mestres foi reativada. Antes, numa escola com setecentos alunos, meia dúzia de pais comparecia às reuniões. Com a implementação da FGE, a reunião teve que passar a ser feita na quadra, contando com participação maciça.

Com isso, os professores se sentiram ainda mais motivados. Hoje atuam mais assertivamente junto às autoridades educacionais e conseguem viabilizar melhorias, inclusive na infraestrutura física. Mas o colégio já não depende mais exclusivamente das verbas públicas. Houve também uma mobilização para organizar eventos na escola para arrecadar dinheiro, envolvendo todas as pessoas que demonstraram interesse genuíno em melhorar a escola. Por que está dando certo? Porque essas pessoas entenderam a já citada frase do papa Francisco: "Somente quando se é capaz de compartilhar é que se enriquece de verdade; tudo aquilo que se compartilha se multiplica".*

No ambiente corporativo, o compartilhamento construtivo também traz resultados fantásticos. Em *Felicidade dá lucro*, já contei para você o que é e como funciona o Projeto Educadores,** que tem o objetivo de sistematizar e capilarizar a transmissão de conhecimentos. Todo colaborador pode ser voluntário e se tornar um dos nossos professores, compartilhando com os outros tudo o que já aprendeu. O programa oferece suporte e infraestrutura e está à disposição de quem QUER colaborar para que tudo melhore ainda mais. Não precisa ser, necessariamente, o compartilhamento de um aprendizado útil à em-

---

* "Papa fala de corrupção e diz a jovens para 'não se acostumarem ao mal'", G1, 25 jul. 2013, disponível em: <g1.globo.com/jornada-mundial-da-juventude/2013/noticia/2013/07/papa-fala-de-corrupcao-e-diz-jovens-para-nao-se-acostumarem-ao-mal.html>. Independente de qual seja a nossa religião, essa frase vale uma boa reflexão.

** Em *Felicidade dá lucro*, cap. 8, p. 217, explico o que é e como funciona essa iniciativa de compartilhamento construtivo.

presa. Qualquer pessoa pode ensinar aos outros aquilo que mais sabe e quer aprender mais. Por exemplo: inglês, italiano, Excel, redação e até receitas saudáveis. Sinto uma enorme felicidade de contar que mais de 25% das pessoas com quem me relaciono — cerca de mil pessoas — já são hoje educadores voluntários nesse tipo de programa. Isso aumenta o engajamento e, consequentemente, a eficiência, gera movimento, resgata valores e é direcionado pela realização de propósito.

Vou lhe dar outro exemplo útil e inspirador. Outro dia, encontrei em uma reunião de integração uma moça que trabalhava no call center fazia apenas dois anos. Quis saber como ela estava, o que podia me contar de positivo e negativo etc. Ela me contou que, como educadora voluntária, compartilhara tudo o que sabia sobre os processos e operações com dez "alunos", e, ao final, todos foram contratados pela empresa. Toda orgulhosa, a moça tinha feito questão de acompanhar o grupo até a reunião de integração, no seu dia de folga, provando seu interesse genuíno.

Fiquei radiante quando ouvi aquilo. Ela era a prova viva de que o compartilhamento construtivo só fazia bem para todos. Agora mesmo, perto de você, deve haver muitas pessoas com essa mesma disposição para COMPARTILHAR construtivamente. Já olhou para alguma delas? Perguntou o que teria de bom ou de ruim para lhe contar?

Repetir informações não é comunicar

Em minha opinião, outro exemplo útil de compartilhamento construtivo é o TED. Você já pode ter participado de algum evento ou, pelo menos, ouviu falar da organização sem fins lucrativos cuja razão de ser é compartilhar ideias que valem a pena. Sustentado por uma fundação, o TED atua globalmente, realizando eventos nos quais os palestrantes são convidados a transmitir o propósito que os coloca em movimento na vida. É um enorme sucesso.

Um desses eventos foi realizado em 2017 em um estádio de futebol e reuniu mais de 10 mil pessoas nas arquibancadas e 100 mil ao vivo nas redes sociais. O TED tem uma equipe pequena de colaboradores em todo o mundo, atuando principalmente com voluntários. São pessoas que querem apenas colaborar e investir seu tempo numa causa em que acreditam. Só aqui no Brasil, foram programados para 2017 mais de quarenta eventos em cidades como Belém, Fortaleza, Belo Horizonte, Rio de Janeiro e São Paulo. Depois das palestras, os vídeos são publicados na internet legendados. E adivinha: os tradutores também são voluntários.

Tudo isso sobre o TED me levou a uma reflexão: quer dizer então que, mesmo aqui no Brasil, existe tanta gente disposta a colaborar voluntariamente com a divulgação de ideias que podem ajudar a MELHORAR o mundo? Isso só tem uma explicação. Quando as pessoas acreditam em seu propósito ou na RAZÃO DE SER de uma organização e percebem a coerência entre seus valores e práticas cotidianas, elas ACREDITAM. "Compram" a ideia e aderem voluntariamente à causa. Para mim, é como um tapa na cara daquelas empresas mais conservadoras, que se apegam ao modelo tradicional de gestão com seus produtos e serviços de prateleira, enlatados e padronizados em série. Seus líderes ainda acham que, para vender mais, basta pagar anúncios na mídia de massa e massacrar nosso cérebro com a repetição das mesmas informações.* Por mais moderna que seja a tecnologia usada, transmitir uma informação repetidamente, não comunica nada.

Costumo dizer que a comunicação precisa ser quente, fluente, frequente e transparente porque é assim que você estimula a compreensão pelas outras pessoas. Só quando o interlocutor percebe o valor real é que assimila a ideia, porque ACREDITA naquilo que está sendo comunicado. Isso também é educar o outro para a felicidade. Especialmente numa sociedade inundada pelo excesso de informação, a comunicação — afetiva e efetiva — é nosso melhor instrumento de compartilhamento construtivo, como explicou tão bem Dominique Wolton:

---

* É importante enfatizar aqui que, quando chamo uma empresa de conservadora e tradicional, não me refiro à idade do negócio. Existem empresas bem recentes, que se pretendem disruptivas, mas são muito antiquadas. Por exemplo: em 2017, um site de reserva de hotéis anunciava com tanta frequência nos canais da TV a cabo que cansei dele. Agora, quando entra o anúncio, simplesmente troco de canal. E, claro, nunca vou usar o site.

Cada um tenta se comunicar para compartilhar, trocar. É uma necessidade humana fundamental e incontornável. Viver é se comunicar e realizar trocas com os outros do modo mais frequente e autêntico possível. [...] O ideal da comunicação está evidentemente ligado ao compartilhamento, aos sentimentos, ao amor. É, com certeza, a situação na qual a comunicação percorre o presente, reencontra o passado e torna possível o futuro.*

Bom exemplo é nosso melhor legado

Lamentavelmente, fazemos parte de uma sociedade que vive uma crise de credibilidade e confiança, e não é de hoje. Ainda no reinado de d. João VI (1816-22), já era famosa a frase: "Quem furta pouco é ladrão, quem furta muito é barão, quem mais furta e mais esconde, passa de barão a visconde".** E, apesar dos mais recentes escândalos de corrupção no país, não acho que essa total falta de coerência na prática de valores seja privilégio brasileiro, não. Nossa crise moral é global e mais profunda. Existem os que querem erguer muros para se isolar. Outros ameaçam lançar mísseis no país vizinho. Tem reino a favor da saída do bloco econômico, consolidado e bem-sucedido. Hoje, no mundo, há mais de 50 milhões de pessoas afastadas de suas casas à força.*** Um total de refugiados só comparável aos da

---

* Dominique Wolton, *Informar não é comunicar* (Porto Alegre: Sulina, 2009). Wolton é diretor do Instituto de Ciências da Comunicação, na França, e tem vários livros publicados sobre o assunto. Ele escreve de uma maneira fácil e agradável de ler, mas o conteúdo transforma nossa visão do que é a melhor comunicação com os outros — sejam clientes, consumidores ou amigos.

** Segundo a historiadora Isabel Lustosa, o alvo dessa quadra era o tesoureiro-mor do reino, Francisco Bento Maria Targini, visconde de São Lourenço. Isabel Lustosa, "Do barão ao ladrão", *Folha de S.Paulo*, 3 jun. 2007. Disponível em: <www1.folha.uol.com.br/fsp/mais/fs0306200707.htm>.

*** De acordo com Melissa Fleming, do Alto Comissariado das Nações Unidas para Refugiados, em sua palestra "Como ajudar refugiados a reconstruir seus mundos", out. 2014, TEDGlobal. Disponível em: <ted.com/talks/melissa_fleming_let_s_help_refugees_thrive_not_just_survive?language=pt-br>. Acesso em: 20 jul. 2017.

Segunda Guerra Mundial (1939-45). Parece até que, em vez de aprender com os erros cometidos no passado, nossos líderes se voltam na direção de uma sociedade ainda mais individualista, preconceituosa e fechada. Ver o noticiário na televisão é se colocar diante de uma enxurrada de maus exemplos e dar um mergulho no círculo vicioso.

Para mim, porém, isso é apenas a constatação de um fato presente. Minha preocupação mais verdadeira é com o futuro. Essa crise moral tem seu efeito colateral mais danoso sobre os jovens, que são nativos digitais e têm acesso irrestrito às informações. Sempre que converso sobre esse assunto, eu me questiono: será que nós, os mais experientes, estamos sabendo nos <u>comunicar</u> com os mais jovens? Comunicar, claro, naquele sentido de que já falei antes nesse capítulo: compartilhando valor. Será que estamos sabendo ajudá-los a compreender e interpretar as informações que recebem? Não é o que tenho observado na prática. O que tenho visto é muita gente jovem acreditando que esses comportamentos amorais ou imorais são normais. É normal passar os outros para trás, trapacear, enganar, e ainda pior. De tanto ver maus exemplos, o jovem acaba encarando as aberrações do comportamento antiético com naturalidade. E, se não aderir à safadeza em benefício próprio, é porque é tonto.

Como você já sabe que não gosto de reclamar sem apresentar uma proposta viável, vou lhe fazer um convite: com a felicidade e o grau de consciência mais elevado conquistados no ciclo virtuoso, vamos assumir o compromisso de nos expor mais à sociedade? Vamos sair da caixa e deixar a timidez de lado? Os bons exemplos precisam ter a coragem de sair dos bastidores. Os jovens precisam que o compartilhamento construtivo conquiste a mesma eloquência midiática dada hoje às pessoas amorais, imorais e antiéticas. Precisamos COMPARTILHAR, dando bons exemplos publicamente. Esse é o melhor legado que podemos deixar como herança para os jovens. Veja, por favor, que não estou propondo aqui uma cruzada moralizadora. Sabe aquele tipo de gente que é capaz de usar até da violência para provar que está com a razão? Essa ferocidade moral é só o outro lado da moeda: a agressividade. Isso é o oposto do equilíbrio entre a afetividade e a efetividade.

ALÉM DE ÚTIL, UM EXEMPLO INSPIRADOR

Quando conversamos sobre propósito e convergência, no cap. 1, sugeri que você visse o curta-metragem *Vida Maria*. É um exemplo muito útil, mas mostra uma visão de vida que não devemos seguir <u>nunca</u>. Além de úteis, gosto também de buscar exemplos que sejam inspiradores. Descobri, recentemente, por indicação de um amigo, o curta-metragem *O outro par* (2014),* dirigido pela jovem egípcia Sarah Rozik. Mesmo tendo pouco mais de vinte anos, ela foi capaz de criar um dos mais bonitos exemplos de COMPARTILHAMENTO que já vi.

Numa estação ferroviária, um menino pobre está triste porque sua sandália de dedo — velha demais — estragou de vez. A única saída é caminhar descalço. Enquanto isso, entra na mesma estação um garoto mais ou menos da mesma idade, de mão dada com o pai, literalmente encantado por estar usando um par de sapatos novos e brilhantes. O menino pobre vê o outro ir para a plataforma de embarque e também fica tão encantado pelo par de sapatos que o segue com os olhos. Só que, na confusão da hora de embarcar, um sapato escapa do pé do garoto.

O menino pobre pega o pé que caiu e sai correndo atrás do trem que está partindo. Ele faz um esforço enorme e lança o sapato para o outro menino. Infelizmente, o sapato rebate na janela e cai de novo na plataforma. Enquanto o trem se afasta, o garoto com o pai tira o outro pé de sapato e o joga pela janela. É assim que o menino descalço ganha um par de calçados novinho em folha.

Para mim, esse filme deixa no ar a seguinte pergunta: por que não COMPARTILHAR com o outro aquilo que temos de melhor? Quando se faz isso, o outro percebe e retribui com o que também tem de melhor. Para mim, esse compartilhamento construtivo é um excelente negócio!

---

* Disponível em: <youtube.com/watch?v=gkWdyZFyvO8>.

Meu convite a você é apenas para que tenha a coragem de ser cotidianamente coerente com seus melhores valores: respeito, dignidade e valorização do outro. E exponha isso em público com toda a serenidade e naturalidade, sem deixar para lá ou ficar em silêncio. Não dá mais para achar que a omissão diante de uma imoralidade flagrante é a solução mais fácil. O silêncio omisso não é o melhor legado que podemos deixar aos jovens. Lembra quando contei no cap. 3 a história de Thalita? Ela não se calou. Teve a ousadia de se expor. Foi assim que conseguiu melhorar seu ambiente de trabalho e os resultados da empresa. Em família, então, nem se fala. O bom exemplo é a melhor forma de compartilhar valores com os filhos. Seja afetivo e efetivo, sempre agindo em coerência com seus valores e critérios. Faça isso abertamente, com toda a confiança e clareza. Acredite, pratique, melhore e compartilhe.

Quando nos movimentamos na espiral infinita do ciclo virtuoso, toda vez que alguém COMPARTILHA o que tem de melhor, outra pessoa começa a ACREDITAR que é possível MELHORAR. Esse é um caminho útil, viável e factível. Se seguirmos em frente juntos, trocando o círculo vicioso pelo ciclo virtuoso, vamos superar todas as crises e todo o pessimismo — e melhorar tudo. Pode até parecer meio utópico ter a pretensão de querer melhorar o mundo. Mas ACREDITO com toda a convicção que, somando nossas utopias, podemos construir um futuro melhor. Vamos deixar para trás os maus exemplos do passado, as frustrações presentes e chegar mais próximos dos nossos sonhos. Nada será perfeito. Mas TEREMOS empresas melhores, oferecendo produtos e serviços de qualidade, conectados com uma justa RAZÃO DE SER, com resultados sustentáveis. E, principalmente, SEREMOS pessoas melhores, mais felizes e capazes de agir como profissionais à frente da gestão da própria vida. E aí, topa?

TUTORIAL FG

Pontos-chave para agir para COMPARTILHAR:

COMPARTILHAR	• DESENVOLVIMENTO E TUTORIA • CONSCIÊNCIA FG • EXEMPLO E LEGADO

- Para continuar avançando no ciclo virtuoso, é fundamental manter o equilíbrio entre a dimensão do TER (efetividade) e a dimensão do SER (afetividade).
- Você deve ser um "facilitador", aquele tipo de pessoa que tem interesse genuíno pelo outro e pelo seu desenvolvimento, além de constituir um exemplo útil e inspirador para todos.
- O equilíbrio entre o TER e o SER é a força motriz do engajamento mais profundo e construtivo dos colaboradores nas organizações.
- É na esfera do "eu interno" que você renova e multiplica a energia para dar continuidade ao ciclo virtuoso. No "eu externo", tudo vai se amplificando infinitamente, inclusive os resultados, para você e para os outros. Nas empresas, o equilíbrio entre "eu interno" e "eu externo" também precisa ser permanentemente perseguido, caso o objetivo seja obter lucros de forma sustentável.
- O equilíbrio corporativo entre o SER e o TER é alcançado a partir de três premissas:
  - A liderança assume o compromisso de manter todas as práticas e todos os processos em coerência com os valores corporativos e a RAZÃO DE SER da empresa.
  - A participação de todos os colaboradores na definição de todas as práticas e todos os processos corporativos deve ser fortemente estimulada.
  - A comunicação precisa ser quente, fluente, frequente e transparente, de forma a deixar claras quais são as regras do jogo.

- Não há contradição na ideia de usar a afetividade para ganhar em efetividade: canalizamos as emoções mais positivas para obter resultados ainda melhores.
- Não existe separação entre vida pessoal e vida profissional: SE VOCÊ QUISER SEGUIR NO CICLO VIRTUOSO E MELHORAR SEMPRE, TEM QUE SER PROFISSIONAL COM A VIDA PESSOAL E VIVER PESSOALMENTE A VIDA PROFISSIONAL.
- A caridade e a solidariedade assistencialista são inúteis quando se esgotam naquela alegria instantânea do gesto.
- Para apoiar o desenvolvimento do outro, é preciso ser capaz de COMPARTILHAR de uma maneira mais construtiva, agregando valor recíproco.
- Ao ACREDITAR no ciclo virtuoso, você entra novamente na dimensão da afetividade e, além de já TER conquistas efetivas para desfrutar, passa a SER uma pessoa melhor.
- Seu novo patamar de consciência permite que lide melhor com o próprio ego.
- O compartilhamento construtivo é a melhor ferramenta que existe para o desenvolvimento mútuo.
- A FG é eficaz para qualquer empresa, de qualquer setor e de qualquer tamanho, e dá certo também na gestão de escolas, melhorando os resultados educacionais.
- Quando as pessoas acreditam na RAZÃO DE SER de uma organização e veem coerência entre seus valores e práticas cotidianas, elas "compram" a causa, além de mais produtos e serviços.
- Por mais moderna que seja a tecnologia usada, transmitir uma informação repetidamente não é comunicar nada.
- A comunicação precisa ser quente, fluente, frequente e transparente, porque é assim que você estimula a compreensão do conteúdo da informação pelas outras pessoas.
- Só quando o interlocutor percebe o valor real e o sentido de cada conteúdo é que assimila a ideia, porque ACREDITA naquilo que está sendo comunicado.

▶

- Numa sociedade inundada pelo excesso de informação, a comunicação — afetiva e efetiva — é o melhor instrumento de compartilhamento construtivo.
- Vivemos uma crise de credibilidade e confiança global e profunda, e seu efeito colateral mais nocivo é sobre os jovens, que são nativos digitais e têm acesso irrestrito às informações, e com quem os mais velhos parecem não saber se comunicar, compartilhando valor e sentido.
- Precisamos ser coerentes com nossos melhores valores e COMPARTILHAR mais, dando bons exemplos. Esse é o melhor legado que podemos deixar.
- Toda vez que se COMPARTILHA o que se tem de melhor, outra pessoa começa a ACREDITAR que é possível MELHORAR.
- PRATIQUE, MELHORE e COMPARTILHE.

RESPOSTA DO INBOX

Caroline Gonçalves

Acho que seria importante falar da insegurança dos profissionais em relação à própria sucessão. Como posso crescer se não preparo ninguém para meu lugar?

Isso tem tudo a ver com o quarto pilar da FG, COMPARTILHAR. Quebrando alguns paradigmas, em primeiro lugar, não acredito que ninguém seja sucessor, mas se pode, sim, estar nessa posição enquanto não se conquista o cargo profissional almejado. Sim, é possível para uma empresa pavimentar o caminho para que cada colaborador consiga trabalhar naquilo que mais QUER. Para isso, é fundamental que seja oferecida uma combinação de fatores, que transformam a cultura organizacional especialmente no que se refere a recrutamento, seleção, desenvolvimento e sucessão.

Sobre a estruturação de programas de recrutamento e seleção com ênfase na índole das pessoas e valorização dos talentos internos, já conversamos bastante no cap. 3. Estão lá vários exemplos práticos de COMO melhorar esses processos, deixando de avaliar as pessoas apenas pelas entrevistas por competências. Além disso, pela minha experiência, é preciso contar com um processo de sucessão que seja realmente amplo, aberto e transparente, com informações públicas e atualizadas. Assumindo seu protagonismo, a pessoa identifica o que mais QUER e as competências que precisam ser desenvolvidas para ESTAR no processo sucessório da posição que mais deseja. Mas só isso não basta: o colaborador tem que expressar esse seu sonho e a empresa tem que ouvi-lo, levando sua vontade em consideração. Por exemplo, as pessoas podem se candidatar a vagas de acordo com o que sonham para si mesmas, e não somente para as posições que a empresa mais precisa. A noção de carreira diagonal está bem detalhada no cap. 3.

Recomendo que você também estruture na sua empresa uma rede integrada de compartilhamento de conhecimento, que eu costumo chamar de Projeto Educadores. É muito difícil alguém cuidar do próprio desenvolvimento, preparando-se sozinho para buscar o que mais QUER na vida. Então, é muito valioso contar com o apoio de uma rede de pessoas dispostas a compartilhar conhecimento de maneira construtiva. É um processo contínuo em que um sucessor apoia o desenvolvimento do outro e os dois são apoiados pelos demais integrantes da rede de compartilhamento. Funciona como uma corrente de desenvolvimento integrado: todos podem ensinar para todos e todos aprendem com todos.

De início, é possível que a pessoa se mantenha um pouco fechada, porque ainda tem medo de ensinar, compartilhar e se tornar obsoleta na posição que ocupa. É aqui que está a insegurança tradicional. Só que, como ela também pode olhar para sua carreira em diagonal, acaba se abrindo para novas possibilidades. Assim, à medida que cada um se aproxima mais um pouco da concretização de seu sonho, mais tem disposição de compartilhar conhecimento com os outros. É o conjunto dessas práticas de recrutamento, seleção, desenvolvimento ▶

e sucessão que possibilita que todos tenham estímulo para lutar, se desenvolver e, acima de tudo, compartilhar conhecimento abertamente e sem medo. Pode acreditar que a insegurança vai diminuir e cairão as barreiras criadas por alguns gestores para preservar o poder. Com uma vantagem adicional: a empresa que valoriza o sonho de seus colaboradores e busca fazer a convergência de propósitos tem muito menos dificuldade para abastecer seu processo sucessório, com qualidade e em quantidade.

Vanderlei Fantin
Vejo muitas pessoas imersas na cultura do individualismo, como se fosse a única forma de vida existente. Como é possível fazer as pessoas saírem de si mesmas, olharem para o lado e pensarem no próximo, ou despertar em cada uma a vontade de viver em comunidade, contribuindo para a construção de uma realidade melhor para todos?

Vivemos numa sociedade individualista, em que todas as mazelas que nos afetam diariamente, em vez de nos unir, parecem nos separar ainda mais, nos tornando pessoas egoístas que só pensam no próprio sucesso. A preocupação em relação ao outro é quase nula. Às vezes, parece até que não existe ninguém que possa ajudar, e a maioria ainda não vê problema algum em prejudicar os outros. Tem gente que acha que se isolar pode ser uma solução, mas não é. Ficar na torre de marfim não resolve nada.

Por isso, de acordo com os quatro pilares da FG, mas, sobretudo no COMPARTILHAR, fazemos um convite expresso para que as pessoas olhem para o lado e enxerguem o outro. Na Figura 4.1, no cap. 4, mostro como a visão de mundo, que combina o eu, os outros e a empresa, é capaz de grandes e valiosas transformações. Muita gente ainda considera que nos processos seletivos, a melhor forma de encontrar um talento é a avaliação por competência. Mas tenho certeza de que no futuro vamos buscar o melhor colaborador com base em sua capacidade de convergir propósitos e integrar conhecimento para fazer com que tudo melhore, porque, sim, nossa sociedade está chegando a um ponto em que as mudanças são necessárias e urgentes.

Mas, então, COMO fazer para que os outros comecem a despertar? Primeiro, é preciso ajudar a identificar o círculo vicioso. Infelizmente, muita gente esqueceu seus valores e aprendizados familiares sobre respeito e dignidade e se tornou individualista e imediatista, passando simplesmente a jogar o jogo. O que precisamos mostrar a elas é que temos a possibilidade de parar de jogá-lo, voltando-nos para a construção de uma sociedade mais justa e que faça mais sentido para todo mundo. O foco pode estar em passar adiante o que aprendemos de melhor com os nossos pais. Identificando e quebrando o próprio círculo vicioso, a pessoa resgata seus valores e seu propósito de vida. Depois, pela convergência de propósitos, podemos começar a progredir. É muito melhor estar acompanhado de outras pessoas que também acreditam em seus propósitos do que sozinho, mergulhado no abandono social e corporativo. Temos um déficit social incrivelmente grande, e o mais importante é que pessoas lúcidas entrem em ação. Vou falar mais sobre isso no próximo capítulo, propondo novas atitudes no dia a dia para melhorar tudo — até o que já está muito bom. Juntos, vamos mudar isso tudo.

CAPÍTULO 7

Como construir um futuro melhor... hoje

SEJA O LÍDER DA NOVA LIDERANÇA

Neste livro, percorremos juntos o que se pode chamar de "primeira rodada" da Filosofia de Gestão (FG). Além de COMPARTILHAR o que já consegui aprender de melhor, meu objetivo foi mostrar COMO você pode implementar a FG no seu dia a dia — na família, na empresa, na sociedade, enfim, em todas as situações em que convivemos com os outros. A partir da identificação de seus valores fundamentais, você definiu seu propósito de vida e entendeu a importância vital de conseguir fazer seu propósito convergir com o das pessoas ao seu redor e com a RAZÃO DE SER da sua empresa.

Com o apoio da sua afetividade, você abriu um novo diálogo com as pessoas que têm interesse genuíno por você. E agora já sabe ouvir um feedback franco, com a boca fechada e o coração e a mente abertos. Por isso, passou a ACREDITAR que existe, sim, um caminho alternativo: ninguém está condenado a viver eternamente na inércia, sob os efeitos nocivos do círculo vicioso. Já livre do que é negativo, estabeleceu seus próprios critérios viabilizadores para PRATICAR a FG diariamente, potencializando os benefícios conquistados. Sua primeira meta já é realidade: você reencontrou o equilíbrio e aumentou sua efetividade. A partir do momento em que sua vida começou a MELHORAR nas dimensões do afetivo e do efetivo, houve uma elevação natural do seu patamar de consciência.

Com os olhos e os ouvidos bem abertos, você sabe que, para seguir melhorando tudo — até o que já está muito bom —, precisa contar com a participação e a colaboração do maior número possível de pessoas. Você QUER, conscientemente, transformar a sua ilha da FG em um continente. Já ficou para trás, definitivamente, aquela ilusão de que o individualismo e o isolamento poderiam poupar você dos "problemas dos outros". Já está bem nítido e claro que, só ao COMPARTILHAR construtivamente tudo o que tem de melhor, você também recebe o que os outros têm de melhor. Ao concluir essa primeira rodada, você assumiu sua autonomia e seu protagonismo e entrou na espiral infinita dos benefícios do ciclo virtuoso.

Apesar de o processo todo da FG ser muito simples, tenho certeza de que sua jornada até aqui não foi nada fácil. Você teve que se empenhar muito para romper o círculo vicioso. É que "simples" nem sempre quer dizer "fácil". A simplicidade do processo da FG é inversamente proporcional ao esforço necessário para percorrê-lo, principalmente nessa "primeira rodada". Para chegar até aqui, você ultrapassou velhos e novos obstáculos. Fez uma desintoxicação de costumes negativos, se livrou do "mais do mesmo" e daquela antiga inércia do "aqui sempre foi assim". Enfrentou até o assédio de quem não acredita que é possível melhorar, quebrou paradigmas e abriu espaço para MUDAR, reencontrando o equilíbrio entre o "eu interno" e o "eu externo".

Esse processo é como nascer de novo, com a oportunidade de ser o protagonista da criação de um novo ambiente para crescer e se desenvolver. E o melhor: você está fazendo tudo isso não apenas por si mesmo, mas também por muitas outras pessoas por quem tem interesse genuíno. Daqui para a frente, porém, você conta com uma vantagem: vai percorrer infinitamente o ciclo virtuoso cada vez com mais naturalidade e tranquilidade, pois já rompeu o círculo vicioso da inércia. Ao final de cada nova rodada, passando pelos pilares ACREDITAR, PRATICAR, MELHORAR e COMPARTILHAR, estará em um patamar de consciência ainda mais elevado. Você se tornou o líder da própria vida. E, com toda a humildade, sabe fazer escolhas e colocar em prática o que é melhor para você e ainda ajuda efetiva e afetivamente os outros.

A ILUSÃO DO INDIVIDUALISMO

Não é de hoje que os filósofos, escritores, poetas e músicos avisam que o individualismo é uma das nossas maiores ilusões e não serve para nada. O individualista é como uma avestruz com a cabeça enterrada: fica com o corpo inteiro vulnerável, mas acha que está seguro, porque não vê nada do que acontece ao seu redor. Mais do que nunca, esse tipo de comportamento não é sustentável no século XXI. Somos cada vez mais interdependentes e estamos mais interconectados. Não tem jeito: o problema que hoje atinge só os outros com certeza amanhã vai bater na nossa porta. Mesmo que você se tranque no castelo mais seguro e jogue fora a chave.

Sempre que penso sobre essa ilusão de segurança que o individualismo pode nos dar, lembro de uma música chamada "Lettera Al Futuro" [Carta ao futuro], cantada pelo italiano Eros Ramazzotti. É de 1996, mas permanece bem atual. Gosto muito da crítica ao isolamento individualista e à mentalidade bairrista. Para mim, depois de ouvir ou ler esses versos, nada mais precisa ser dito contra o individualismo:

> È una vecchia storia
> Questa qua
> Raccontata già tanti anni fa
> È una vecchia storia
> Ma qualcosa ti dirà
> Erano anche quelli tempi bui
> Tempi in cui soffiava
> Più che mai
> Il cattivo vento
> Di un'orrenda malattia.
> Fu così
> Che il principe pensò
> Di chiudersi nel suo castello
> Solo con gli amici suoi

Fu così
Che lui pensò
Di rimanere fermo lì
Fino a che non passerà
Quella paura
E tutta quella oscurità
Nel castello c'era l'allegria
E si stava bene in compagnia
Si mangiava un pò di tutto
Si ballava un pò.
E nessuno immaginava mai
Che potesse giungere anche lì
Il cattivo vento
Che alla fine poi entrò
Scrivo a te
Queste cose che
Sono di un passato che
Sembra non passare mai
Tutto questo scrivo a te
Che in un futuro nascerai
E chissà come sarà
Se questo vento
Avrà lasciato le città
Tutto questo scrivo a te
Che in un futuro nascerai
E chissà come sarà
Se questo vento
Avrà lasciato le città
Io non so che mondo troverai
Spero solamente che sarai
Figlio di una nuova
E più giusta umanità*

---

* Não sou poeta e aprendi a língua na marra, trabalhando em uma multinacional italiana com subsidiária no Brasil. Me arrisquei aqui, mas se algum leitor quiser dar sua contribuição para melhorar essa tradução, estou sempre aberto à colaboração com

O líder da nova liderança

Depois de ler este livro, você é o que chamo de "líder da nova liderança". Mais do que nunca, a sociedade, o país e o mundo estão realmente precisando de pessoas como você, que não estão mais dispostas a se isolar e se omitir diante da realidade. Estamos vivendo uma crise global de credibilidade, que às vezes parece tão profunda que chegamos a perder a noção dos próprios valores. O que é ético? O que é legal? O que é imoral? Se os outros fazem coisa errada, também posso fazer? Como líder dessa nova liderança, você tem que estar sempre preparado para responder a essas perguntas, não apenas com palavras, mas principalmente oferecendo seu exemplo útil e inspirador. Você tem o poder de mudar o mundo para MELHOR. Já estou até ouvindo alguém dizer: "Márcio, por favor, menos. Transformar minha vida, a da minha família e a da minha empresa, tudo bem. Já ACREDITO. Até porque estou vendo as melhorias acontecerem. Já tenho fatos e dados concretos. Mas mudar o mundo para melhor? Eu? Na minha insignificância?".

Ser o "líder da nova liderança" não é ganhar patente ou subir na hierarquia. Não se trata de uma questão de poder. Você não precisa pedir permissão ou esperar a autorização de ninguém. Como líder da sua própria vida, você já tem o poder de mudar o mundo para melhor diariamente. É só agir com toda a persistência na coerência que puder. Ou seja, colocar em prática todos os dias seus valores

---

interesse genuíno. "Esta é uma velha história já contada há muitos anos/ É uma velha história, mas algo lhe dirá/ Foi naquele tempo sombrio/ Tempo em que o vento soprava mais forte/ O vento ruim de uma doença horrenda/ E assim o príncipe pensou em se isolar em seu castelo/ Só com seus amigos/ Foi assim que pensou em ficar trancado ali/ Até passar todo aquele medo e toda aquela escuridão/ No castelo, havia alegria e boa companhia/ Comia-se de tudo um pouco/ E se bailava também/ Ninguém imaginava mais/ Que o vento ruim pudesse entrar ali/ Mas, por fim, o vento sombrio entrou/ Escrevo a você sobre essas coisas/ de um passado que parece nunca terminar/ Tudo isso escrevo a você/ Que nascerá num futuro que não se sabe como será/ Se esse vento ruim já terá deixado a cidade/ Tudo isso escrevo a você/ Que nascerá num futuro/ Em que não se sabe se esse vento/ Já terá deixado a cidade/ Eu não sei que mundo encontrará/ Espero somente que seja/ Filho de uma nova e mais justa humanidade."

fundamentais e seus critérios viabilizadores. Isso é viver de verdade seus propósitos e ser FELIZ em casa, no trabalho e na vida como um todo. É assim que você supera a "insignificância humana". Você é capaz de ajudar o mundo na superação da crise de credibilidade. Não estou dizendo que você é um SUPER-HERÓI, que precisa ir além dos seus próprios limites. Quando falo em SUPERAÇÃO, estou me referindo a cada um de nós, pessoas comuns. Gente como a gente que não tem superpoderes nem foi necessariamente presenteada com algum talento especialíssimo. Somos simplesmente gente que QUER e FAZ o simples, que pratica a FG diariamente.

Outro dia, o psicanalista Jorge Forbes fez um comentário bem interessante sobre isso no programa *Terradois*, da TV Cultura. Segundo ele, "a superação e o esforço são democráticos: todos podem. Já o talento é uma singularidade, apenas alguns podem".* Nos esportes, por exemplo, isso fica bem evidente. Pelé nasceu com um talento especial para o futebol, isso é indiscutível. Eu e você, que não temos esse dom, ficamos satisfeitos em bater uma bola com os amigos no fim de semana, mas, como todo mundo, também temos a capacidade da superação. Podemos nos preparar, treinar e dedicar para acabar fazendo um gol de placa. Portanto, todos podem se preparar e conseguir se superar, desde que as metas sejam realistas: posso até DESEJAR ter nascido com o talento do Pelé, mas não dá para QUERER ser jogador profissional e chegar à marca dos mil gols sendo um perna de pau como eu sou.

O propósito é sua arma para a superação

Na FG, a ideia de superação está diretamente associada ao propósito de vida e aos nossos valores mais fundamentais, porque é isso que aumenta nossos momentos de felicidade. Como disse Nietzsche, quem tem propósito de vida supera qualquer coisa. Você pode supe-

---

* Disponível em: <youtube.com/watch?v=zLdOuMrowYw>. A citação está em 2min52, mas vale ver o programa todo.

rar tudo, desde que aja sempre alinhado com seus valores. Refletindo sobre essa questão, busquei exemplos úteis e inspiradores para compartilhar com você. Não queria histórias de super-heróis, capazes de agir de forma sobre-humana para MELHORAR o mundo. Queria exemplos de pessoas comuns, como eu e você. E acabei aprendendo que nossa capacidade de superação pode ir ainda mais longe. O ser humano pode superar até as guerras. Não estou falando em deixar para trás os conflitos do passado e seguir em frente com o coração em paz. Estou falando de fazer isso no auge da violência humana.

Em 2017, a enfermeira israelense Ula Ostrowski-Zak mostrou ao mundo como é que a gente pode fazer para superar o ódio entre as pessoas.* O bebê palestino Yaman perdeu o pai em um acidente de carro que deixou sua mãe em estado gravíssimo. Suas tias o levaram ao hospital para ser alimentado, mas, apesar das muitas tentativas, o bebê recusava o leite industrializado. Foi aí que a enfermeira israelense se ofereceu para amamentá-lo. Ela também postou um pedido de leite materno nas mídias sociais e as doações começaram a chegar. O bebê passou então a ter muitas amas de leite. (É como disse o papa Francisco: "mãe não tem estado civil". Não é solteira, nem casada, nem viúva. Também não tem nacionalidade, raça, cor ou idade; é, simplesmente, mãe.) Com esse exemplo de superação dado por Ula, que alimentou o filho de seus "inimigos", eu me dei conta de que os valores e o propósito de uma pessoa podem superar fronteiras e até preconceitos religiosos.

Essa é só uma das histórias que saem do anonimato e chegam à mídia internacional. O mundo está cheio de gente disposta a tentar fazer o melhor, ACREDITE. Como líder da nova liderança, você pode e deve buscar aliados. Recentemente, conheci outro caso verídico de pessoas comuns capazes de superar o ímpeto da violência. Na Segunda Guerra Mundial, o piloto alemão Franz Stigler estava em

---

* Para saber mais, leia a notícia "Enfermeira judia comove ao amamentar bebê palestino que tinha mãe internada", publicada no *Extra* em 9 jun. 2017 e disponível em: <extra.globo.com/noticias/mundo/enfermeira-judia-comove-ao-amamentar-bebe-palestino-que-tinha-mae-internada-21455472.html>. Acesso em: 3 ago. 2017.

combate aéreo quando localizou um bombardeiro norte-americano extremamente avariado. Ele voou na direção do outro avião para disparar os últimos tiros, mas, quando se aproximou, viu a tripulação em pânico, pois não tinham armas para se defender. Naquele exato momento, Franz conta que pensou: "Isto não vai ser uma vitória para mim. [...] Eu não vou ter isto na consciência para o resto da vida".* Além de não atirar, Franz ainda escoltou o bombardeiro norte-americano por cima da artilharia antiaérea alemã, ajudando a tripulação a retornar salva para uma base na Inglaterra. Charlie Brown, que pilotava o bombardeiro norte-americano, nunca esqueceu essa atitude solidária e procurou por seu "inimigo de guerra" durante mais de quarenta anos. Em 1990, com a ajuda de uma revista alemã de aviação, os dois pilotos conseguiram se reencontrar e se tornaram amigos.

Se essas pessoas comuns podem nos deixar esse legado de superação, por que não podemos ter diariamente a coragem de nos expor um pouco mais? Por que não ousamos fazer o que está de acordo com nossos valores e critérios? Em vez disso, ficamos nos escondendo atrás de desculpas como "Ah, mas isso não é comigo", "Desculpe, mas é problema deles!", "Não tenho poder para fazer isso", "Meu chefe não deixa" ou "Parece legal, mas já estou muito cansado, frustrado e velho para mudar!". No ambiente corporativo, então, esse tipo de desculpa é uma epidemia. Especialmente agora que o chamado "conflito de gerações" está instalado dentro das empresas. Por trás dele, uma geração usa os defeitos da outra como desculpa para evitar o compartilhamento construtivo de ideias, conhecimentos, inovações e novos aprendizados. Então, em vez de se aliar para colaborar e melhorar, as pessoas preferem ficar na inércia e no círculo vicioso. Ninguém ganha com isso.

Há duas décadas, só havia duas gerações no ambiente organizacional: os mais experientes, que ensinavam, e os mais jovens, que aprendiam. Atualmente, é bem diferente: os *baby boomers* lideram

---

* Adam Makos e Larry Alexander, *O amigo alemão* (São Paulo: Geração Editorial, 2017).

profissionais das gerações X, Y e Z.* As empresas começam a enfrentar um desafio geracional sem precedentes: como o ser humano está cada vez mais longevo, pela primeira vez temos tantas gerações convivendo no mesmo ambiente de trabalho. Linda Ronnie, professora de comportamento organizacional e gestão de pessoas da Universidade da Cidade do Cabo, aponta que é necessário construir uma "ponte" para que se possa obter o melhor que cada uma dessas gerações pode oferecer** às organizações e à sociedade como um todo, caminhando todos juntos.

Você está sempre na sua melhor idade

Pensando especificamente sobre a questão do conflito de gerações nas empresas, resolvi analisar com você algumas situações práticas: no dia a dia, COMO fazer para que nossas desculpas não sejam mais fortes do que nossa disposição à superação? COMO agir para realmente construir uma ponte de compartilhamento e união entre as diferentes gerações em convivência profissional? Primeiro, a conversa vai ser por faixa etária. Em seguida, vamos falar mais um pouco da abordagem da FG por tipo de modelo de negócio.

- **Pessoas entre dezesseis e 25 anos:** Você provavelmente ainda está estudando e deve estar em busca de sua primeira colocação profissional, como estagiário ou contratado. Talvez até já trabalhe, mas está no início da carreira. Como é que pode ajudar a construir aquela ponte? Em primeiro lugar, estude muito. Independ-

---

* De modo geral, os *baby boomers* são os nascidos depois da Segunda Guerra Mundial até a década de 60; a geração X vai da metade dos anos 60 até o final dos 70; a geração Y, dos *millennials*, compreende as pessoas que nasceram entre 79 e 91; e, finalmente, a geração Z é a dos nascidos a partir de 1992.
** Linda Ronnie, "You Shouldn't Be Worried About Generation Z Entering the Work Force: Here's Why", *Business Insider*, 20 jul. 2017. Disponível em: <businessinsider.com/dont-worry-about-generation-z-entering-the-work-force-2017-7>. Acesso em: 4 ago. 2017.

dentemente de sua situação socioeconômica, é o que você pode fazer de melhor. Você faz parte de um contingente valioso: ao contrário da Europa e de outros países, como o Japão, a população brasileira ainda é formada por uma grande parcela de jovens.* É você quem vai ser o arquiteto do nosso futuro, e a melhor ferramenta para isso é a formação educacional. E dá, sim, para estudar sem depender de ninguém. A partir dos dezesseis anos, você já pode trabalhar durante o dia e estudar à noite. Por favor, não reclame: a inércia ficou para trás. Além disso, na convivência profissional, não fique chateado por ser tratado como inexperiente. Tenha humildade para aprender e, sempre que puder, ensine quem sabe menos do que você. Quando for procurar um emprego, valorize-se. Mantenha os pés no chão, mas busque uma empresa cuja RAZÃO DE SER combine com seus valores. Depois, quando sentar pela primeira vez numa cadeira de gestor, não se deixe seduzir pelo poder. Não perca a energia positiva e não deixe a vaidade tomar conta de você. Não se torne um babaca tradicional. Não repita erros das gerações anteriores. Mantenha o brilho no olhar e jamais se transforme num daqueles "chefes" que são o "sucesso" absoluto do individualismo. Uma dica final: converse sempre francamente com todas as pessoas que têm interesse genuíno por você. Isso é importante para pessoas de qualquer idade, mas especialmente para os mais jovens. Filtre o feedback e tire o máximo proveito dele.

- **Pessoas entre 26 e 35 anos:** Você está encaminhado na carreira e, seja como empreendedor ou na empresa em que trabalha, já conquistou algumas recompensas. Está bem mais próximo da sedução do poder, mas não considera que já tenha atingido todos os seus objetivos. Quando você conversa com alguém mais experiente (na faixa dos cinquenta ou sessenta anos), essa pessoa

---

*   A faixa etária entre 15 e 39 anos representa 39,2% da população do Brasil. Talita Abrantes, "Um retrato do Brasil e do brasileiro, segundo o IBGE", 25 nov. 2016. Disponível em: <exame.abril.com.br/brasil/um-retrato-do-brasil-e-do-brasileiro-segundo-o-ibge>. Acesso em: 6 ago. 2017.

costuma alertá-lo: "Pense em você e na sua qualidade de vida. Vá com calma, faça sua parte e já está bom. Não se mate". Apesar de ser um conselho dado com amor, é também um convite velado ao individualismo. Faz parte da gestão tradicional, não de uma nova filosofia. Você provavelmente vai ficar dividido entre a prática dos seus valores, que batem forte em seu coração, e essas propostas mais convidativas do modelo tradicional de gestão. Mas não se iluda: as vantagens tradicionais e até individualistas oferecidas hoje serão uma camisa de força amanhã. Pode parecer convidativo, confortável e atraente, porque é mais fácil dar continuidade aos paradigmas antigos. Hoje é sua geração quem tem a maior responsabilidade na construção da ponte com a geração anterior. Além disso, é você quem vai passar o bastão adiante. Você pode derrubá-lo caso se apegue às mordomias do poder e da hierarquia; ou pode passá-lo alinhado com seus valores e propósito de vida. A escolha é sua, mas, por favor, não se isole no individualismo e não se iluda com facilidades. Isso é muito ruim para o futuro, que seus filhos e netos certamente viverão.

- **Pessoas entre 36 e cinquenta anos:** Sou dessa geração. Você está no auge das suas conquistas profissionais — e até se diverte um pouco com elas, mas já sente as dores das próprias escolhas. E, principalmente, já vive há muito tempo as consequências negativas de um modelo de gestão rígido, inflexível, que opera como se todos fôssemos robôs mecanicamente organizados. Essa estrutura hierarquizada de comando e controle impõe, na melhor das hipóteses, práticas meritocráticas; e, na pior, práticas simplesmente exploratórias. Há vinte anos, porém, você não tinha a possibilidade de seguir por um novo caminho. Observo hoje na nossa geração uma vontade descomunal de MUDAR. Converso com muita gente e recebo milhares de e-mails de pessoas nessa faixa etária entusiasmadas com as ideias e práticas da FG. Mas também noto que vivem uma contradição diária. A maioria quer atuar de acordo com uma nova FG, mas se esconde atrás de uma grande desculpa: "Márcio, já estou muito velho para mudar. Seria abrir mão de tudo o que conquistei". É preciso quebrar o círculo vicioso e ter a coragem de ACREDITAR no novo, colocar em prática os próprios valores e dar o exemplo à geração formada por pessoas da faixa etária dos seus filhos. Se a ação partir da nossa geração, vamos pavimentar o caminho e construir uma ponte sólida para fazer a transição. Ouse ACREDITAR. Inverta a perspectiva: você está muito "velho" é para continuar no círculo vicioso! Seu legado será um mundo muito melhor para seus filhos. Ainda temos metade da vida pela frente, então vamos MELHORAR.

- **Pessoas acima dos cinquenta anos:** Mais do que nunca, para você, recomendo um plano B, sobre o qual falarei adiante. Não espere a aposentadoria, não fique na inércia, achando que vai encontrar a felicidade ao parar de trabalhar. Essa é outra ilusão cultivada pelo modelo tradicional de gestão. Aguentamos a vida inteira a história do "manda quem pode, obedece quem tem juízo" porque um dia vamos nos ver "livres" disso. Mas livres para fazer o quê? Esse momento pode ser uma ótima oportunidade para resgatar seus valores e seu propósito de vida. Desde *Felicidade dá lucro* venho afirmando que trabalhar mantém a alma viva.* Antecipe-se: entre no ciclo virtuoso e dê um novo significado à sua vida. Além do mais, sua experiência e sua vivência precisam ser compartilhadas com os mais jovens. Você entende a complexidade das mudanças e a necessidade de inovação. Já deixou para trás aquela fase em que tinha que competir ferozmente por posições na hierarquia corporativa. Ainda tem muito tempo com alta performance pela frente, então use sem moderação. Seja qual for seu plano B, não deixe de incluir nele algumas práticas de compartilhamento construtivo. Assim, você colabora para a construção da ponte de transição entre as gerações. E, como retribuição, vai se sentir plenamente realizado. Dê o exemplo e crie seu legado, reencontrando o propósito da sua vida.

---

* Em *Felicidade dá lucro*, a partir da p. 40, falo sobre a importância de se manter produtivo, citando como exemplo meu pai, que desde que se aposentou tem uma oficina especializada no reparo de sistemas de freio nos fundos da casa dele. Está com mais de setenta anos e segue trabalhando, firme, forte e feliz.

- **Adultos bem acima dos cinquenta anos:** Para você, com todo o discernimento já conquistado por méritos próprios, vou só contar um caso real. Então poderá fazer uma autoavaliação e, se quiser, compartilhá-la comigo. Há dois anos, no dia 23 de dezembro, fui convidado pelo Hospital Nove de Julho, de São Paulo, para falar aos seus colaboradores sobre a FG. Foi um encontro muito legal com a presença e a participação de mais de cem pessoas da liderança. No final, um senhor com todo o jeito de médico ergueu a mão, pedindo para falar. Então disse:

Primeiro, tenho que confessar que sou penetra nesse evento. Não sou médico, não fui convidado, não trabalho no hospital. Estava passando pelo corredor, vi o cartaz da palestra e vim ver do que se tratava. E estou aqui no Nove Julho também como penetra: não estou doente, graças a Deus, nem ninguém da minha família. Entretanto, há alguns anos, passei o Natal aqui com minha esposa, que estava muito doente. Foram dias de intensa reflexão, em que tive a oportunidade de pensar sobre meu papel nesse mundo. Minha esposa se recuperou, felizmente, mas, naquele dia, fiz uma promessa: até o fim da minha vida, passaria o período do Natal aqui no Nove de Julho. Eu fico pelos corredores e entro em todos os lugares onde posso circular livremente, converso com quem quiser... Procuro ajudar a amenizar um pouco a angústia de quem acompanha uma pessoa doente. Eu me sinto muito bem fazendo isso, ajudando do meu jeito, acolhendo pessoas e ouvindo o que têm a dizer. E hoje, ao ouvir sobre a Filosofia de Gestão, eu me dei conta de que já acredito nela, já a pratico, e minha vida já é muito boa, mas, para que continue a melhorar, quero seguir compartilhando o que tenho de melhor.

Dias depois, esse mesmo senhor me enviou um e-mail, acrescentando:

Márcio, gostei demais de conhecer a Filosofia de Gestão. Estou com 76 anos, mas, pelos próximos dez anos, quero ser um embaixador dessa filosofia, ajudando a divulgar essas ideias e práticas para o maior nú-

mero possível de pessoas. Quero trabalhar com você para espalhar a FG em todos os lugares em que estiver.

Fiquei numa felicidade incrível! Com esse nível de consciência já tão ampliado, não poderia haver tutor melhor para COMPARTILHAR a FG com os mais jovens. Essa maturidade é o que fortifica o alicerce da nossa ponte entre gerações e viabiliza o caminho para um futuro melhor.

E você? Ainda está escondido atrás de desculpas do tipo "estou muito velho para isso" ou quer COMPARTILHAR tudo o que sabe e o que tem de melhor? É provável que alguém na sua família seja da geração Z. Que realidade quer que encontre daqui a alguns anos dentro da empresa em que for trabalhar? E, se preferir empreender, que tipo de gestão gostaria que praticasse à frente do negócio? Não existe essa coisa de "melhor idade" para fazer isso ou aquilo. A única certeza é que a vida pode acabar em qualquer idade. Então, pense: qual será meu legado? Estamos sempre na melhor idade para ACREDITAR, PRATICAR, MELHORAR e COMPARTILHAR.

COM UM PLANO B, É MAIS FÁCIL PERSISTIR

Para todo objetivo que definir para você, tenha sempre um plano B. Desde meu primeiro livro, defendo que devemos ter sempre planos adicionais e caminhos alternativos.* Quanto mais, melhor. Mas aqui vou focar no plano B. Como líder da própria vida, você define as metas e segue a estratégia e as táticas com toda persistência na coerência. Mas coisas acontecem. Para todo objetivo que você QUER alcançar, existem riscos e incertezas que não estão totalmente sob seu con- ▶

---

* O cap.1 de *Felicidade dá lucro* começa com a seguinte frase: "Nada, absolutamente nada do que você vai ler nos primeiros capítulos deste livro aconteceu da forma exata como foi planejado. Como todo mundo, eu faço planos e a vida simplesmente acontece. Os fatos vão se sucedendo; parecem aleatórios. Muda-se o cenário, acrescentam-se variáveis e novas circunstâncias" (p. 21).

trole. E, diante das incertezas, você não tem opção. O acaso pode alterar o cenário, as variáveis ou as circunstâncias. Ou tudo de uma vez só. Você planeja, age com toda efetividade, está preparado. Mas, quando aquela promoção tão desejada está prestes a sair, a empresa em que você trabalha entra em crise. A causa pode ser qualquer uma: de uma hora para outra, um concorrente surge com uma tecnologia que derruba o preço do produto; a seca acaba com a safra; ocorre uma ruptura escandalosa no sistema financeiro global. E então, em vez de promovido, você se vê demitido.

Qual seria sua reação mais provável diante de uma situação desse tipo? A maioria de nós reage muito mal ao poder do acaso. "Puxa vida, eu planejei, me esforcei, persisti, fui coerente. Fiz tudo direito e, quando chegou minha vez, aconteceu uma coisa dessas? NÃO ACREDITO em mais nada, muito menos em mim. Comigo nada dá certo." Essa reação é um perigo, principalmente para você mesmo. É isso que reabre a porta para a inércia, o círculo vicioso e as crenças negativas. Como você sente que investiu o que tinha de melhor para atingir seu objetivo e as incertezas naturais da vida mudaram completamente o resultado do seu plano, tem vontade de deixar tudo para lá. Voltando àquela adaptação da curva de Oberg que fiz para ilustrar nossa trajetória pelo ciclo virtuoso, é como se estivesse chegando ao ápice (topo da curva à direita) e, de repente, despencasse lá de cima. Dá uma sensação de injustiça, um arrependimento enorme e um ímpeto forte de desistir de tudo. É natural ficar confuso nessa hora.

Mas é exatamente por essa razão que eu digo que ter um plano B é a melhor arma da sua persistência. E não falo teoricamente, não. Faz alguns anos que passei a participar de encontros com executivos desempregados, o que me dá a oportunidade de ouvir vivências reais sobre essa situação. Eu me coloco no lugar dessas pessoas, penso na minha família e sinto um frio na espinha. Sem julgar ninguém, procuro ajudar ao máximo, compartilhando o que aprendi. O grupo reúne pessoas de altíssimo nível intelectual, técnico e estratégico, que falam várias línguas, mas que, por razões diversas, estão sem emprego há meses ou até há mais de ano. Ao longo da carreira, alguns conseguiram poupar um bom dinheiro, mas nem todos. De qualquer modo, a maioria se ressente da perda do SOBRENOME corporativo. Ou seja, eu sou o João, mas agora não sou mais presidente ou diretor de tal empresa. Mesmo com dinheiro no bolso, depois de anos na vida corporativa, isso pode ser causa de uma depressão profunda. E o que é pior: se existia alguma chance de voltar ao mercado, mesmo dando alguns passos atrás, a queda na autoestima praticamente decreta a morte corporativa da pessoa. Nesses encontros, consolido meu aprendizado de que é preciso muito foco e seriedade na construção de um plano B.

Não recomendo criar um plano B numa área que não esteja em sintonia com seus valores e propósito. Pense bem. Convide sua família para refletir com você. Faça de conta que é um trabalho de conclusão de curso que realmente vai colocar em prática. Em algum momento, talvez essa seja mesmo sua vida. Então, vale todo o esforço, todo o trabalho e toda a dedicação possíveis. Quando conta com um plano B — talvez até já testado —, você se sente tão leve e forte que maximiza os momentos de felicidade. Fica mais produtivo e eficiente em tudo, inclusive no plano A. Isso é muito importante para ajudar a superar as dores, porque cria uma espécie de blindagem. A frustração é menos profunda, e você escapa da baixa autoestima e da depressão. Por isso, sugiro que ao definir sua estratégia e as práticas diárias para atingir determinado objetivo, trace simultaneamente pelo menos um plano B. Contando com outra possibilidade viabilizadora do seu sonho, você vai caminhar muito mais tranquilo pelas etapas do ciclo virtuoso da FG. Além de reduzir sua ansiedade em atingir o objetivo inicial, o plano B mantém sua afetividade em equilíbrio com sua efetividade. Ele dá tanto conforto que a gente até cria mais coragem de assumir riscos e enfrentar as incertezas, isso te ajuda a vencer o medo, te faz mais forte. Mesmo que o acaso vire de pernas para o ar seu plano A, você sabe que já tem uma rota de fuga, uma saída, um caminho alternativo para seguir em frente e ser feliz. Ou seja, você não pode evitar nem reduzir as incertezas da vida, mas com um plano B diminui seu impacto negativo. Fortalecidas, suas emoções positivas não vão abrir espaço para a volta da inércia, do pessimismo e do círculo vicioso. Não haverá retrocessos. O plano B é seu melhor aliado para persistir com coerência.

O ponto de partida em cada negócio

Até aqui a gente conversou sob o ponto de vista das pessoas. Falamos COMO é que, em diferentes momentos da vida, cada um pode resgatar seu propósito e quebrar círculos viciosos para criar ciclos virtuosos. Só que o modelo dos negócios também influencia — às vezes, muito negativamente — a possibilidade de ação de cada pessoa. Por exemplo: é claro que alguém que queira criar sua ilha da FG numa empresa com estruturas rígidas e inflexíveis vai enfrentar mais obstáculos. Não é impossível, e sei disso porque já aconteceu comigo. Mas, então, COMO é que um negócio pode sair da inércia mesmo dentro dos velhos paradigmas organizacionais?

- **Empresa de grande porte:** Com um contingente significativo de colaboradores, em geral essas empresas têm muita gente disposta a empreender e adotar uma nova filosofia de gestão. Tenho certeza disso, especialmente em RH, pois recebo muitos e-mails de profissionais dessa área entusiasmados com a possibilidade de criar uma nova cultura organizacional, que estimule a autonomia e o protagonismo. Só que, quando falta coerência corporativa na prática dos valores e com a RAZÃO DE SER do negócio, o engajamento não acontece. Ou uma farsa: o colaborador repete tudo o que ouve da boca para fora e não coloca nada em prática, porque NÃO ACREDITA. É como matar e enterrar bem fundo o portador da boa notícia! Quando realmente objetiva o engajamento, o ganho de eficiência e a perenidade dos lucros, a empresa precisa contar com uma estrutura organizada para oferecer aos colaboradores a possibilidade de participação efetiva em todas as práticas e processos, o compartilhamento de conhecimento e a realização de seus próprios propósitos. Sem persistência na coerência, em médio e longo prazos, por melhores que sejam hoje os resultados do negócio, essa tendência vai se reverter.
- **Empresa de pequeno e médio porte:** Aqui, existem dois mitos que precisam ser derrubados. O primeiro é a tal falta de dinheiro para investir. Isso é desculpa, inércia, é querer ficar no círculo

vicioso. Sempre há dinheiro para um negócio bem-feito. Existem investidores, linhas de crédito e até a própria receita gerada pelo novo empreendimento, desde que adequadamente reinvestida, a propósito, propósito se consegue sem pagar nada. O segundo mito é o da ideia superinovadora. Ainda tem muita gente que acha que, para empreender, precisa criar um negócio disruptivo. Algo que "revolucione a revolução" da internet, por exemplo. É claro que inovações disruptivas são muito bem-vindas, mas por que se apegar a esse mito? Tem muita gente por aí que ganha dinheiro e é feliz colocando em operação um negócio simples, mas muito bem-feito. Basta olhar em volta. Por exemplo: o chocolate surgiu no México antes de 1500 a.C. Apesar de tão antigo, existem centenas de negócios no século XXI ganhando dinheiro com ele, não é? Portanto, o que mais falta aos empreendedores não é dinheiro nem uma boa ideia: é a capacidade de transformar as informações disponíveis em planejamento e decisões efetivas. "COMO, Márcio, como?" A dica é não ter medo de COMPARTILHAR. Como empreendedor, é preciso ter a humildade de reconhecer que a melhor solução para o negócio nem sempre vem da sua cabeça. Você precisa da participação dos colaboradores e talvez de um sócio. Deixe de lado a vaidade e compartilhe: é melhor ter 50% de um bom negócio ou ter 100% de uma pequena empresa falida?

- **Setor público e cooperativismo:** Lá na seção "Resposta do inbox" do cap. 5, falei um pouco sobre a implementação da FG nesses dois setores. O setor público e o cooperativismo têm um ponto em comum muito importante: as pessoas estão lá porque QUEREM estar. Não é nada fácil ingressar no setor público. É preciso estudar muito para os concursos. Às vezes, a pessoa investe anos nisso. Nas cooperativas, a FG se encaixa como uma luva. Todos os cooperados são donos do empreendimento e a convergência de propósito é claríssima: estão juntos para COMPARTILHAR trabalho e resultados (chamados de "sobras"). Portanto, para implementar a FG, o primeiro passo é estimular o resgate do propósito de vida dessas pessoas. Como já QUEREM estar lá, o engajamento na transformação para melhor será mais fácil, e rapidamente começarão a surgir as ilhas da FG. Depois de iniciado o processo do ciclo virtuoso, elas vão se multiplicar e formar um novo continente de excelência, revolucionando a qualidade dos serviços prestados à população pelo setor público ou multiplicando os resultados das cooperativas. No Brasil, muita gente acha que o setor público não tem conserto, mas eu discordo totalmente. Existe muita gente boa de verdade no funcionalismo, basta que se una para ACREDITAR, PRATICAR e MELHORAR, de modo que todos os brasileiros possam COMPARTILHAR um setor público de excelência.

- **Terceiro setor:** Em geral, aqui, o líder da organização também tem como ponto de partida o propósito. Ele QUER estar ali e fazer exatamente aquilo. Isso é, sem dúvida, o primeiro passo para a superação dos obstáculos. Todo mundo que trabalha ou se voluntaria no terceiro setor tem um profundo engajamento com a causa que defende. Isso é maravilhoso. Mas, pelo que tenho observado, não é o suficiente. É que esse engajamento, às vezes, está fundamentado apenas na dimensão da afetividade. Por exemplo, a equipe de uma ONG pode estar cheia de boas intenções: QUER ajudar os outros, QUER ajudar a resolver problemas, QUER mudar o mundo para melhor... Mas, de vez em quando, falta o equilíbrio e a dimensão da efetividade. Sobram boas intenções e faltam planejamento, estratégias e táticas operacionais. Para implementar a FG no terceiro setor, é essencial encontrar e manter o equilíbrio entre a afetividade e a efetividade. Sem isso, a iniciativa tende a ter curta duração e só gerar frustrações.
- **Empresas familiares:** O criador de um negócio familiar de grande ou pequeno porte costuma ser uma pessoa com um propósito de vida muito bem definido: QUER prosperar e oferecer o melhor para sua família. Ergue o negócio do zero e passa a vida inteira dedicado a essa missão. Apesar de todo o empenho, a maioria costuma ficar na inércia em relação a um ponto muito importante: seu plano de sucessão. No Brasil, a maioria das empresas tem controle familiar. Entretanto, de acordo com a pesquisa rea-

lizada em 2016 pela PricewaterhouseCoopers (PwC),[*] 54% das companhias familiares brasileiras não têm plano de sucessão em vigor. Nos cinquenta países pesquisados, 43% das empresas familiares não contam com plano de sucessão e apenas 12% chegam à terceira geração. São números assustadores. E, de fato, refletem o apego do fundador ao modelo tradicional de gestão: o poder é seu e só seu. É ele quem manda e quem tem juízo obedece. Mas é fazendo isso justamente que se compromete a continuidade do negócio. Sem um plano de sucessão bem estruturado e programado ao longo do tempo, aumenta a probabilidade do insucesso futuro. Na falta do fundador: 1) assume o negócio um sucessor que não QUER, não sabe e não gosta de trabalhar na empresa; 2) um sucessor que QUER o poder, mas não sabe e não gosta da empresa, ou talvez até goste da empresa, mas foque no exercício do poder; 3) nenhum herdeiro QUER ficar à frente da empresa; 4) o negócio entra em decadência porque não se preparou uma equipe de profissionais para a sucessão. E, se é difícil planejar QUEM será o sucessor e QUANDO assumirá a empresa, o que dirá construir uma ponte entre as gerações, que possibilite a transição do modelo tradicional para a FG? Se hoje você está à frente de um negócio familiar, o ponto de partida é um só: comece já a planejar sua sucessão, garantindo a perenidade da empresa. ACREDITE. O negócio familiar, que nasce de um propósito de vida, pode, sim, ser próspero e sustentável, entregando tudo o que você sonhou. Ou prefere que seu empreendimento não chegue à terceira geração, de modo que seus netos não vão chegar a conhecer a prosperidade que um dia você desejou para eles? Comece a pensar nisso já!

---

[*] Pesquisa Global Sobre Empresas Familiares, da PwC Brasil, disponível em: <pwc.com.br/pt/setores-de-atividade/empresas-familiares/2017/tl_pgef_17.pdf>. Acesso em: 1 ago. 2017.

ACERTA MAIS QUEM VÊ O FIM DESDE O COMEÇO

Outro dia postei no LinkedIn uma vaga de emprego. Só que, entre os requisitos técnicos das competências profissionais, coloquei também três pontos em sintonia com a FG: a pessoa deveria ser capaz de "ver o fim desde o começo"; na primeira linha do currículo, tinha que escrever seu propósito de vida; deveria enviar uma foto que falasse sobre ela. Minha postagem teve quase 1 milhão de visualizações e recebemos 15 mil currículos, sem nenhum exagero. Foi lindo demais perceber quanta gente está disposta a buscar novos caminhos para ser mais feliz. O anúncio fez tanto sucesso e os currículos eram tão bons que tivemos um problema: mesmo com um processo seletivo muito bem estruturado, avaliando também a índole das pessoas, acabamos tendo que selecionar três em vez de uma só. E tinha tanta gente boa que dava vontade de chamar até mais pessoas.

A experiência dessa postagem também foi muito positiva para mim, porque gosto de usar as redes sociais para observar o comportamento das pessoas. Como resposta ao post sobre a vaga, por exemplo, posso afirmar que 99,9% das pessoas acharam aquele anúncio legal, enxergaram ali uma oportunidade e se entusiasmaram, ACREDITANDO que os requisitos em sintonia com a FG podem, sim, levar a um lugar melhor. Mas é incrível como existe um pequeno grupo diferente. É aquele 0,01% de eternos pessimistas. Teve alguém que entrou no LinkedIn e comentou o seguinte embaixo da minha postagem: "Mais um CEO tentando se promover usando as mídias sociais. E tem a cara de pau de criar uma proposta tão encantadora e, ao mesmo tempo, tão frustrante! Anuncia a vaga e já diz no próprio requisito que vai ter FIM".

Puxa vida, essa pessoa não entendeu nada. Mais experiente do que eu em mídias sociais, um amigo me disse que isso é comum. Muita gente aproveita para postar aquilo que não tem coragem de falar para os outros cara a cara. Na verdade, acabei achando positivo as pessoas começarem a se expor mais, mesmo que seja para me detonar. Meu objetivo era selecionar bons profissionais, mas, além de contratar, consegui aprender muito. Essa pessoa que me criticou entendeu que, futuramente, o contratado seria demitido. Só que, quando falo em "ver o fim desde o começo", estou me referindo à capacidade de ACREDITAR com convicção e persistir na busca dos próprios sonhos. Toda trajetória na direção de um objetivo tem seus momentos difíceis. É natural e inevitável. Mas, se você mantém em mente seu propósito de vida e o objetivo que QUER atingir, é mais fácil superar os obstáculos que vão surgindo naturalmente. Você se antecipa aos problemas e planeja com carinho as soluções. Quem enxerga o fim desde o começo sofre menos e acerta mais. Para seguir em frente no ciclo virtuoso com o corpo e a mente mais leves, além de "ver o fim desde o começo", também sugiro que você tenha sempre um plano B.

Fatos e dados para melhorar o futuro

A base FG é a conquista do equilíbrio entre as dimensões da afetividade e da efetividade, o que, invariavelmente, tem reflexos diretos sobre a FELICIDADE das pessoas e a LUCRATIVIDADE dos negócios. Por isso, para avançar na direção de um futuro sempre melhor, é bom estar norteado por fatos e dados concretos. Você tem que criar instrumentos para avaliar o resultado gradual das suas conquistas. É assim que são tangibilizados os resultados e feitos os ajustes necessários para se manter em aderência com as práticas e os critérios da FG.

Para facilitar, sugiro utilizar um indicador, que chamo de índice de aderência à FG (IAFG). Seguindo esse passo a passo para mensurar os resultados, você conseguirá avaliar, além dos benefícios tangíveis do ciclo virtuoso, como o lucro, os intangíveis, como seu grau de felicidade ou realização. Vamos ver um exemplo hipotético do IAFG para você acompanhar passo a passo a aplicação e, depois, fazer as adaptações necessárias à sua realidade, Os indicadores tangíveis e os intangíveis são cruzados, de acordo com o gráfico apresentado na Figura 7.1. Em geral, a **LUCRATIVIDADE** é representada por indicadores mais simples e tradicionais, tais como:

Indicadores estratégicos:
- Perenidade
- Crescimento

Indicadores financeiros (resultados efetivos):
- Rentabilidade
- EBITDA
- Estrutura de capital

Indicadores de processos (táticos):
- Eficiência
- Produtividade
- Qualidade

Você pode — e deve — inserir seus próprios indicadores, aqueles que costuma utilizar para fazer suas mensurações. Já os pesos, pode definir com base no que for mais importante no momento para a empresa. Mas dá para ser dinâmico, desde que enquadrado ao total da coluna. Por exemplo: O eixo vertical vai de zero a dez. Assim, você deve atribuir pesos que compreendam os indicadores selecionados neste intervalo. Mas seja justo e não se engane.

Já a **FELICIDADE**, apesar de muita gente ainda achar que é um bem intangível, vamos quantificar de forma bem objetiva aqui no nosso exemplo para evitar a descrença. Vamos começar, é claro, pelos bens tangíveis, mas é possível incluir aqui indicadores mais elevados do ponto de vista da consciência, fatores que realmente têm a capacidade de transformar uma empresa, tornando o negócio mais leve, potente e humano, com colaboradores mais produtivos e felizes!

Indicadores tangíveis:
- Horas extras per capita ao mês
- Quantidade de movimentos de carreira (promoções e mudanças de área): o ideal (sustentável) é que o número de movimentações dividido pelo número de pessoas da empresa seja igual a meio (0,5) ou mais, ou seja, cada pessoa deve ter ao menos uma movimentação a cada dois anos, mas é claro que esse indicador pode ser até mensal
- Desenvolvimento e sucessão: de acordo com a meta de Índice de Desenvolvimento Humano (IDH) objetivado e a quantidade de pessoas prontas ou em desenvolvimento para cada posição-chave definida
- Saúde e segurança: por exemplo, afastamentos por doença e acidente
- Clima organizacional: medido em pesquisa isenta e imparcial
- *Turnover*: quantidade de pessoas que deixam a empresa
- Índice de recrutamento interno
- Absenteísmo
- Outros (você escolhe)

Indicadores intangíveis:
- Revisões espontâneas de procedimentos
- *Job rotation*
- Redução de barreiras e facilidade de acesso aos líderes
- Substituições de gestores em férias por pessoas não gestoras de outras áreas
- Pessoas de diferentes áreas almoçando juntas
- Voluntariado e eventos solidários em grupo
- Número de pessoas que começou ou voltou a estudar
- Número de candidatos para vagas de recrutamento interno
- Nível de participação nas pesquisas em geral
- Quantidade e qualidade das ideias recebidas
- Uso da rede social interna
- Número de pessoas que tem um tutor, além daquele que a empresa oferece

- Quantidade de pessoas que acessa as redes sociais externas da empresa no final de semana
- Outros (você escolhe)

Mais uma vez, enfatizo que é você quem define os indicadores para aplicar ao IAFG, de acordo com o momento vivido pelo negócio e com aqueles de que já dispõe. Sugiro, no entanto, que, no eixo horizontal, a quantidade de atributos tangíveis e intangíveis seja equivalente. Além disso, recomendo que use três de cada NO MÍNIMO. Mas fica tudo ao seu critério.

No IAFG, a avaliação tem quatro níveis:

Não aderente: Reflete, em geral, o nível de muitas empresas que podem até conseguir bons lucros, mas não têm equilíbrio entre as dimensões da lucratividade (eixo vertical) e da felicidade (eixo horizontal). Normalmente ainda não entraram no ciclo virtuoso, mas podem sonhar com algo novo, desde que eliminem os obstáculos para alcançar a sustentabilidade dos negócios.

Parcialmente aderente: São organizações que já saíram da estaca zero, muitas vezes forçadas por leis e normas. No ciclo virtuoso, realizam entregas pontuais não recorrentes. ACREDITAM eventualmente, PRATICAM de vez em quando e, por isso, MELHORAM pouco ou sem consistência.

Aderente: Empresas que já apresentam grau de consciência de boa qualidade e compreendem o papel a ser desempenhado. Têm boa fluência no ciclo virtuoso e mantêm o equilíbrio entre as duas dimensões (eixos vertical e horizontal), mas ainda restam refinamentos a ser empreendidos. ACREDITAM, PRATICAM e MELHORAM, e já iniciaram o processo de COMPARTILHAR construtivamente.

Sustentável: O equilíbrio entre os dois eixos (vertical e horizontal) é mantido com naturalidade, sem maiores esforços. O movimento pelo ciclo virtuoso é organizado e orgânico: ACREDITAM, PRATICAM, MELHORAM e COMPARTILHAM construtivamente. Já atingiram o patamar de exemplo e estão construindo seu legado. A sua RAZÃO DE SER está compreendida e muito valorizada por seu público.

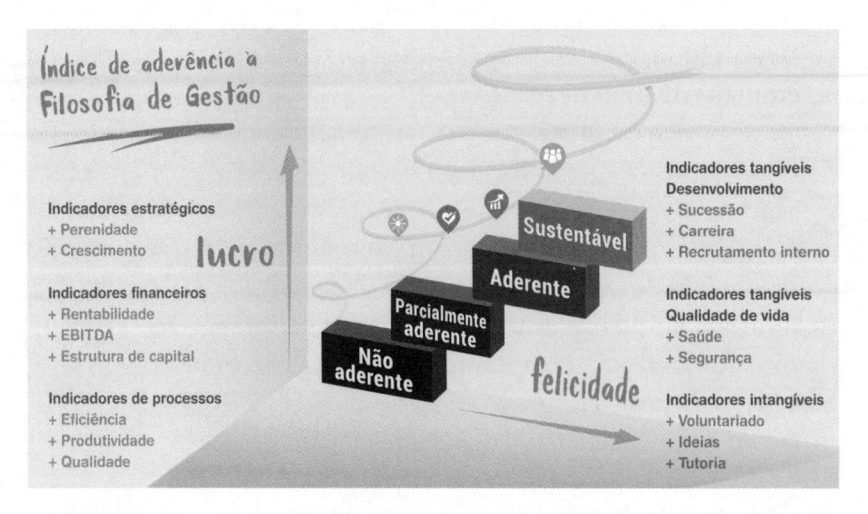

Figura 7.1: Gráfico com exemplo hipotético da aplicação do índice de aderência à FG.

A partir desse gráfico simples do IAFG, você faz suas adaptações. Pode, por exemplo, usar a mesma grade de pontuação dos eixos Y e X, distribuída de acordo com o que lhe for mais útil ou aplicando indicadores próprios. Assim, será bem fácil identificar em que ponto está sua empresa e projetar até onde querem chegar. Fiz essa versão do índice de aderência à FG aplicada ao ambiente corporativo, mas é claro que você também pode adaptá-lo para mensurar os resultados efetivos do ciclo virtuoso em sua própria vida. Basta colocar nos dois eixos aquilo que mais importa para você. Não ousei interferir nesse ponto justamente para deixá-lo totalmente livre para criar seu termômetro.

Bem-feito é melhor que perfeito

Você provavelmente me acha um perfeccionista, por estar sempre querendo superar metas e melhorar — todos e até o que já está muito bom. Mas não é isso: na verdade, sou adepto convicto da ideia de que o bem-feito é muito melhor do que o perfeito. Já falei algumas vezes em "negócio bem-feito", mas o que é isso na abordagem da FG?

Partimos do princípio de que não adianta fazer nada de qualquer jeito. A pessoa vai trabalhar todo dia, mas está lá só de corpo presente. Ou então a família sai para jantar, mas fica cada um no próprio celular. Ou um aluno tira nota boa na prova, mas porque colou. Quem foi que aprendeu? Ele vai poder usar e compartilhar esse conhecimento?

Fazer bem-feito é exatamente o oposto. A pessoa coloca em tudo o que faz o corpo, a mente, a alma e o coração. Está tudo ali, presente, para fazer o melhor possível — seja na empresa, na escola ou na família. Fazer bem-feito é ter o interesse genuíno de que o resultado seja positivo para todos. É <u>tentar</u> fazer sempre seu melhor. Quando você faz qualquer coisa que seja e tem plena consciência de que entregou seu MELHOR, então foi bem-feito. "Ah, Márcio, mas tentei tantas vezes fazer meu melhor e não deu certo." Você tem certeza disso? Ou está falando só por falar, encontrando desculpas, porque sabe que fez mais ou menos? Mas, se tiver convicção absoluta de que entregou o seu melhor, então tudo bem. Pode não ter dado certo agora, mas vai dar certo mais cedo ou mais tarde. Aqui entra, claro, uma boa dose de persistência na coerência.

Nessa questão sobre o "fazer bem-feito", tenho ainda que lhe pedir algo muito importante: para seguir feliz pelo ciclo virtuoso, nunca se cobre a perfeição. Quando você sabe que fez bem-feito, é muito melhor — mas muito melhor mesmo — do que exigir tudo perfeito. Além disso, a obsessão pela perfeição pode ser apenas um dos sintomas de obstaculismo: como nada é perfeito, a pessoa não faz nada. Para que desperdiçar energia em uma meta inatingível? Então é melhor ser realista com seus objetivos, de modo a fazer tudo muito bem-feito e tentar superá-los. Use toda a sua energia e disposição, e deixe o perfeccionismo para trás.

Existe um conceito filosófico de que gosto muito, que é o da perfectibilidade.* Desde o século XVIII, há uma longa e complexa dis-

---

* Para saber mais sobre o conceito criado pelo filósofo Jean-Jacques Rousseau (1712-78), leia o artigo "Liberdade, perfectibilidade e história em Rousseau", de Moisés Rodrigues da Silva, publicado na revista *Perspectiva Filosófica*, v. 2, n. 40, 2013. Disponível em: <revista.ufpe.br/revistaperspectivafilosofica/index.php/revistaperspectivafilosofica/article/view/39/35>. Acesso em: 23 jul. 2017.

cussão em torno dessa ideia, na qual não vamos entrar agora. Basta a gente entender a ideia de perfectibilidade aplicada ao contexto da FG. Muito resumidamente, não é a tendência humana à perfeição; é apenas o potencial de cada um de MUDAR, ou seja, se transformar, para pior ou para melhor. Em outras palavras, você tem a liberdade de escolher se quer ficar na inércia e no círculo vicioso, permitindo que a crise e o pessimismo piorem você e a realidade ao seu redor. Mas também a liberdade de escolher entrar no ciclo virtuoso e superar todos os obstáculos, colocando em prática seus valores e propósito de vida para desfrutar dos benefícios de uma vida melhor — para você, para os outros, hoje e no futuro, tornando a sociedade mais justa e humanizada.

Na FG, toda meta tem que ser realista, porque não somos e nunca seremos perfeitos. Não adianta nem tentar. Mas, com a consciência de que podemos sim tentar explorar o potencial da nossa perfectibilidade, sigo convictamente tentando fazer tudo bem-feito e oferecendo o que tenho de melhor. O objetivo é manter em equilíbrio a afetividade e a efetividade. É ser pessoal na vida profissional e ser profissional na vida pessoal. Com toda a autonomia e todo o protagonismo, essa é minha escolha. Meu caminho para buscar um futuro melhor para todos nós é ACREDITAR, PRATICAR, MELHORAR e COMPARTILHAR. Qual é a sua escolha? Posso considerá-lo um aliado?

POSFÁCIO

Fraternidade, propósito e valores

Ao encerrar agora essa leitura, de *O fim do círculo vicioso*, é bem provável que você esteja chegando a uma conclusão bem parecida com a minha: os livros de Márcio Fernandes não são para ser lidos apenas uma vez. Eles devem ficar sempre à mão, para que possamos reler trechos e consultar as melhores práticas da Filosofia de Gestão (FG) até incorporá-las organicamente ao dia a dia. Já li seu primeiro livro, *Felicidade dá lucro*, várias vezes, e tenho certeza de que não será diferente. Essa minha observação, no entanto, não se deve à complexidade excessiva ou a qualquer dificuldade para compreender as ideias expostas. Bem o contrário.

Como Márcio costuma afirmar, sua comunicação é sempre quente, fluente, frequente e transparente. Este livro não foge a esse princípio: apesar da consistente fundamentação teórica, ele expõe a veracidade empírica da FG com exemplos verídicos, demonstrando que é possível aplicar sua filosofia e chegar aos benefícios mútuos do ciclo virtuoso. É esse enfoque prático que transforma este livro num guia que merece ser lido e relido para manter o conteúdo sempre vivo em nossa memória. E tudo isso ele nos entrega usando uma linguagem leve, agradável, simples e bem-humorada.

O jeito brincalhão e a permanente disposição ao diálogo foram os traços de Márcio que primeiro nos aproximaram durante um curso de formação avançada em governança corporativa que fizemos juntos. Sempre disponível e alegre, ele é prova de que, para ser um executivo de alta performance entre os mais admirados do país, não há a menor necessidade de apego aos rituais da hierarquia e do poder. De imediato, identificamos esse ponto em comum: acreditamos que as verdadeiras competências não precisam se encastelar atrás de um rosto com expressão sisuda. Para nós, é exatamente o oposto. À frente dos negócios, o líder só terá benefícios se souber se abrir para receber a contribuição de todas as pessoas, que são a fonte primordial para mudar, melhorar e até inovar. Felizmente, não falta gente disposta a contribuir. Infelizmente, o que falta são executivos dispostos a ouvir.

Na época em que nos conhecemos, depois de já ter comprovado os resultados tangíveis e intangíveis de sua forma de administrar, Márcio tinha acabado de estruturar a Filosofia de Gestão e estava iniciando o compartilhamento desse aprendizado. Assim, logo que tive a oportunidade de conhecer a FG, entendi que havia entre nós mais do que simpatia recíproca. Era, na verdade, uma fraternidade filosófica, nascida pela grande semelhança entre as práticas já implementadas também por nossa família à frente da Química Amparo (Ypê). Com sua habilidade para se comunicar, Márcio consegue traduzir com maestria essencialmente os mesmos propósitos e valores que formam o legado de meus pais, que fundaram a empresa há 67 anos.

Ao falar sobre a importância de toda pessoa conseguir identificar seu propósito de vida, Márcio destaca a frase: "Tendo seu *por quê?* da vida, o indivíduo tolera quase todo *como?*". Em sua simplicidade, meu pai, Waldyr Beira, costumava dizer que o trabalho tudo vence, expressando uma ideia muito semelhante. Ao longo de toda a sua vida, seu propósito foi trabalhar muito, superando todo e qualquer obstáculo com honestidade, integridade e respeito aos outros. E, segundo ele, respeitar as pessoas, além de oferecer trabalho digno, também é manter os melhores cuidados com saúde e segurança e possibilitar oportunidades de desenvolvimento educacional.

Para nossa família, o papel social das organizações sempre esteve além da geração de empregos, da arrecadação de tributos e/ou da simples conformidade legal. Os valores que meus irmãos e eu aprendemos com nossos pais correm até hoje em nossas veias, fazem parte das nossas células e, por isso, são intensamente vivenciados na prática diária da gestão e da operação da Ypê. Nós nos orgulhamos, por exemplo, de contar com pessoas que já trabalham conosco há mais de quarenta anos, oferecendo sua valiosa colaboração em favor da qualidade de nossos produtos e, acima de tudo, nos ajudando a viabilizar o desenvolvimento sustentável do negócio. Nossos colaboradores vivem em uma cultura organizacional favorável ao desenvolvimento pessoal e, juntos, reinventamos diariamente a eficiência da empresa.

Sob a inspiração de meus pais, resumo todas essas ideias de uma maneira mais direta: quando a gente sabe que está fazendo a coisa certa, não tem como dar errado. Nossa missão agora é ampliar ao máximo esse legado. E é isso também que Márcio Fernandes propõe a todos nós com as práticas da Filosofia de Gestão: conscientemente, vamos ACREDITAR que é possível ser felizes; ter a ousadia de PRATICAR nossos valores e propósito; dedicar nossa energia para MELHORAR tudo e COMPARTILHAR os benefícios para construir um futuro melhor para todos. Sou testemunha de que o ciclo virtuoso é real: pode ACREDITAR, vejo isso acontecer diariamente dentro da nossa empresa.

Jorge Beira
Presidente do Conselho de Administração
da Química Amparo — Ypê

Agradecimentos

Quando se vive rodeado por pessoas que têm interesse genuíno, momentos como este, de formalizar por escrito um agradecimento, são desafiadores e bastante prazerosos. É a oportunidade de registrar na história os reconhecimentos, que, mesmo já tendo sido ditos ou até escritos, são exponencialmente ampliados quando feitos assim, de forma pública. Por isso, quero tentar transmitir a você a contribuição de cada uma dessas pessoas nas minhas realizações, como é o caso deste livro.

Com todo o mérito, não apenas pelo tempo e pela tranquilidade que me oferece nessa caminhada, começo pela minha família. Em primeiro lugar, agradeço à minha linda e amada esposa — a pessoa que exerce sobre mim a melhor e mais profunda forma de interesse genuíno. Com seu amor incondicional, sua presença e seus ensinamentos, ela compartilha comigo seu talento e é minha tutora em tempo integral. É quem aporta o grande diferencial competitivo em tudo o que realizo na vida.

Meu filho, a filha do meio e a mais nova são a energia mais forte da minha vida, o amor mais intenso e profundo, que tenho a honra de ter recebido de Deus. Mais do que renovar constantemente minha disposição e motivação, eles me impressionam com suas demonstrações de interesse, curiosidade e também com suas opiniões. Por decisão própria, até me convidaram para ir à escola deles fazer uma palestra sobre meu primeiro livro. E, nos momentos em que não fui claro o bastante, eles deram explicações mais adequadas à realidade dos coleguinhas... algo único, incrível mesmo, e que me inundou de gratidão. Aos três, meu amor e agradecimento, pois vocês são prova de que esse é um trabalho de convergência de propósito familiar.

Não há como deixar de agradecer aos meus pais e à minha irmã. Afinal, nossas primeiras "reuniões de diretoria" foram fundamentais para a nossa jornada pelo ciclo virtuoso. Foi ali que identifiquei em mim as dimensões do afetivo e do efetivo e aprendi que o equilíbrio entre elas é vital para a felicidade. Com amor e carinho, nossa família assumiu o compromisso de trilhar sempre o caminho que é melhor para todos. E tem funcionado muito bem: vivemos felizes por compartilhar tudo o que somos e temos de melhor.

Além disso, tenho o presente divino de ter muitos e bons amigos — embora alguns sejam, de fato, especiais. Marcão, o querido "mestre dos magos", é claro, com quem aprendo (e muito!). Agradeço também ao time da Thutor, amigos e amigas que me ajudam a concretizar meus projetos de vida. Vivem comigo muitos de meus sonhos e dedicam parte de seus talentos para ajudar a realizá-los, pelo simples fato de que temos propósitos convergentes. Sou muito grato ainda a todos os executivos e executivas, colaboradores e colaboradoras com os quais tenho a felicidade de conviver e aprender sempre mais.

Não posso deixar de agradecer ao querido amigo Jorge Beira, grande empresário de muito sucesso, que honra o Brasil pelos méritos do trabalho que realiza com sua família na Química Amparo (Ypê). Jorge e seus familiares são demonstração evidente de que a felicidade e a lucratividade não são incompatíveis. Bem ao contrário: com muita alegria, dignidade e de forma humanizada, os resultados alcançados por seus empreendimentos apontam novos caminhos para o mundo dos negócios.

E, é claro, não poderia esquecer o inspirador e querido amigo Marcelo Tas. Com seu talento único, ele ajuda a mudar nosso país, animando nossa gente, estimulando as pessoas a nunca desistir da realização de seus sonhos. Sua inspiração é marcante para mim — um exemplo útil. Tas é um dos muitos aliados que me ajudam a manter em alta o ânimo e a disposição na luta por uma sociedade mais justa e humanizada. Toda pessoa tem brilho próprio, e juntos somos capazes de vitórias incríveis — até mesmo construir um futuro melhor para todos.

Finalmente, querido leitor, agradeço a você, que mesmo à distância estabelece comigo essa relação de confiança, proximidade e credibilidade. Espero que a Filosofia de Gestão sirva como base sólida para que você caminhe pelo ciclo virtuoso e que a espiral de infinitos benefícios se reverta para toda a nossa sociedade. Acredite, pratique, melhore e, por favor, COMPARTILHE!

Muito obrigado — de coração!

Referências bibliográficas e sites

ABRANTES, Talita. "Um retrato do Brasil e do brasileiro, segundo o IBGE", 25 nov. 2016. Disponível em: <exame.abril.com.br/brasil/um-retrato-do-brasil-e-do-brasileiro-segundo-o-ibge/>. Acesso em: 6 ago. 2017.

BERGOGLIO, Jorge Mario (papa Francisco). *Quem sou eu para julgar?* Rio de Janeiro: Leya, 2017.

BERNSTEIN, Peter W.; SWAN, Annalyn. *All the Money in the World: How the Forbes 400 Make — and Spend — Their Fortunes.* Nova York: Vintage Books, 2008.

CALAPRICE, Alice; LIPSCOMBE, Trevor. *Albert Einstein: A Biography.* Nova York: Greenwood, 2005.

CRISTINE, Marjoriê. "Deficiente desde bebê, Alan Fonteles bateu Oscar Pistorius, o ícone do esporte paralímpico". Disponível em: <extra.globo.com/esporte/londres-2012/deficiente-desde-bebe-alan-fonteles-bateu-oscar-pistorius-icone-do-esporte-paralimpico-6032651.html>. Acesso em: 15 mar. 2017.

DIAMANDIS, Peter H.; KOTLER, Steven. *Oportunidades exponenciais: Um manual prático para transformar os maiores problemas do mundo nas maiores oportunidades de negócio... e causar impacto positivo na vida de bilhões.* Barueri: HSM, 2016.

"ENFERMEIRA judia comove ao amamentar bebê palestino que tinha mãe internada", 9 jun. 2016. Disponível em: <extra.globo.com/noticias/

mundo/enfermeira-judia-comove-ao-amamentar-bebe-palestino-que-tinha-mae-internada-21455472.html>. Acesso em: 3 ago. 2017.

FERNANDES, Márcio. *Felicidade dá lucro*. São Paulo: Portfolio-Penguin, 2015.

FLEMING, Melissa. "Como ajudar os refugiados a reconstruir seus mundos". Disponível em: <ted.com/talks/melissa_fleming_let_s_help_refugees_thrive_not_just_survive?language=pt-br>. Acesso em: 17 jul. 2017.

FRANKL, Viktor. *Em busca de sentido: Um psicólogo no campo de concentração*. 40. ed. São Leopoldo: Sinodal, 1985.

FUNKE, Katherine. "Breve história do chocolate". Disponível em: <revistagalileu.globo.com/Revista/Common/0,,EMI130808-17770,00-BREVE+HISTORIA+DO+CHOCOLATE.html>. Acesso em: 2 ago. 2017.

G1. "34% dizem ter vergonha de ser brasileiros, segundo Datafolha", 2 maio 2017. Disponível em: <g1.globo.com/politica/noticia/34-dizem-ter-vergonha-de-ser-brasileiros-segundo-datafolha.ghtml>. Acesso em: 14 maio 2017.

GARCIA, Vera. "Um pouco da história da tetraplégica Flávia Cintra", 3 out. 2009. Disponível em: <deficienteciente.com.br/um-pouco-da-historia-da-tetraplegica.html>. Acesso em: 20 mar. 2017.

_____. "Superação: Dick e Rick Hoyt", 25 fev. 2010. Disponível em: <deficienteciente.com.br/exemplo-de-superacao-dick-e-rick-hoyt.html>. Acesso em: 4 jul. 2017.

GARDENAL, Isabel. "A trajetória de Sílvia Brandalise, no Centro Infantil Boldrini e na Unicamp". *Jornal da Unicamp*, Campinas, n 671, 3 out. 2016. Disponível em: <www.unicamp.br/unicamp/ju/671/trajetoria-de-silvia-brandalise-no-centro-infantil-boldrini-e-na-unicamp>. Acesso em: 24 maio 2017.

GEILING, Kátia. "O chefe humanizado". *Você RH*, São Paulo, n. 49, 13 abr. 2017.

GUERRA, Sandra. *A caixa-preta da governança: Para todos aqueles que precisam entender como o comportamento impacta as salas do Conselho*. Rio de Janeiro: Best Business, 2016.

HEYDEN, Ludo Van der; WU, Yaozhong; LOCH, Christoph H. "A Model of Fair Process and Its Limits". *Manufacturing & Service Operations*

Management, Catonsville, v. 10, n. 4, 4 jan. 2008. Disponível em: <kellogg.northwestern.edu/research/operations/papers/msom%20 fair%20proc%20%20limits%20aia2008.pdf>. Acesso em: 6 jul. 2017.

HOCK, Dee. *Nascimento da era caórdica*. 5. reimp. São Paulo: Cultrix, 2014.

INTERNATIONAL FINANCE CORPORATION (IFC). *Guia prático de governança corporativa*. Washington: IFC, 2010.

ISMAIL, Salim; MALONE, Michael S.; VAN GEEST, Yuri. *Organizações exponenciais: Por que elas são dez vezes melhores, mais rápidas e mais baratas que a sua (e o que fazer a respeito)*. Barueri: HSM, 2015.

LUSTOSA, Isabel. *Insultos impressos: A guerra dos jornalistas na Independência*. São Paulo: Companhia das Letras, 2000.

_____. "Do ladrão ao barão". *Folha de S.Paulo*, São Paulo, 3 jun. 2007. Disponível em: <www1.folha.uol.com.br/fsp/mais/fs0306200707.htm>. Acesso em: 20 jul. 2017.

MAKOS, Adam; ALEXANDER, Larry. *O amigo alemão: A apaixonante história de como um piloto nazista salvou a vida de um piloto americano na Segunda Guerra Mundial e ganhou um amigo para sempre*. São Paulo: Geração Editorial, 2017.

NIETZSCHE, Friedrich. *O crepúsculo dos ídolos*. São Paulo: Companhia das Letras, 2017.

NOGUEIRA, Salvador. "Quantas dimensões existem no universo?", 31 maio 2017. Disponível em: <super.abril.com.br/tecnologia/quantas-dimensoes-existem-no-universo/>. Acesso em: 15 abr. 2017.

O INVASOR americano. Direção e roteiro: Michael Moore. Produção: Carl Deal, Tia Lessin e Michael Moore. Nova York: Neon, 2015. 1 DVD (120min). Produzido por Dog Eat Dog Films e IMG Films.

O OUTRO par. Direção: Sarah Rozik. Roteiro: Mohammed Maher. Intérpretes: Ali Rozik, Omar Rozik. Cairo: Sarah Rozik, 2014. 1 DVD (6min24s), widescreen, cor.

PADURA, Leonardo. *Hereges*. São Paulo: Boitempo, 2015.

PRICEWATERHOUSECOOPERS BRASIL (PWC). "A conexão que faltava: A importância do planejamento estratégico para o sucesso da empresa familiar". *Pesquisa Global sobre Empresas Familiares 2016*. Disponível em: <pwc.com.br/pt/setores-de-atividade/empresas-familiares/2017/tl_pgef_17.pdf>. Acesso em: 1 ago. 2017.

RAMAZZOTTI, Eros. "Lettera al futuro". Comp. de Adelio Cogliati e Eros Ramazzotti. In: _____. *Dove c'è musica*. [S.l.]: DDD, 1996. Faixa 5 (4min17s).

ROBERTSON, Brian J. *Holocracia: O novo sistema de gestão que propõe o fim da hierarquia*. São Paulo: Benvirá, 2016.

RONNIE, Linda. "You Shouldn't Be Worried about Generation Z Entering the Work Force — Here's Why". Business Insider, 20 jul. 2017. Disponível em: <businessinsider.com/dont-worry-about-generation-z-entering-the-work-force-2017-7>. Acesso em: 4 ago. 2017.

SILVA, Moisés Rodrigues. "Liberdade, perfectibilidade e história em Rousseau". *Revista Perspectiva Filosófica*, v. 2, n. 40, 2013. Disponível em: <http://www.revista.ufpe.br/revistaperspectivafilosofica/index.php/ revistaperspectivafilosofica/article/view/39>. Acesso em: 23 jul. 2017.

SNYDER. C. R.; LOPEZ, Shane J. *Psicologia positiva: Uma abordagem científica e prática das qualidades humanas*. Porto Alegre: Artmed, 2008.

STRECHER, Victor J. *Life on Purpose: How Living for What Matters Most Changes Everything*. Nova York: HarperOne, 2016.

UNIVERSIA BRASIL. "A história do Cirque du Soleil", 15 nov. 2011. Disponível em: <noticias.universia.com.br/tempo-livre/noticia/2011/11/15/888019/historia-do-cirque-du-soleil.html#>. Acesso em: 1 jul. 2017.

VIDA Maria. Direção, roteiro e animação: Márcio Ramos. Produção: Joelma Ramos e Márcio Ramos. Coprodução: VIACG Produção Digital e Trio Filmes. Música: Hérlon Robson. Mixagem: Érico "Sapão". Fortaleza: VIACG, 2006. 1 DVD (8min34s), widescreen, cor.

WHEELAN, Charles. *Economia nua e crua: O que é, para que serve, como funciona*. Rio de Janeiro: Zahar, 2014.

WOLTON, Dominique. *Informar não é comunicar*. Porto Alegre: Sulina, 2009.

TIPOGRAFIA Arnhem Blond
DIAGRAMAÇÃO Osmane Garcia Filho
PAPEL Pólen Soft, Suzano Papel e Celulose
IMPRESSÃO RR Donnelley, novembro de 2017

A marca FSC® é a garantia de que a madeira utilizada na fabricação do papel deste livro provém de florestas que foram gerenciadas de maneira ambientalmente correta, socialmente justa e economicamente viável, além de outras fontes de origem controlada.